NORBERT ELGERT

GIB ALLES – NUR NIE AUF!

NORBERT ELGERT

GIB ALLES NUR NIE AUF!

Die Erfolgsstrategien vom Trainer der Weltstars

Aufgeschrieben von Kai Psotta

ARISTON

Bildnachweis

Alfons Kampert/Privatarchiv Norbert Elgert: S. 1 – FMS München: S. 5 unten – Gelsenkirchen und Buer Sport: S. 4 unten – Privatarchiv Norbert Elgert: S. 2, S. 3, S. 6, S. 7, S. 8 unten – Team 2/Imago: S. 8 oben – Werner Otto/Imago: S. 5 oben

MIX
Papier | Fördert gute Waldnutzung
FSC® C147178
FSC www.fsc.org

Penguin Random House Verlagsgruppe FSC® N001967

7. Auflage

Neumarkter Straße 28, 81673 München
produktsicherheit@penguinrandomhouse.de
(Vorstehende Angaben sind zugleich Pflichtinformationen nach GPSR.)

Redaktion: Dr. Ulrike Strerath-Bolz
Umschlaggestaltung: Hauptmann & Kompanie Werbeagentur, Zürich
unter Verwendung eines Fotos von Kay Blaschke
Bildredaktion: Bele Engels
Satz: Buch-Werkstatt GmbH, Bad Aibling
Druck und Bindung: Pixartprinting, Lavis

Printed in Italy

ISBN: 978-3-424-20206-9

Inhalt

Prolog: Programmstörungen

Elegant und seelenruhig treiben Koi-Karpfen durch den schmucken, ganz gewiss von einem teuren Gartenarchitekten angelegten Teich. Immer wieder steigen sie zur Wasseroberfläche auf, um mit ihren Mäulern nach etwas Fressbarem zu schnappen.

Alle Farbnuancen sind im Teich versammelt. Der Karashi, zu Deutsch Senfkarpfen, gibt dem Gewässer einen gelben Anstrich. Der Taisho besticht mit roten und schwarzen Flecken.

Diese außergewöhnlichen Zuchtfische, die einst im Kaiserhaus in Tokio in den Teichen schwammen, gelten als Symbol des Edlen und des Stolzes. Mal werden sie als Könige der Gartenteiche und mal als »Porsche im Karpfenteich« bezeichnet. Inzwischen auf der ganzen Welt.

Angeblich sollen sie sehr zutraulich sein, sich streicheln lassen und sogar ihre Halter erkennen. Gerade dadurch entstehe eine besondere emotionale Bindung, sagt man.

Der Wert der Fische, die hier vor mir schwimmen, liegt, so meine ich zumindest am Rande aufgeschnappt zu haben, bei Zehntausenden von Euros. Und ich halte einfach so meine käseweißen, mit Brandblasen übersäten Füße in diese Kostbarkeit hinein.

Zum Glück scheint es den Tieren nichts auszumachen, dass einige Seminarteilnehmer und ich ihr Gewässer zur Abkühlung nutzen. Und auch ihr Besitzer versteht es zu meiner

Verwunderung nicht als größeren Affront und hat uns auch nicht sofort seines Grundstücks verwiesen, nachdem wir wortlos an ihm vorbeigesprintet sind und unsere Füße ohne Nachfragen einfach so ins Wasser tauchten.

Stattdessen erzählt uns Nikolaus Enkelmann, der Teichbesitzer und unser Freund, während er neben mir steht und die skurrile Szene beobachtet, vom knallharten Ausleseverfahren, nach dem Koi-Karpfen in einigen japanischen Züchtungen ausgewählt werden. Von 300 000 Fischen würden vier Wochen nach der Geburt bis zu 97 Prozent aussortiert, je nach Muster, Größe und Form der Schuppen. Nach zwei weiteren Runden bliebe am Ende nur ein halbes Prozent übrig, sagt er. 298 500 Fische werden nach dieser Rechnung also für zu schlecht erachtet. Oder für zu hässlich. Jedenfalls entsprechen sie offenkundig nicht den Ansprüchen der Koi-Züchter.

»Die Quote ist ja noch schlimmer als die Durchkomm-Quote im Jugendfußball«, murmle ich in Gedanken vor mich hin.

Trainer bin ich eigentlich schon seit 1973. Damals trainierte ich bereits im Alter von 16, 17 Jahren die E-und D-Jugend von meinem Heimatverein Westfalia-Westerkappeln. Seit 1996 bin ich als Coach auf Schalke. Einer der Männer, der den Jungs auf dem Weg zum Profi helfen soll. »Bin ich etwa«, grüble ich, »wie einer dieser Koi-Züchter?«

Steve Coppell, der frühere Profi von Manchester United, der nach seiner aktiven Fußballkarriere als Trainer bei Crystal Palace begann, sagte einmal über die Talentsuche im Nachwuchsbereich: »Es ist wie mit den Schildkröten in der Südsee. Tausende schlüpfen am Strand, aber nur wenige erreichen wirklich das Meer.«

Sehr plakativ. Aber dadurch nicht richtiger. Denn nach einigem Nachdenken komme ich zu der Erkenntnis, dass meine Arbeit nicht auch nur ansatzweise mit dem Schildkröten-Bild vergleichbar ist. Und ich bin auch nicht im Geringsten wie ein Koi-Züchter.

Denn bei mir können die Jungs durch Talent, Arbeit, Fleiß, Einstellung und Willen weiterkommen. Niemand wird nur wegen seines Aussehens aussortiert. Oder weil die Natur es so will und die Fressfeinde gnadenlos zugeschnappt haben. Ich gebe, oder versuche es zumindest, meinen Jungs auf ihrem Weg immer etwas mit. Ganz abgesehen davon, dass bei mir natürlich alle am Leben bleiben …

Ich sehe mich eher wie ein Gärtner. Einer, der es mit jungen Pflänzchen zu tun hat, die gegossen, getrimmt, geschnitten, gepflegt, mal umgetopft, mal veredelt oder auch mal wieder aufgepäppelt werden müssen. Das alles mit dem Ziel, den Pflänzchen zum Idealwuchs zu verhelfen und dafür zu sorgen, dass sie eine tiefe, feste Wurzel bekommen.

Oder, wenn man es noch anders verbildlichen will: Ich bin wie ein Diamantenschleifer, der mit seiner Handwerkskunst dafür zu sorgen hat, dass ein Rohdiamant nach aufwendiger Verarbeitung sein unnachahmliches Funkeln entfaltet.

Um das zu gewährleisten, um als Diamantenschleifer und Gärtner erfolgreich zu sein, muss ich viel mehr sein als nur ein Trainer. Dafür reicht es nicht aus, sich immer neue Trainingsformen zu überlegen. Mal Rondo spielen zu lassen, mal das Gegenpressing oder den Abschluss zu verbessern.

In der Öffentlichkeit mag der Irrglaube vorherrschen, der Lebensrhythmus junger Fußballer gleiche einem magischen Kreisverkehr. Man stehe auf, trainiere, esse, trainiere wieder, lasse sich behandeln, schlafe, absolviere Spiele und mache das so lange, bis man bereit sei, die Ausfahrt zur Profikarriere zu nehmen. Dass es bis dahin viele weitere Abzweigungen gibt, Bodenschwellen, Absperrungen oder Umleitungen, wollen viele nicht wahrhaben.

Damit die »Diamanten« zum Funkeln kommen, muss ein guter Coach unter anderem auch ein guter Zuhörer sein, ein detaillierter Beobachter und auch ein begeisternder Motivator. Wir müssen nicht nur den Fußballer weiterbringen, sondern auch den Menschen dahinter. Denn wir Ausbilder – und das sollten sich alle immer wieder klarmachen – bilden nicht nur künftige Profis für den Fußball aus. Sondern auch Profis fürs Leben. Unser Anspruch ist es, den Kopf der Jungs mindestens genauso intensiv zu trainieren wie ihre Füße. Denn jeder weiß – der Kopf gewinnt.

Trainer müssen ihre Rolle sehr genau einschätzen können und sich ihrer Wirkung auf die Spieler bewusst sein. John Wooden, eine der faszinierendsten Trainerpersönlichkeiten überhaupt, hat einmal in einem seiner Vorträge einen Vers zitiert, der da lautete: »Kein geschriebenes Wort, kein mündlicher Appell kann unsere Jugend lehren, was sie sein soll. Auch nicht all die Bücher in all den Regalen. Vorbild sind nur die Lehrer selbst.«[1]

Jede Führungskraft, jeder Lehrer und jeder Trainer sollte auch ein Vorbild sein. Mein Mentor Nikolaus Enkelmann sagte dazu: »Vorbilder weisen uns den Weg und zeigen uns, wie es sein wird, wenn wir am Ziel sind. Vorbilder haben die Reise schon hinter sich.« Führen durch das Beispiel ist enorm wichtig. Wasser predigen und Schnaps trinken funktioniert nicht.

Anschließend erzählte Wooden, der erfolgreiche Basketball-Collegetrainer, der mit der University of California, Los Angeles zehn Meistertitel gewann (davon sieben in Serie), von einer Lehrerin, die vor ein paar Jahrzehnten auf die Frage, warum sie diesen Beruf ausübe, antwortete: »Wo sonst wäre ich in so großartiger Gesellschaft? Dort sitzt ein Staatsmann, stark, unbefangen, weise. (…) Ein Arzt sitzt neben ihm, dessen geschickte, ruhige Hände einen Knochen reparieren. Oder der das Lebensblut am Ausströmen hindern wird. Und da ein Baumeister, stark empor baut er die Bögen einer Kirche (…) Und überall sind Lehrer, Bauern, Kaufleute und Arbeiter versammelt. All jene, die arbeiten und wählen und bauen und planen und beten für bessere Tage.«[2] Wooden ergänzte die Antwort der Lehrerin mit seinem persönlichen Empfinden, dass es einen Lehrer glücklich mache, zu sehen, wie all diese jungen Menschen ihren Weg gegangen sind.

Tatsächlich ist es die größte Freude, wenn man als Trainer dazu beigetragen hat, dass Spieler einen erfolgreichen Weg gehen. Dass sie es schaffen, in großen Mannschaften anzukommen und ein gefestigtes Element darin zu sein. Auch ich darf täglich, seit mehreren Jahrzehnten inzwischen, in großartiger Gesellschaft arbeiten. Mit zukünftigen Fußballprofis, Lehrern, Ärzten und erfolgreichen Handwerkern. Wenn einer unserer Jungs in einer anderen Branche erfolgreich wird, macht mich das genauso stolz wie eine Profikarriere bei Schalke, Real Madrid, Bayern München, Arsenal London oder Juventus Turin. Wenn sie Erfolge im Trikot der deutschen Nationalmannschaft erzielen oder Meisterschaften in welcher Liga auch immer gewinnen.

Um meinem Anspruch gerecht zu werden, Lehrer und Trainer in einem zu sein, ein Mensch mit Werten, die weit über den Rasenplatz hinausreichen, bin ich immer auf der Suche nach neuen Denkanstößen und Inspirationen. Bilde mich weiter. Lese bis zu 50 Bücher pro Jahr und arbeite sie mit dem Textmarker durch. Und verbrenne mir, wenn es sein muss, eben auch mal die Füße.

Ich wollte mich daran versuchen, wie es ist, über glühende Kohlen zu laufen. Mich der Angst vor der Glut stellen und die positive Erfahrung erleben, sie bewältigt zu haben.

Der Feuerlauf-Coach forderte uns Teilnehmer auf, an eine kühle, feuchte Wiese zu denken, durch die wir barfuß schritten. Eine Wiese, die nach einem kräftigen Gewitterschauer richtig wassergetränkt und pitschepatschenass war. Bei jedem Schritt sollte uns in der Vorstellung der Matsch zwischen den Zehen emporsteigen. »Spürt das Wasser«, sagte er. »Spürt die Frische an eurer Fußsohle. Diese herrlichen Wassertropfen, wie sie eure Füße beleben und an euren Hacken herablaufen.«

Ich hörte die Worte. Aber ich spürte nichts davon. Es gelang mir einfach nicht, mir diese Wiese mit ihrem Matsch und den feuchten Grashalmen vorzustellen. Statt das Bild in meinem Kopfkino anzuknipsen, hatte ich Programmstörungen. Sosehr ich mich auch bemühte, es wollten einfach keine Bilder vor meinem geistigen Auge entstehen.

Einer nach dem anderen lief nun über die Kohlen, genau der Instruktion des Seminarleiters folgend. Ich sah, wie sie Schritt für Schritt über die Kohlen gingen. Ich sah, wie sie sich freuten, nachdem sie das Ende erreicht hatten. Ich sah strahlende Kohlen-Bezwinger. Ich sah meine Umwelt um mich herum ganz klar. Nur das, was ich sehen sollte, sah ich eben nicht.

»Du wirst dir doch«, schimpfte ich gedanklich mit mir, »eine simple nasse Wiese vorstellen können. Los, Norbert! Nasse Wiese! Nasse Wiese! NASSE WIESE!«

Nur noch zwei Teilnehmer waren vor mir an der Reihe. Nur noch einer. Dann stand ich vor den glühenden Kohlen. Und schaffte es noch immer nicht, meine Fußsohlen gedanklich durch eine feuchte Wiese abkühlen zu lassen.

Trotzdem machte ich einen ersten Schritt auf die Kohlen. Es konnte doch nicht sein, dass es hier fast jedem gelang, dieses Experiment zu machen, und dass nur ich kneifen würde, weil mir partout diese Vorstellung nicht gelingen wollte.

Kaum stand ich auf den Kohlen, spürte ich die Hitze. Intuitiv ging ich auf die Zehen, wodurch sich die Wärme zusätzlich noch auf eine kleinere Fläche reduzierte. Dann begann ich zu rennen. *Heiß! Heiß! Heiß!* Ich machte alles falsch, was man beim Kohlelaufen falsch machen kann.

Als Erstes überwindet man seine eigene Angst vor der Glut, die streng genommen übertrieben ist. Kohle ist nämlich, im Gegensatz zum Beispiel zu Metall, gar kein guter Wärmeleiter. Die Chance, sich an einem Metalllöffel zu verbrennen, der in einer heißen Suppe steckte, ist höher. Kohle braucht eine Weile, ehe sie Gegenstände, mit denen sie in Kontakt kommt, erhitzt. Gleiches gilt für Wasser, aus dem unser Körper zu großen Teilen ja besteht.

Eigentlich kann man also, wenn man seine eigene Angst vor der vermeintlichen Hitze überwindet, im Schritttempo und auf der ganzen Fußfläche relativ risikofrei über Kohlen gehen. Eigentlich. Ich (und einige weitere Seminarteilnehmer) konnte es nicht. Sodass ich am Ende dieses Tages zumindest um die Lektion reicher war, dass ich Schwierigkeiten mit dem Visualisieren habe – wie viele andere Menschen auch.

Heutzutage hat man – nicht nur als Fußballer oder Profisportler – unglaublich viele Möglichkeiten, sich mental zu verbessern und zu optimieren. Dem einen hilft Kino im Kopf, dem anderen Autosuggestion oder zum Beispiel auch autogenes Training. Da ist und reagiert jeder anders.

Wir bieten den Fußballern, die zu uns in die Knappenschmiede kommen, immer zahlreiche Hilfestellungen für den Kopf an. Wir sagen ihnen aber auch immer unmissverständlich: »Ihr könntet euch nicht nur an einem Buffet den Magen verderben. Ihr könnt euch auch durch zu viel Input den Kopf verderben. Wenn ihr nämlich versucht, alles auf einmal auszuprobieren, statt gezielt das auszuwählen, was eurem Kopf bekömmlich ist. Also schlingt nicht alles gleichzeitig herunter. Sucht gezielt nach dem, was zu euch passt und euch hilft.«

Seit weit über 20 Jahren coache ich jetzt junge Menschen. Einer von ihnen war Mesut Özil. Ein paar Dinge müssen dabei richtig gewesen sein, immerhin schrieb der Weltmeister von 2014 in seiner Autobiografie *Die Magie des Spiels* über mich: »Elgert war der absolute Schlüsseltrainer in meiner Karriere. Er hat in mir gesehen, was zuvor viele Trainer noch nicht gesehen hatten. Er wollte immer mein Bestes und war immer für mich da. Von ihm lernte ich, was Taktik ist. Oft bin ich wie ein kopfloses Huhn über den Platz gelaufen. Er war – auch wenn über diesen Vergleich wohl viele mit dem Kopf schütteln werden und ihn nicht verstehen wollen – José Mourinho sehr ähnlich. Norbert Elgert hat immer seine Meinung gesagt. Er war nie zufrieden! Er hat mir die wichtigsten Lehren erteilt und mich auf die Profikarriere vorbereitet.«

Ich kann Ihnen, liebe Leserin und lieber Leser, keine Gebrauchsanweisung schreiben, nach der man gesichert Fußballprofi oder im Leben erfolgreich wird. Was ich aber kann: Ihnen meine Erfahrungen schildern und Ihnen sagen, worauf es meiner Meinung nach ankommt. Was man mitbringen muss, um eine Chance zu haben, ganz nach oben zu kommen. Mit welchen Rückschlägen junge Menschen umgehen können müssen. Und wie man es schafft, die richtigen Lehren aus Fehlern zu ziehen. Und ich kann, so glaube ich, ganz gut einschätzen, wie schwer es ist, eine Mannschaft als Trainer erfolgreich zu führen. Was es eigentlich überhaupt heißt, zu führen.

Führen ist immer situativ. Mal demokratisch. Mal laissez-faire. Durchaus auch mal autoritär. Gleichbehandlung heißt zum Beispiel für mich nicht, alle über einen Kamm zu scheren, sondern jedem das zu geben, was er braucht! Denn jeder Mensch ist einzigartig. Es gibt nachgewiesenermaßen keine zwei Menschen auf unserem Planeten mit dem gleichen genetischen Code. Den haben nicht einmal eineiige Zwillinge. Jeder von uns ist also ein Unikat. Ist das nicht großartig?

Wie auch immer: Ich habe weit über 20 Jahre gebraucht, im Coachen und Führen einigermaßen gut zu werden. Nun stelle ich Ihnen mein Know-how zur Verfügung. Vielleicht kann es auch Ihnen helfen, und das weit über den Fußball hinaus.

CLEMENS TÖNNIES

Mein Spaziergang mit der unbiegsamen Glucke

Norbert Elgert ist kein einfacher Mensch. Kein Fähnchen im Wind, das sich brav in die bequemste Richtung lenken lässt. Er hat seine eigene Meinung, und die vertritt er mit voller Überzeugung. Selbst wenn es dadurch unbequem wird. Er ist unbiegsam. Dadurch ist der Umgang mit ihm nicht immer einfach. Aber gleichzeitig macht ihn das so extrem wertvoll.

Norbert Elgert ist für seine Spieler ein wenig wie eine Glucke. Keine übervorsichtige Helikopter-Mama, aber er kann seine »Küken« vehement verteidigen, wenn er der Meinung ist, dass jemand sie zu früh aus dem Nest holen will. Wie oft haben wir mit ihm gestritten, weil wir mit einem seiner Talente eine Lücke bei den Profis schließen wollten, er aber noch nicht bereit war, sie uns zu überlassen. Weil er sich sorgte, dass dem Spieler die nötige Reife noch fehlen würde und es für seine Entwicklung kontraproduktiv wäre. Er hat keinen Einzigen seiner Spieler, die durch seine Schule gegangen sind, als »Produkt« gesehen. Er widmet der Persönlichkeit jedes Spielers unheimlich viel Aufmerksamkeit.

Norbert Elgert ist der Parade-Schalker. Sensibel, feinfühlig, empfindlich, klar, geradeaus. Ein korrekter Mensch, der auf sein Gegenüber eingehen kann. Der zuhören kann. Und der in der Lage ist, Dinge sehr klar zu analysieren. Zweimal haben wir darüber nachgedacht, Norbert Elgert zum Cheftrainer auf Schalke zu machen. Nach dem Aus von Mirko Slomka und nach der Trennung von Roberto Di Matteo. Beide Male gab es nicht die geringste Chance, ihn von dieser Idee zu überzeugen. Er hatte sich viel zu sehr seiner Nachwuchs-Mission verschrieben.

Dabei bin ich überzeugt, dass er ein großartiger Cheftrainer gewesen wäre. Ungeachtet dessen, dass er 2003 als Co-Trainer von Frank Neubarth eine weniger erfolgreiche Saison bei den Profis hatte. Damals war es einfach der falsche Zeitpunkt. Die damalige Mannschaft konnte man nicht zum Erfolg führen. Das waren unschöne Zeiten. Umgekehrt: So ist Norbert uns im Nachwuchs erhalten geblieben und hat einen großen Anteil daran, dass viele weitere Talente den Sprung zu den Profis geschafft haben: mit Manuel Neuer, Mesut Özil, Benedikt Höwedes und Julian Draxler allein vier spätere Weltmeister, dazu Joel Matip, Ralf Fährmann, Leroy Sané, Thilo Kehrer, Sead Kolašinac, Weston McKennie, aber auch Sebastian Boenisch oder Tim Hoogland. Was wäre das für eine Mannschaft …

Als Norbert Elgert Anfang 2016 kurzzeitig mit dem Gedanken spielte, unseren Verein zu verlassen, habe ich ihn sofort angerufen: »Spinnst du?«, fragte ich ihn am Telefon. »Was hast du da im Kopf? Wir haben doch gesagt: Wir beide machen Schalke. Jeder auf seiner Position. Ich verlasse mich doch auf dich!«

Ich habe mich in meinem Leben nie so hitzig gestritten, selbst mit Uli Hoeneß nicht, als es um Manuel Neuer ging. Wäre es aber in Sachen Elgert ernst geworden, hätte Bayern wirklich mit Vollgas um ihn gebuhlt, dann hätte meine Freundschaft zu Uli Hoeneß zumindest kurzzeitig mal ruhen müssen.

Aber zum Glück konnte ich Norbert ja bei mir in Rheda-Wiedenbrück schnell überzeugen, doch bei uns zu bleiben. Wir spazierten einmal um einen See, der sich ganz in der Nähe meines Hauses befindet, sprachen Klartext und waren uns zum Glück wieder einig. »Die Sklaverei, Norbert, ist abgeschafft. Jeder ist in seiner Entscheidung frei, zu bestimmen, wo er arbeitet«, sagte ich. Dann erinnerte ich ihn an seine Verantwortung gegenüber Schalke und an unsere Freundschaft.

Ich muss zugeben, dass ich auch persönlich einiges von ihm gelernt habe. Einmal habe ich mitbekommen, wie er mithilfe von einem Dutzend Holzstäben seiner Mannschaft erklärt hat, wie wichtig Teamwork und Zusammenhalt ist. Zunächst holte er einen einzigen Stab raus und bat einen Spieler, diesen zu brechen. Was natürlich gelang.

»Allein ist jeder eine arme Sau«, kommentierte er. »Einer allein wird nie bestehen können.« Dann holte er zwei, drei, vier raus und wiederholte das Szenario mit dem gleichen Ausgang. Als er einen zusammengeklebten Block aus elf Stäben rausholte, gelang es seinen Spielern nicht mehr, diesen zu brechen. »Ihr zusammen seid nicht kaputt zu kriegen«, stellte Elgert fest. Man muss die Gruppe zusammenhalten. Das ist nur eine von ganz vielen Botschaften, die ich als Unternehmer mit 15 000 Angestellten mitnehmen kann.

Wie man ohnehin viele seiner Lektionen aufs normale Leben übertragen kann. Norbert Elgert ist, und das ist das Schönste, mein Freund. Ein Vorbild. Ein verlässlicher Kerl. Wir können dankbar sein, dass er uns auf Schalke mit seinem Wissen und seiner Leidenschaft bereichert.

Kapitel 1: K.o. in Schallgeschwindigkeit

Mit einem Mal hörte mir Benedikt Höwedes nicht mehr zu. Innerhalb von ein paar Millisekunden hatte ich seine Aufmerksamkeit verloren. Gerade noch waren wir nebeneinanderher gelaufen, hatten miteinander gesprochen. Doch binnen zwei Schritten war es plötzlich, als wäre ich nicht mehr existent. Dabei hatte er seinen Kopf sogar noch in meine Richtung gedreht. Aber trotzdem schien er irgendwie durch mich hindurchzusehen, als wäre ich unsichtbar.

Höwedes, dieses unglaubliche Fußballtalent, ging links neben mir. Irgendetwas zu meiner Rechten musste ihn wahnsinnig faszinieren.

Seit 2004 kenne ich Benni, seit ich ihn erstmals im Alter von 16 Jahren gegen die SG Wattenscheid 09 im Lohrheidestadion in Espeloh eingewechselt habe. 45 Minuten durfte er damals in meiner U19 ran. Er war mit Abstand der Jüngste in unserer Truppe, zu der damals auch Manuel Neuer gehörte. Zunächst war es ein einmaliges Aushelfen. Bis zu seinem zweiten Einsatz unter mir als Trainer sollte mehr als ein Jahr vergehen. Ab August 2005 gehörte er dann fest zur U19.

Wir sprachen gerade über ein bevorstehendes Spiel, während wir so nebeneinander in Richtung der Geschäftsstelle von Schalke 04 schlenderten. Wir waren mitten in der Bundesligasaison. Benni, inzwischen 18 Jahre alt, stand kurz davor, seinen ersten Profivertrag zu unterschreiben.

Eigentlich war er immer ein sehr aufmerksamer Zuhörer, der es liebte, auch weit nach dem Training noch über Fußball zu sprechen. Aber jetzt gerade hatte er etwas entdeckt, das ihn aus unserem Thema riss.

Seine Augen, mehr grün als braun, strahlten richtig. Sie waren so klar, so frisch, so lebendig! Ich hoffe, dass ich meiner Frau Conny irgendwann auch einmal so einen Blick zugeworfen habe, wie ihn jetzt gerade Benni aufsetzte, so voller Bewunderung und bestimmt auch ein bisschen Sehnsucht. Vielleicht ja bei unserer ersten Begegnung in einer Kneipe an einem Rosenmontag.

Er konnte eigentlich nur, so vermutete ich zumindest, eine Frau im Blick haben. Aber weit gefehlt. Als ich seinen Blick verfolgte, um endlich darüber Klarheit zu bekommen, wer oder was ihn gerade so faszinierte, entdeckte ich den Fuhrpark unserer Profis. Dicke Autos. Schöne Autos. Vor allem sehr teure Autos.

Darunter ein Ferrari F430, der erst seit wenigen Monaten gefertigt wurde. So ein röhrendes Monster, das – zumindest dieses hier auf unserem Parkplatz – aus einem mir nicht begreiflichen Grund weiß und nicht klassisch rot war. Ein Auto, so habe ich es mir selber mal in meiner Fantasie vorgestellt, bei dem einen das Gebrüll der acht Zylinder dazu anfeuert, das rechte Bein noch mehr ins Gaspedal zu pressen. Der Motor muss, davon bin ich überzeugt, enttäuscht davon sein, dass es auf Deutschlands Autobahnen mittlerweile so viele Tempolimits gibt.

Staunend stand Benedikt da, ließ seinen Blick von einem Auto zum anderen wandern. Als er beim Spoiler eines Hummers landete, erschrak er regelrecht, so bedrohlich kam die Vorderfront des Geländewagens daher.

Jetzt war ich gefragt. Solche kleinen Momente können richtungsweisend sein. Dass ich den Jungen in so einem Moment nicht mit seinen Gedanken und Tagträumen alleine lassen darf. Wir Ausbilder sind nicht nur für die fußballerische Weiterbildung unserer Spieler zuständig. Wir Trainer sind auch Wertevermittler. Und noch vieles, vieles mehr.

Was allerdings nicht heißt, dass ich etwas gegen schöne und teure Autos habe. Dass ich Benni davon überzeugen muss, dass er niemals so ein Auto fahren sollte, steht mir gar nicht zu.

Ich bin auch grundsätzlich gar nicht gegen Geld oder einen gewissen Luxus, wenn man über einen langen Zeitraum hart dafür gearbeitet hat. Solange man die Einstellung hat, Geld nicht zu mögen, wird man auch nie welches haben. Das ist das Gesetz der Anziehungskraft. Alles, was man mag, zieht man an. Und alles, was man nicht mag, stößt man eher ab. Geld ist flüssige Energie und gibt einem eine gewisse Sicherheit. Meine Familie und ich haben selbst die Erfahrung gemacht, wie es ist, alles zu verlieren, wenn man mit Geld nicht richtig umgehen kann. Wenn man mehr ausgibt, als man einnimmt.

Zu einem erfolgreichen Leben gehören für mich fünf Eckpfeiler:

1. Gesundheit
2. Familie
3. Beruf
4. Glaube/Spiritualität
5. Finanzen

Und zu einem erfolgreichen Leben gehört auch, so glaube ich, dass man genug Geld verdient. Geld sollte aber nie an erster Stelle stehen. Es ist meine feste Überzeugung, dass Geld und Status einen nie über andere erheben.

Bestimmt hatte ich darüber auch schon vorher mal mit Benni gesprochen. Im Sommer-Trainingslager 2005. Wir fuhren mit der gesamten Mannschaft nach Billerbeck, etwa 70 Kilometer von Gelsenkirchen entfernt.

Wir hatten uns entschieden, die Mannschaft in einem richtig guten Hotel mit allerbesten Bedingungen einzuquartieren. Ein wunderschönes Hotel, idyllisch inmitten eines Parks gelegen, oben auf einem Hügel, sodass man einen herrlichen Blick in die Ferne hatte. Die Entscheidung für dieses Hotel war ganz bewusst gefallen. Weil wir den Jungs damit etwas vermitteln wollten. So sagte ich zu ihnen, und damit auch zu Benedikt, in der ersten Ansprache der Saisonvorbereitung: »Eigentlich würde für eine U19 auch eine Jugendherberge als Trainingslager reichen. Eigentlich haben wir hier überhaupt nichts verloren. Es ist wichtig, dass ihr das richtig einordnen könnt. Wir haben hier Bedingungen wie eine Profimannschaft. Dafür, dass man im normalen Leben hier mal ein paar Tage verbringen darf, muss man ganz schön hart schuften. Also bitte, schätzt das Ganze richtig ein und haltet es nicht für selbstverständlich. Seid freundlich zu den Angestellten. Ich möchte von keinem der Angestellten hören, dass ihr hochnäsig aufgetreten seid oder unfreundlich gewesen seid. Dass ihr Reinigungspersonal nicht gegrüßt habt. Seid demütig. Demut ist einer meiner persönlichen Kernwerte. Demut heißt für mich nicht fehlender Mut, sondern nur das vollständige Fehlen von Arroganz. Selbstbewusst ja, unbedingt, aber nie arrogant. Das Talent und die Leistung eines Fußballspielers ist doch nicht höher einzuschätzen als die eines Arztes, eines Journalisten oder eines Handwerkers, nur weil er unglaublich viel Geld verdient, Schauspielerstatus hat und in den schönsten und größten Stadien der Welt spielen darf. Zeigt Respekt und seid dankbar, dass ihr hier sein dürft.«

Unter den Spielern, denen ich diese Predigt hielt, war auch der bereits erwähnte Mesut Özil. Er war gerade erst von Rot-Weiss Essen zu uns gewechselt. Weil ich mich über Monate um ihn bemüht und immer wieder auch seinen Vater Mustafa zu Gesprächen getroffen hatte, wusste ich um seinen familiären und finanziellen Hintergrund.

Für die Özils gab es keine Sommerurlaube in schicken Ferienanlagen. Wenn Mesut mal aus Gelsenkirchen rauskam, dann, um seine Großeltern in Mülheim an der Ruhr zu besuchen.

29 Kilometer musste er dafür zurücklegen. Er hatte mir auch in einem unserer Vorgespräche davon berichtet, dass er nach den Sommerferien immer ein wenig peinlich berührt in die Schule zurückgekehrt sei. Weil es ihm nämlich unangenehm war, wenn es in den ersten Schulstunden darum ging, den Klassenkameraden vom Urlaub zu berichten. Wenn sie dann im Halbkreis saßen und einer nach dem anderen von seinen Erlebnissen berichtete, fühlte er sich schlecht, weil er als einer der wenigen nicht von Reisen nach Spanien, Griechenland oder Frankreich berichten konnte.

Für ihn, so verriet mir Özil später, sei dieser Hotelaufenthalt eine wahnsinnig wichtige Motivationsspritze gewesen.

Paul McGuinness, der langjährige Akademiechef von Manchester United, hat sich bei seinen Spielern am Anfang häufig erkundigt: »Welche Opfer wärt ihr bereit zu bringen, wenn euch jemand garantieren würde, dass ihr nach den nächsten zehn bis 15 Jahren, in denen ihr voll reingehauen habt, für immer ausgesorgt hättet? Was wärt ihr bereit, dafür zu tun? Und worauf würdet ihr verzichten?« Stellen Sie sich einmal selbst diese Frage und lassen Sie sie wirken.

Wir als Verantwortliche für die jungen Menschen müssen sie eben auch – und dafür sind die unterschiedlichsten Methoden zulässig – auf ein Leben mit unglaublichen finanziellen Möglichkeiten vorbereiten. Wir müssen sie in kleineren und größeren Momenten darauf vorbereiten, die Jungs zum Nachdenken anregen und immer aufmerksam sein, so wie eben bei Benedikt auf dem Parkplatz.

»Tolle Autos, oder?«, sagte ich ihm nur lapidar, um sein Starren auf die Luxuskarossen zu unterbrechen.

»Ja. Und wie«, bestätigte er mit glänzenden Augen.

»Ich mag auch solche schönen Autos. Mir gefällt der Porsche Carrera. Aber weißt du was: Solche Autos sind schön, aber nicht wichtig. Wenn du irgendwann so ein Auto fährst, weil du es dir hart erarbeitet hast und leisten kannst, ist es okay, solange du nur immer weißt, was im Leben wirklich wichtig ist. Und wenn du die Bedeutung eines solches Autos richtig bewerten kannst. Kein Auto der Welt wertet deine Persönlichkeit auf. Du als Mensch kannst dich über kein Auto ausdrücken.«

Bei einem intelligenten und reflektierten Kerl wie Benni reichte es aus, ihm diesen kurzen Denkanstoß mit auf den Heimweg zu geben. Ich wollte nur, dass er auf der Heimfahrt, wenn er wieder in die alte Rostlaube seiner Tante stieg, über meine Worte nachdachte.

Tatsächlich ist Benedikt anschließend jahrelang, auch noch als Kapitän von Schalke, mit einem VW Beetle durch die Gegend gefahren. Er hatte sich zwar ein schönes Cabriolet ausgesucht, aber gemessen an den Durchschnittsautos von Bundesligaprofis war er damit sehr bescheiden. Ganz offensichtlich hat er der Wichtigkeit solcher Karossen keine übermäßige Bedeutung beigemessen.

Ich rede während der zwei Jahre, die ich mit den Jungs arbeite, oft über Geld. Mal direkt, mal indirekt. Manchmal erzähle ich ihnen von mir. In ganz seltenen Fällen sogar sehr detailliert, damit sie meine Ansichten besser nachvollziehen können.

Ich komme aus sehr einfachen Verhältnissen. Aufgewachsen in der Bergmannstraße 39, in Gelsenkirchen-Ückendorf, einem der am heftigsten bombardierten Stadtteile Gelsenkirchens während des Zweiten Weltkriegs. Bei einem schweren Luftangriff am 17. Januar 1945 gingen dort 46 Sprengbomben, zwei Luftminen, 2300 Brandbomben und 250 Phosphorbrandbomben nieder.

Zwei Kilometer ist die Straße lang. Es war keine einfache Gegend. Und vor allem, nach all der Zerstörung, nicht schön. Die Zweckmäßigkeit stand bei uns immer über allem. So teilten wir uns mit mehreren Familien eine Toilette auf dem Gang. Wenn man nachts mal rausmusste, musste man zunächst die Wohnung verlassen, eine knarzende Holztreppe hinuntersteigen, zuvor einen Lichtschalter drehen und hatte ab dem Moment 30 Sekunden Zeit, ehe das Licht automatisch wieder ausging, weil der Stromverbrauch so knapp wie möglich gehalten werden sollte. Oft genug saß ich als Knirps im Dunkeln und musste mich nach dem Pipimachen an der Wand entlang zurück in die Wohnung tasten.

Gebadet wurde in einer Zinkwanne, nacheinander, um kein kostbares Wasser zu verschwenden. Selbstverständlich teilte ich mir mit meinen drei Geschwistern Heinrich, Christa und Martin auch ein Zimmer.

Meine Eltern hatten keine Chance auf höhere Bildung gehabt. Nach der Volksschule mussten sie so schnell wie möglich arbeiten, um ihr eigenes Geld zu verdienen. Mein Vater ging den damals üblichen Weg im Handwerk: erst Lehrling, dann Geselle, dann Bezirksschornsteinfegermeister. Trotzdem fiel ihm der Alltag schwer. Er war in der Nachkriegszeit als uneheliches Kind zur Welt gekommen. Wer sein Vater war, erfuhr er nie.

Mein Vater ist in der unmittelbaren Nachkriegszeit, in der es zunächst einmal ums nackte Überleben ging, wie viele andere damals auch mehr mit Strenge und Härte als mit Liebe erzogen worden. Seine Mutter, meine Oma Ida, die ein guter Mensch war, und sein Stiefvater hatten viel zu sehr mit dem eigenen Überleben und Zurechtkommen zu tun. Dabei war mein Vater ein äußerst sensibler Mensch, der sehr früh schon Zuflucht im Alkohol suchte. Wie die meisten Alkoholiker trank er, um zu verdrängen, um zu vergessen und vor allen Dingen aus mangelndem Selbstwertgefühl.

Mehrfach, daran erinnere ich mich genau, hat er einen sechswöchigen Entzug gemacht. Er war in einer Klinik und hat willensstark gegen seine Sucht angekämpft. Tag für Tag kehrte er selbstständig in die Einrichtung zurück und nahm an den Maßnahmen teil. Seine Trinkkumpanen traf er in der Zeit trotzdem weiter, noch dazu in ihrer Stammkneipe. Aber mein Vater bestellte nur Wasser.

Er war, so schien es, auf einem richtig guten Weg. Bis er nach

Ablauf der sechs Wochen alle guten Vorsätze vergaß und meinte, den Verzicht schnell nachholen zu müssen.

Natürlich war mein Vater nicht dauernd betrunken. Weihnachten zum Beispiel hat er sich immer ganz extrem zusammengerissen, um uns Kindern gemeinsam mit unserer wunderbaren Mutter eine besondere Zeit zu ermöglichen. Heiligabend ging er vor der Bescherung mit uns Kindern spazieren. Das endete meist in einer heftigen Schneeballschlacht. Wenn wir nach Hause kamen, war unsere kleine Wohnung wie verwandelt. Mama hatte die Zeit genutzt und unseren Baum geschmückt. In den Fenstern standen nun auch Kerzenständer. Und in der Wohnung roch es nach Putenbraten.

Ich habe meinen Vater geliebt, obwohl er nie der Vater sein konnte, den sich ein Kind wünscht. Nächtelang lag ich verängstigt unter meiner Bettdecke, wenn ich wusste, dass er zum Trinken außer Haus war. Nach seiner Rückkehr kam es häufig zu lautstarkem Streit mit meiner Mutter, die ihn dafür verfluchte, dass er wieder einmal voll wie tausend Eimer war. Ich hatte oft Angst um sie. Mein Vater war zwar nicht gewalttätig, aber unkontrolliert. Und ich wusste, dass seine Worte meine Mama verletzten. Genauso wie sie mich und meine Geschwister ein ums andere Mal mit voller Wucht trafen.

Am schlimmsten war für mich, dass ich dem Ganzen machtlos gegenüberstand. Dass ich vor allen Dingen meiner Mutter nicht helfen konnte. Ich war früh jemand, der Verantwortung übernehmen wollte. Der versuchte, Lösungen zu finden. Aber gegen die Alkoholsucht meines Vaters hatte ich kein Rezept. Ich fühlte mich hilf- und machtlos, was mit die schlimmsten Gefühle sind, die es in meinen Augen gibt.

Noch heute, wenn ich als Trainer am Spielfeldrand stehe und merke, dass ich meiner Mannschaft nicht mehr helfen kann, schnürt mir das mit derselben Wucht wie damals den Hals zu. Dann holt mich dieses Gefühl von früher wieder ein.

Als Fußballtrainer hat man großen Einfluss direkt vor und auch direkt nach dem Spiel und in der Halbzeitpause. Man hat riesigen Einfluss in sämtlichen vor- und nachbereitenden Trainingseinheiten. Man hat auch während des Spiels genügend Möglichkeiten, zu coachen und Einfluss zu nehmen. Wäre das nicht so, dann könnte den Job ja auch der Platzwart übernehmen.

Es gibt aber manchmal, und genau auf diesen Moment ziele ich ab, in Spielen eine Phase, in der man als Trainer spürt, dass nicht mehr viel geht. Dass die Spieler deine Anweisungen kaum noch wahrnehmen, zu sehr mit sich selbst beschäftigt sind und anfangen, sich aufzugeben. Ich behaupte, dass jeder Trainer der Welt diesen Moment kennt.

Viele Trainer verschwinden dann auf der Bank. Ziehen sich zurück und ergeben sich ebenfalls. Das fatalste Signal überhaupt. Natürlich ist die Chance, die Mannschaft irgendwie wieder zu erreichen, minimal. Aber für mich gilt: Wenn du in diesem Moment auch aufgibst, ergibt sich deine Mannschaft endgültig.

Ich werde in solchen Situationen sehr laut, bin extrem präsent und aktiv. Ich weigere mich mit aller Macht, das Spiel aufzugeben. Ein Lebensmotto von mir lautet: Gib niemals auf, es sei denn Briefe bei der Post.

Im Handball oder Basketball verfügen die Trainer über die Möglichkeit, Auszeiten zu nehmen. In diesen kurzen Unterbrechungen können sie versuchen, ihrem Team einen taktischen Kniff einzutrichtern oder einen Spielzug mit an die Hand zu geben, der richtungsweisend ist. Manchmal dienen diese Auszeiten auch nur dazu, um die Spieler noch einmal wachzurütteln und zu motivieren.

Ich würde mir manchmal sehr wünschen, dass es auch im Fußball die Möglichkeit solcher Auszeiten gäbe. Dass man mehr direkten Einfluss während eines Spiels hätte.

Meine Spieler wissen aber, wie ich dazu stehe. Und sie wissen auch, dass bei uns gerade irgendetwas ganz gewaltig schiefläuft, wenn ich ins Spiel das Wort »Auszeit« rufe. Mit diesem versteckten Appell versuche ich, meine Jungs unterbewusst und bewusst aufzurütteln. Ihnen noch einmal die Sinne zu schärfen. Das ist meine Geheimbotschaft, um ihnen zu vermitteln: »Es läuft gerade etwas richtig falsch bei uns. Der Alte draußen dreht gleich durch. Wir müssen wieder eine Schippe drauflegen. Mehr tun und es wieder besser machen.«

Aufgeben ist keine Option. Vor allem nicht, wenn es kleinste Widrigkeiten sind, die einen scheinbar in die Knie zwingen. Wenn die Spieler kapitulieren, ehe sie wirklich alles probiert haben.

Ich hätte meinen Vater mein Leben lang als Alibi nutzen können. Ich hätte mein eigenes Versagen immer mit seiner Alkoholabhängigkeit und meiner damit verbundenen schwierigen Kindheit rechtfertigen können. Stattdessen bin ich ausgebrochen und habe Verantwortung für mein Leben übernommen.

In diesem Leben gab es auch durchaus mehrfach den Moment, in dem ich hätte resignieren können. In dem ich mich für einen anderen, ganz gewiss leichteren, Weg hätte entscheiden können. Wo ich mich ganz einfach hinter Ausflüchten hätte verstecken können, warum dieses oder jenes nicht geklappt hat. Wie zum Beispiel während meiner eigenen Fußballkarriere.

Zu meiner Zeit gab es keine Bambini- oder Mini-Kicker-Mannschaften, sodass man als kleiner Knirps meist nur auf der Straße oder mit Kumpels auf Bolzplätzen spielte. Bei uns war einer direkt um die Ecke. Wobei die Bezeichnung »Bolzplatz« eine grobe Übertreibung ist. Es gab keine fest installierten Tore und auch keine Abgrenzung. Es war einfach nur eine Fläche, nahezu eben, auf der wir aus Steinen Tore machten. Die heißesten Duelle fanden immer gegen die Hüssenerstraße, gegen die Braunschweiger Straße oder gegen die Jungs aus der Herner Straße statt. Da ging es um die Ehre und die Vorherrschaft im Stadtteil Ückendorf.

Wobei ich in der ersten Zeit gar nicht mitspielen durfte. Seit meinem vierten Lebensjahr stand ich da, jeden Tag, und wartete darauf, von den größeren Jungs herangerufen zu werden. Doch das Signal, dass sie mich dabeihaben wollten, blieb zunächst einmal aus. Mein älterer Bruder Heinrich durfte mitkicken. Für mich interessierte sich niemand.

Sie spielten sogar lieber mit einer ungleichen Anzahl, als eine Mannschaft mit mir aufzufüllen. Jeden Tag stand ich wieder da und fragte, ob ich heute mitmachen dürfte. Und jeden Tag bekam ich ein Nein zu hören.

Bis ich eines Tages aus heiterem Himmel mitspielen durfte. Wir waren, mit mir, genau zehn Jungs. Allesamt Burschen aus unserer Straße, also kein Duell gegen die anderen. Die zwei ältesten Jungs wählten abwechselnd ihre Mitspieler. Ich blieb bis zum Schluss übrig und wurde nur gewählt, weil sonst niemand mehr zur Verfügung stand.

Heute lässt kaum noch ein Trainer nach diesem Prinzip Mannschaften wählen, aus Rücksicht, dass es demjenigen, der als Letzter gewählt wird, dann in der Seele wehtut. Bei mir jedenfalls hat es damals dazu geführt, dass ich mir geschworen habe, so gut zu werden, dass ich künftig nicht mehr bis zum Schluss dastehen werde.

Manchmal erzähle ich meinen Spielern heute noch davon, wie ich als Vierjähriger da gewartet und gewartet und gewartet habe. Nämlich immer dann, wenn Jungs anfangen zu motzen und früh zu resignieren, kaum dass sie mal ein paar Wochen auf der Reservebank sitzen.

Erst mit neun Jahren habe ich begonnen, in einem Verein zu spielen: bei Westfalia Westerkappeln.

Als ich 13 Jahre alt war, stand plötzlich ein Reporter vor mir, um mich zu interviewen. Er schreibe einen Artikel für die Rubrik »Begegnung mit jedermann«, sagte mir dieser gestandene Mann, der bereits über 40 Jahre sein musste. Wir unterhielten uns lange, und tatsächlich füllte der Bericht von Adolf Wiartalla, so sein Name, fast ein Drittel der Seite. »Ein Junge mit fußballerischen Ambitionen«, lautete die Überschrift des Artikels, in dem dann stand: »Sein Lieblingsverein ist Schalke 04, und seine Lieblingskicker sind Nationalrechtsaußen ›Stan‹ Libuda und Münchens

Toremacher Gerd Müller. Zwei Spieler also, die in erster Linie die Verantwortung auf sich nahmen, die Nationalmannschaft nach Mexiko zu schießen. (…) Norbert selbst ist ein fußballerisches Frühtalent, das gerne einmal in die Fußstapfen jener Vorbilder treten möchte. Säuberlich führt er Buch über seine Taten auf dem Rasen, die sich in den vier Jahren seiner Westerkappelner Westfalia-Zugehörigkeit in genau 92 Toren ausdrücken, erzielt für die D- und C-Jugend.«

Weil ich weiter regelmäßig traf, wurde ich aus der C- direkt in die A-Jugend hochgezogen, spielte also als 14-Jähriger schon gegen 18-jährige Gegner. Mit 17, also als A-Jugend-Altjahrgang, spielte ich schon in der ersten Mannschaft, damals in der Landesliga. Bei irgendeinem meiner Spiele stand ein enger Freund von Max Merkel, er hieß, glaube ich, Willi Reincke, am Rand und wurde auf mich aufmerksam. Er empfahl mich Merkel, der schließlich mit ganz viel Tamtam nach Westerkappeln kam, um mich spielen zu sehen.

Die Zeitungen waren voll mit Ankündigungen darüber. Schließlich war Merkel zu der damaligen Zeit eine richtig große Nummer im Fußball.

Als er 1860 München übernahm, hatte er eine überalterte Freizeitmannschaft, die mit viel Mühe an guten Tagen ansehnlich spielen konnte.

Merkel, der studierte Maschinenbauer, der eine Weile als Ingenieur in einem Aufzug-Werk gearbeitet hatte, krempelte sie vollkommen um – und nicht nur die Mannschaft, sondern gleich den ganzen Verein. »Hier musste man«, sagte er, »erst mal mit der Machete einen Pfad durch den Fußball-Urwald schlagen.«

Er verpflichtete als einer der Ersten mit Dieter Urbach, einem früheren Kugelstoßer, einen Konditionstrainer. Er führte Fußpflege für die Spieler ein und empfahl in den kalten Monaten das Tragen von Strumpfhosen.

Merkel war mehr Profi als jeder andere zuvor. So manches Training dauerte bis zu vier Stunden am Tag.

Einmal ließ er seine Spieler minutenlang den Kopf von links nach rechts kreisen. Als ein genervter Spieler wissen wollte, wozu das gut sei, antwortete er: »Des macht's, falls euch amal jemand fragt, ob Ihr Fuaßboi spuin kennt's.«

Ihm wurde nachgesagt, er sei wie ein Sklavenaufseher, manche nannten ihn Diktator. Er selbst sagte: »Fußballspieler sind Artisten – und müssen sich quälen können.« Oder: »Ich fühle mich wie ein Dompteur, der in der Manege mit der Peitsche schnalzt. Kehrt er seinen Raubtieren auch nur für einen Moment den Rücken zu – schon greifen sie mit der Tatze nach ihm. Auch Fußballer brauchen die Peitsche. Und wenn es geklappt hat, bekommen sie von mir ihr Zuckerl.«

Er wurde als »Schmähbruder« und »Zuchtmeister« bezeichnet. Gleichzeitig impfte er mit seiner Art den Löwen rauschhaften Angriffsfußball ein, sodass Resultate wie ein 9:0 gegen den Karlsruher SC, ein 9:2 gegen den Hamburger SV oder ein 6:1 gegen Borussia Dortmund möglich waren. 1964 führte er den TSV 1860 München zum Sieg im DFB-Pokal. Ein Jahr später spielten sie im Endspiel des Europapokals. 1966 folgte dann der Gewinn der deutschen Meisterschaft.

»Es gibt Titel«, sagte er daraufhin, »da kommst du mit ins Buch der Rekorde. Meine Meisterschaft mit den Sechzigern zum Beispiel. 100 Jahre vorher war da nix, 100 Jahre danach wird da wohl nix sein.«

Löwen-Torwart Petar Radenković sagt später einmal über Merkel: »Er war kein einfacher Mensch, keine Vaterfigur, kein Kumpel, sondern ein harter Arbeiter, der seinen Spielern mehr als das Maximum abverlangte.«

1967 ging Merkel zu den stark abstiegsgefährdeten Nürnbergern, die er auf dem 14. Platz übernahm und auf Rang 10 führte.

Zu seinem ersten Training kamen an einem nasskalten Wintertag 3000 Menschen. Sie alle wollten Max Merkel sehen, den ersten Star-Trainer der jungen Bundesliga.

Merkel verkündete gewohnt lauthals: »Wir müssen den Zuschauern so viel bieten, dass wir den Tresor vor lauter Geld nicht mehr schließen können.«

Tatsächlich stieg der Zuschauerschnitt dank seines Fußballs von 13 000 auf rund 30 000. Als die neue Saison begann, mussten teils Vorverkaufsstellen von der Polizei abgeriegelt werden, sonst hätten sich Fans um Eintrittskarten geprügelt.

Merkel veränderte die Mannschaft extrem. Elf Spieler mussten gehen, sechs neue kamen. Die Mannschaft erlebte das härteste Trainingslager aller Zeiten, mit drei Einheiten am Tag.

Im Dezember 1967 wird der FC Bayern mit 7 : 3 geschlagen. Franz Brungs trifft so oft, dass ihn der Münchner Schlussmann Sepp Maier irgendwann fragt, ob es nicht langsam mal reiche. Es reicht Brungs erst nach fünf Toren.

Am Ende wird Nürnberg Meister. Doch nur kurze Zeit später verlor Merkel, wie schon in München, seine Mannschaft, weil er mit unglaublicher Rücksichtslosigkeit und Härte das Team umbauen wollte und die Menschen in den Trikots total vergaß. Im März 1969 musste er gehen.

»Keiner mag mich, alle wollen mich«, sagte Merkel daraufhin und führte wenig später Atlético Madrid zur Meisterschaft. Doch auch da musste er bald wieder gehen und stänkerte hinterher: »Spanien wäre ein schönes Land, wenn nicht so viele Spanier dort leben würden.«

Und nun sollte jener Max Merkel, der Meistermacher und Peitschenschwinger, ins beschauliche Westerkappeln kommen, in dieses Dorf am Rand des Teutoburger Waldes, und mich anschauen.

Wir spielten gegen SC Greven 09. Eigentlich ein Gegner wie so viele andere. Schon in der Nacht vor dem Spiel schlief ich unruhiger als sonst. Ich warf mich von einer Seite auf die andere, stellte mir vor, wie ich spielen wollte, um Merkel zu beeindrucken.

Ich wollte diesen Mann überzeugen und ihm zeigen, dass er zu Recht die Reise nach Nordrhein-Westfalen angetreten hatte.

Angst vor Merkels Drill oder seiner Härte hatte ich nie. Vielmehr witterte ich die ganz große Chance, meinem Traum vom Bundesligaprofi den entscheidenden Schritt entgegenzukommen.

Als ich, relativ unausgeschlafen, den Platz betrat, suchte ich unter den Zuschauern nach Merkel. Da sich eine Traube von Menschen um ihn herum sammelte, war es ein Leichtes, ihn zu entdecken. »Da ist er also«, dachte ich mir und driftete gedanklich, wie schon in der Nacht, ein wenig ab.

»Mach das Spiel deines Lebens«, sagte ich mir, »und gib Vollgas.« Das Spiel wurde angepfiffen, und ich bekam den Ball. Er sprang mir ein bisschen weiter weg als gewöhnlich. Die Annahme war nicht so sauber, wie ich es von mir erwartet hätte. Auch mein Pass fand zwar meinen Mitspieler, er musste seinen Sprint aber abbrechen, weil ich ihm den Ball nicht genau in den Lauf gespielt hatte.

»Reiß dich zusammen, Norbert«, ermahnte ich mich, während ich versuchte, in Merkels Gesicht zu erkennen, wie er meine Unkonzentriertheit bewertete.

Sämtliche Spiele zuvor, bestimmt sechs, sieben an der Zahl, hatte ich befreit aufgespielt. Der Ball hatte mir gehorcht. Ich hatte meine Tore gemacht und meine Vorlagen gegeben. Ich hatte meine Gegner nach gelungenen Finten ins Leere laufen lassen. Ich war technisch und spielerisch auf richtig hohem Niveau unterwegs gewesen.

Doch jetzt, in diesem einen Spiel, vor diesem einen Trainer, dem größten, der mir je zugeschaut hatte, war ich nicht komplett ich selbst. Ich suchte nach Bestätigung von außen, anstatt einfach fokussiert bei mir zu bleiben.

Nach jeder unsauberen Aktion setzte ich mich mehr unter Druck: »Jetzt musst du es aber besonders gut machen«, forderte ich von mir selbst. Und rannte wie ein kopfloses Huhn in den nächsten Gegner hinein. Wenn ich an einem Gegenspieler vorbeigekommen war, beschloss ich, ihn ein weiteres Mal auszuspielen, statt zielorientiert weiter den Weg Richtung gegnerisches Tor zu suchen.

Allein aus meiner eigenen Erfahrung bei diesem Spiel heraus würde ich daher heute jedem Berater raten, seinem Schützling vorab keinen Druck zu machen und einem Spiel das Gewöhnliche zu nehmen, sofern er Kenntnis davon bekommt, dass ein Beobachter vom Deutschen Fußball-Bund oder zum Beispiel ein Scout eines anderen Vereins kommt, um den Jungen gezielt zu beobachten.

Als Merkel nach dem Spiel bei meinen Eltern im Wohnzimmer saß, machte er keinen Hehl daraus, dass er mehr erwartet hatte. »Nach dem, was ich zuvor über dich gehört hatte, hätte ich gedacht, etwas anderes präsentiert zu bekommen. Das Spiel war keine Glanzleistung«, sagte er.

Meine Mutter hatte einen Kuchen gebacken und unser bestes Geschirr auf den Tisch gestellt. Mein Vater trug ein Hemd. Auch für sie war Merkels Besuch etwas ganz Besonderes.

Merkel hatte aber glücklicherweise das Geschick, meinen Eltern schnell die Ehrfurcht und den Überrespekt zu nehmen und mit ihnen so zu reden, als wäre er ein vertrauter Nachbar. Er war höflich und charmant, keine Spur arrogant oder einschüchternd, wie man es vielleicht aufgrund seines öffentlichen Auftretens hätte erwarten können.

»Ich will«, sagte er, ohne weiter auf mein mäßiges Spiel einzugehen, »dass du mit mir nach München kommst. Ich werde dort Trainer vom FC Bayern.«

Ab dem Moment war ich nicht mehr Herr meiner Sinne. Ab dem Moment, als Merkel ausgesprochen hatte, warum er in Westerkappeln war, schleuderten meine Gedanken nur noch hin und her.

Wer hatte schon das Glück, aus der Landesliga in die Bundesliga geholt zu werden? Und dann auch noch zum FC Bayern! Obendrein noch nach einem schwachen Auftritt.

Kaum dass wir uns verabschiedet hatten – Merkel hatte uns Bedenkzeit eingeräumt –, schmiedeten wir große Pläne. »Ich komme mit nach München«, sagte meine Mutter sofort. »Du kannst ja nicht allein ans andere Ende von Deutschland ziehen.«

Dass dieses gut gemeinte Vorhaben angesichts meines alkoholkranken Vaters und meiner drei Geschwister vollkommen unmöglich war, daran verschwendete sie anfangs keinen Gedanken. Ich glaube, dass meine Mutter mir damit vor allem zeigen wollte, dass meine Eltern voll hinter mir stehen und alles tun würden, um mir diese Chance zu ermöglichen.

In den nächsten Tagen, als der Verstand klarer wurde und auch bei meinen Eltern wieder das rationale Denken einsetzte, wurden sie zurückhaltender und versuchten eher, mir die Risiken eines Wechsels an die Isar aufzuzeigen. »Vielleicht ist das Ganze doch eine Nummer zu groß.«

Ich selbst überlegte hin und her. Als Fußballer war ich sehr von mir überzeugt. Aber dieses München erschien selbst einem Optimisten wie mir als eine wahnsinnig große Herausforderung. Doch dann wurde uns die Entscheidung plötzlich von selber abgenommen.

Die Bayern spielten eine miserable Saison, pendelten zwischen Platz fünf und sieben in der Tabelle. Gyula Lóránt war bereits seit Dezember, seit einem 1:7, nicht mehr Trainer. Stattdessen stand Pál Csernai an der Seitenlinie, doch auch er taumelte nach einem 0:4 gegen Bielefeld. Grund genug für den Vereinspräsidenten Wilhelm Neudecker, sich nach einer Alternative umzuschauen und Merkel zu kontaktieren, obwohl er seinen Spielern eigentlich etwas anderes versprochen hatte, nämlich noch eine Frist von zwei weiteren Spielen für Csernai.

Als nach einem Unentschieden gegen Braunschweig herauskam, dass Neudecker bereits mit Merkel einig war, rebellierten die Spieler. Sepp Maier rief den Präsidenten an, um ihm mitzuteilen: »Der Mannschaftsrat und ich als Kapitän möchten Ihnen übermitteln: Wenn am Montagmorgen ein neuer Trainer da ist, dann kommen wir nicht ins Training, dann streiken wir.«[3]

Letztlich führte das zum Rücktritt von Neudecker und dazu, dass Merkel nicht Trainer bei den Bayern wurde, sondern bei Schalke 04.

Und so landete auch ich auf Schalke, 120 Kilometer von Westerkappeln entfernt. Noch dazu in meiner Heimatstadt bei meinem Lieblingsverein. In der Mannschaft, in der mein absolutes Vorbild spielte – beziehungsweise es noch einmal versuchte: Reinhard »Stan« Libuda.

Der Jahrhundertdribbler. Der Meister des Antäuschens. Der Bestaunte und Verehrte. »An Gott kommt keiner vorbei«, hatte es in den 1960er-Jahren angeblich auf einer Plakataktion des US-Predigers Billy Graham geheißen. Und angeblich, aber vielleicht ist das auch nur eine wunderschöne Ruhrgebietslegende, hat ein pfiffiger Schalke-Fan darunter an die Litfaßsäule geschrieben: »… außer Stan Libuda«.

Es hieß, er könne drei Gegner in einer Telefonzelle ausspielen. Und dass an einem seiner guten Tage, an denen er einen Haken nach dem anderen schlug, selbst ein Rudel Jagdhunde ihn nicht hätte einfangen können.

Regelmäßig gewann er mit seinen Treffern die ARD-Rubrik »Tor des Monats«. Er war ein Kultfußballer. Wer ihn tricksen und flanken sah, musste ins Schwärmen geraten. Ständig schallten die drei Silben seines Namens, wenn auch nicht in perfekter Melodie, von den Rängen der Glückauf-Kampfbahn. *Li-bu-da, Li-bu-da – LI-BU-DA.*

Weil Schalke 1965 sportlich abgestiegen war, wechselte er nach Dortmund – er hatte zugesagt, als er noch nicht wissen konnte, dass die Liga aufgestockt werden würde. Statt eines Handgelds bekam er damals eine Sitzgarnitur aus Eiche für sein Wohnzimmer. 1966 schoss er für den BVB das entscheidende Tor im Finale des Europapokals der Pokalsieger gegen Liverpool. 1968 kehrte er zum FC Schalke zurück – und wurde verehrt wie zuvor: Er brachte es zum Ehrenspielführer, zum Mitglied der Jahrhundertelf und zum Namensgeber einer Zufahrtsstraße zum Stadion. 1972 führte er ein großartiges Schalker Team als Kapitän zum DFB-Pokalsieg.

Ein Jahr lang versuchte er es dann bei Racing Straßburg, ehe er es noch einmal bis 1976 auf Schalke probierte. Und so kam es, dass ich ihn hautnah erleben durfte.

24000 Deutsche Mark zahlte Schalke damals an Westfalia Westerkappeln für mich. Obendrauf gab es noch ein Abschiedsspiel. »Der erste Wechsel eines Fußballspielers aus dem Fußballkreis Tecklenburg ins Profilager ist perfekt«, stand in unserer Lokalzeitung in der Rubrik »Aus Stadt und Land«. »Bei Schalke hofft er in der Bundesliga bei den Profispielern Karriere zu machen. Von der Veranlagung her könnte er es schaffen. Mit der nötigen Portion Mut und mit Ehrgeiz und Geduld könnte in absehbarer Zeit vielleicht der große Sprung gelingen.«

In meinem ersten Trainingslager als Schalke-Profi, wir waren 14 Tage in Warendorf, verlangte Max Merkel einen Cooper-Test von uns. Also einen Ausdauerlauf über zwölf Minuten, bei dem es darum geht, in dieser Zeit die maximal mögliche Strecke zurückzulegen.

Weniger als 2800 Meter Strecke gilt für einen trainierten Sportler als sehr schlecht. Wer zwischen 3100 und 3399 Meter läuft, ist durchschnittlich.

Ich war gerade dabei, meine sechste Runde auf der 400-Meter-Tartanbahn zu absolvieren, als Stan Libuda plötzlich anhielt, sich ganz klein machte, in einen leeren Wassergraben, der eigentlich für den Hindernislauf vorgesehen ist, kroch und sich darin versteckte.

Ich wusste gar nicht, wie mir geschah. Vor allem nicht, als Stan zwei Runden später, als ich ihn erneut passierte, wieder hervorkroch, sich an mich dranhängte und den Cooper-Test letztlich dank seiner Kraftersparnis sogar noch wenige Meter vor mir beendete.

Ich hatte gerade so eben die 3250 Meter geschafft. Stan wurden 3270 Meter angerechnet. Ich schnaufte wie eine Dampflok. Er grinste und stand aufrecht und lässig auf der Bahn. Er 32 Jahre alt, ich 18. Entsprechend fiel auch die Reaktion von Max Merkel aus. »Elgert«, schrie er über den ganzen Platz. »Wie kann das sein? 14 Jahre jünger! Aber sich vom alten Libuda abhängen lassen.«

Dann kehrte er mir den Rücken zu.

Perplex starrte ich ihm hinterher. Jetzt kassierte ich einen Anschiss, weil Stan gemogelt hatte? Sollte ich etwas sagen und alles klarstellen? Selbstverständlich nicht, denn das entsprach schon damals nicht meinen Wertvorstellungen und vor der Truppe wäre ich ein Kameradenschwein gewesen.

Ich entschied mich also, zu schweigen. Dann war ich eben der unfitte Depp.

Die nächste bittere Lektion ließ nicht lange auf sich warten. Es war beim Kreisspiel, das es natürlich damals auch schon gab, wenn auch mit einer anderen Intensität als heute. Insbesondere seit Pep Guardiola die Bayern trainiert hat, ist das Rondo, wie er es nannte, ja eine hoch angesehene Trainingsform, die zudem im Normalfall auch noch sehr viel Spaß macht. Zu meiner Zeit wurde es meist als lockeres Warmmachspielchen gesehen, bei dem es darum ging, locker ins Training reinzukommen. Häufig wurde man dabei extra schlecht angespielt und dadurch ein Fehler provoziert. Für diesen nicht selbst verursachten Fehler musstest du dann als Nächstes in die Mitte.

Der größte Spaß aber war es, Mitspieler, vor allen Dingen Jungspunde, wie ich einer war, zu düpieren und ihnen einen Beinschuss nach dem anderen zu setzen, also den Ball zwischen den weit geöffneten Beinen hindurchzuspielen.

Ich weiß noch genau, wie sie sich lustig über mich machten. Rolf Rüssmann, dieser blonde Hüne. Klaus Fischer, Rüdiger »Abi« Abramczik, Helmut und sein Zwillingsbruder Erwin Kremers. Fast jeder von ihnen verpasste mir einen »Tunnel«, auch »Beini« genannt. Und zwar nacheinander. Fünfmal in Folge gelang es ihnen, den Ball hindurchzuschieben. Mit jedem Mal wurde ihr Spaß größer. Da wir bei Westerkappeln so etwas nie gemacht hatten, verstand ich die Welt nicht mehr und rannte beleidigt zu Merkels Co-Trainer Friedel Rausch. »Die nehmen mich nicht ernst«, sagte ich. »Die verarschen mich hier.« Auch er konnte sich ein leichtes Schmunzeln nicht verkneifen. Einige Wochen später fing ich dann an, selber Tunnel zu verteilen.

Es hätte so einiges gegeben, worüber ich als Neuling in Warendorf gerne mit einer Vertrauensperson gesprochen hätte. Doch so richtig hatte ich niemanden, mit dem ich mich über meine ersten Profierfahrungen hätte austauschen können.

Mein Zimmerkollege im Trainingslager war Dragan Mutibarič, ein Torwart aus dem ehemaligen Jugoslawien. Natürlich sprach er kein Wort Deutsch mit der Folge, dass die Abende immer äußerst ruhig verliefen. Wir hatten verbal keine Chance, uns auszutauschen und kennenzulernen. 13 Nächte Stille! Zeit zum Grübeln.

So eine Zimmereinteilung würde heute niemand mehr machen. Man hätte aber auch damals schon darauf kommen können, dass es weder dem introvertierten Jungen vom Dorf noch dem Neuen aus Jugoslawien helfen würde, beide zusammenzustecken.

Als meine damalige Freundin mich im Trainingslager besuchen kam, folgte der nächste Anschiss. Wir machten einen Spaziergang durch Warendorf (was übrigens erlaubt war). Dabei entdeckte uns der damalige Mannschaftsbetreuer Ede Lichterfeld und hatte dann nach meiner Rückkehr in Trainingslager nichts Besseres zu tun, als mich anzublöken: »Elgert, was soll der Scheiß, wir sind doch hier nicht im Puff!« Dann ließ er mich stehen. Ede Lichterfeld war übrigens der Vorgänger von Kultbetreuer Charly Neumann.

Damals gab es nur wenige Trainer mit ausgeprägten Führungsqualitäten. Sie beschäftigten sich kaum mit Persönlichkeitsentwicklung, und »Empathie« war damals noch ein Fremdwort. Die Trainingslehre war auch noch nicht so weit entwickelt. Du bist damals Trainer geworden, weil du zuvor Spieler warst, irgendwie als logische Fortsetzung deiner Spielerkarriere. Ohne dass du dich zuvor mit Coaching und Menschenführung befasst hast.

Dabei ist, um es mal überspitzt zu sagen, der Weg vom Fußballer zum Trainer genauso schwierig wie der vom Pferd zum Jockey. Du kannst nicht automatisch gut reiten, nur weil du mal ein Pferd warst.

Früher war das Hierarchiedenken, die sogenannte Hackordnung, viel stärker ausgeprägt als heute. Da musstest du schon über einen langen Zeitraum kratzen, treten, spucken und beißen, um von den Alten überhaupt wahr- und ernst genommen zu werden. Vor allen Dingen musstest du aber richtig gut kicken können. Damals ging es im Trainingslager weniger um Teambildung, sondern viel mehr um laufen, laufen und nochmals laufen, bis zum Umfallen.

Ständig schickte uns Merkel mit Medizinbällen auf die Tartanbahn. Links und rechts einen unterm Arm, so wurde gerannt. Und gerannt. Und gerannt.

Und wenn es ihm in den Sinn kam, demonstrierte er uns gleich noch auf drastische und, wie man heute sagen würde, übergriffige Weise, wer das Sagen hatte. So bestellte Merkel einen Friseur ins Trainingslager, weil ihm unsere langen Haare nicht gefielen. Ich weiß noch, wie ich hinter Klaus Fichtel und Bernd Thiele in der Reihe stand, um wie bei der Bundeswehr kürzer geschoren zu werden. Eine völlig blödsinnige Maßnahme, heute unvorstellbar.

Ich habe zwar auch mal einem Spieler von mir, dem heutigen Schalke-Torwart Ralf Fährmann, frisurentechnisch eine Ansage gemacht. Aber dahinter steckte eine andere Intention.

Im Laufe der Saison 2005, Ralfs Leistung schwankte gerade ein wenig, erschien er im Training plötzlich mit einem Tribal, also einem Muster im Haar, das mithilfe einer Schablone hineinrasiert worden war. Da stellte ich ihm die Suggestivfrage: »Willst du nicht lieber durch Leistung auffallen als durch deine Frisur?« Am nächsten Tag hatte er, letztlich aber freiwillig, die Haare ratzekurz geputzt. Bei mir ging es um eine Botschaft, bei Merkel um eine Machtdemonstration.

Ich muss zugeben, dass ich während dieses ersten Trainingslagers mehr als einmal einsam auf meinem Zimmer saß und mich gefragt habe: »Wo bist du hier bloß gelandet? Das ist also Profifußball!«

Doch trotz der zwischenzeitlichen Zweifel gelang es mir, dank guter Trainingsleistungen zu überzeugen und schnell Teil der Mannschaft zu werden. Bereits in der Vorbereitung gelang mir eine kleine Sensation. Wir spielten gegen Slavia Prag, und ich traf beim 4:4 zweimal. Am nächsten Tag überschlug sich die *BILD*. »Schalkes Zuschauer staunten über Trainer Merkels Neuentdeckung Elgert«, stand dort, mit der Frage: »Woher hat er bloß diesen Jungen?« Im Text selber hieß es: »Nie gehört – sagten sich 12 000 Zuschauer im Gelsenkirchener Parkstadion, als sie den Namen Elgert auf der Anzeigetafel lasen. Seit gestern kennen sie ihn: Norbert Elgert (18), großes Talent aus Westerkappeln, von Meistermacher Max Merkel persönlich entdeckt. Der neue Rechtsaußen der Schalker zählte zu den besten Leuten beim 4:4 gegen Slavia Prag – und schoss dabei zwei Tore selbst.« Unter einem Foto, dass mich bei einem Zweikampf zeigte, bei dem mein Gegner ausrutschte, stand geschrieben: »Sie gingen schon vor ihm in die Knie wie hier der Prager Urabec.«

In unserem ersten Pflichtspiel, im Pokal gegen Oldenburg, stand ich gleich in der Startelf. Zusammen mit Stars wie Norbert Nigbur, Hannes Bongartz und Klaus Fischer. Wir gewannen 6:0. Wenig später schenkte mir Merkel meine ersten Bundesligaminuten: Gegen den Hamburger SV wurde ich in der 70. Minute eingewechselt, leider lagen wir da schon 1:3 hinten.

Das damalige Volksparkstadion glich einem Glutofen. Es müssen damals bestimmt 40 Grad gewesen sein. Kurz nach meiner Einwechselung bekam ich den Ball und stand 16, 17 Meter relativ frei vorm Hamburger Tor. Die große Chance. Also hämmerte ich drauf.

Ich traf den Ball super und verfolgte gespannt seine Flugbahn. Er näherte sich rasend schnell dem Tor. »Eigentlich«, dachte ich,

»müsste er rechts oben einschlagen.« Mein erstes Bundesligator? Doch ich hatte die gewaltige Sprungkraft von Rudi Kargus, dem Hamburger Torwart, unterschätzt, der den Ball noch über die Latte lenkte.

Wenig später kassierten wir durch Ole Bjørnmose das nächste Gegentor, das den Endstand bedeutete. 1:4 aus unserer Sicht.

Ich hatte gespielt. Und zwar nicht schlecht. Fast hätte ich mein erstes Tor gemacht. Doch als ich in Gedanken über den Platz ging, wurde ich plötzlich sehr rüde von der Seite angeraunzt. »Wenn du noch einmal meinen Bruder übersiehst, obwohl der besser steht, machst du nie wieder ein Spiel für Schalke«, zischte mir Helmut Kremers zu.

Die nächsten Stunden sagte ich gar nichts mehr. Völlig eingeschüchtert saß ich während der Rückfahrt auf meinem Platz und starrte gedankenverloren vor mich hin. Natürlich hatte ich Erwin nicht gesehen. Aber wie sollte ich ihm diese Tatsache erklären? Er würde mir ja ohnehin nicht glauben. Außerdem hatte ich den Ball aufs Tor gebracht. Kargus hatte ihn nur mit Mühe und Not abwehren können.

An diesem Anschiss hatte ich lange zu knabbern. In meinem wohlbehüteten Westerkappeln, in dem ich noch dazu *der* herausragende Spieler gewesen war, hatte es so eine extreme Hackordnung nie gegeben.

Aber als 18-jähriger Neuling traute ich mich nicht, bei den Stars der Mannschaft dagegenzuhalten, selbst wenn die Anschuldigungen unfair waren.

Das sollte sich aber mit der Zeit ändern, zum Beispiel im September 1980.

Damals gehörte Wolfram Wuttke zum Schalker Kader, ein Stürmer, der als wahnsinnig bezeichnet wurde, aber eben auch teilzeitgenial war. Er spielte Außenristpässe wie kaum ein anderer. Später sagte Trainer Ernst Happel mal über ihn, er sei »heute ein Genie und morgen ein Wurschtel«, zwar ein »Zauberer am Ball«, aber auch »ein Gassenjunge im Kopf«.

Als er in einem Spiel gegen Düsseldorf aussetzen musste, traf ich beim 3:3 doppelt. Als ich nach meinem zweiten Treffer an der Bank vorbeirannte, hörte ich ihn dort plötzlich fluchen: »Nein, nein, nein! Ausgerechnet dieser blinde Elgert. Ich fasse es nicht.«

Nach dem Spiel habe ich ihn mir vorgeknöpft. Ungeachtet dessen, dass er der absolute Liebling unseres Trainers Fahrudin Jusufi war. Aber solche Kommentare, so weit war ich fünf Jahre später, ließ ich mir von einem Mitspieler nicht mehr bieten.

»Wenn ich das noch einmal von dir höre, dann hänge ich dich in der Kabine am Kleiderhaken auf. Und dann bleibst du den ganzen Tag da hängen, bis ich dich wieder runterlasse.«

Nach diesem Vorfall wurde unser Verhältnis deutlich besser.

Am nächsten Spieltag, um wieder zu meiner ersten Saison auf Schalke zurückzukommen, bei unserem 5:1-Sieg gegen Duisburg, brachte mich der Trainer bereits in der Halbzeit für Rüdiger Abramczik. Und auch gegen Rot-Weiss Essen kam ich nach der Pause.

Doch plötzlich bekam ich wieder gesundheitliche Probleme. In meiner Kindheit und Jugend hatte ich schon sehr früh regelmäßig seelisch bedingte Magenschleimhautentzündungen bis hin zu durchgebrochenen Zwölffingerdarmgeschwüren mit sehr hohen Blutverlusten. Da hatte ich schon zweimal auf der Kippe gestanden, mich aber immer wieder zurückgekämpft. Auch hatte mich ein glatter Schienbeinbruch mit 13 Jahren weit zurückgeworfen. Deswegen traf es mich auch jetzt wieder wie ein Schlag.

Ohne jegliche Vorankündigung tat ich mich von jetzt auf gleich im Training schwer. Wenn wir liefen, verlor ich schnell den Anschluss an die anderen. Trabte immer hinterher. In Spielformen konnte ich mit meiner Technik überzeugen, machte aber schnell schlapp. Sosehr ich auch wollte, es gelang mir kaum noch etwas. Vor allen Dingen nicht, mich durchzusetzen. Ich fühlte mich, als würde mir jemand Abend für Abend heimlich Schlafmittel einflößen. Oder als hätte ich unsichtbare Gewichte an den Fußgelenken.

Bei Trainer Merkel kam das alles überhaupt nicht gut an. Er dachte, ich würde mich nicht reinknien, sondern hängen lassen.

Als er mich dann auch noch auf dem Hotelzimmer am Abend vor einem Spiel mit einem Buch von Karl Marx erwischte – *Das Kapital – Kritik der politischen Ökonomie* –, das ich einfach nur aus Interesse hatte und mehr durchblätterte als wirklich las, sprach er einen seiner letzten Sätze mit mir: »Jetzt bist du bei mir ganz unten durch.«

Danach wurde ich von ihm ignoriert und kaum noch berücksichtigt.

Ehe ich mich versah, wurde ich schließlich in die 2. Liga zu Westfalia Herne ausgeliehen, übrigens gegen den ausdrücklichen Willen von Präsident Günter »Oskar« Siebert.

Vier Monate später musste auch Merkel als Trainer auf Schalke gehen. Das Schönste, sagte er daraufhin, an Gelsenkirchen sei die Autobahn nach München gewesen.

In Herne erzielte ich drei Tore, spielte auch zwölfmal über die volle Spielzeit. Ich fühlte mich etwas besser, auch, weil die Trainingsintensität natürlich geringer war als bei Schalke. Aber richtig fit fühlte ich mich nie.

Im Mai 1976 bekam ich plötzlich Schmerzen im Nierenbereich. Mein Hausarzt, Dr. Schlathölter, untersuchte mich von Kopf bis Fuß. »Du musst sofort nach Osnabrück ins Stadtkrankenhaus«, sagte er sehr ernst. »Du hast eine Niere, die ist so groß wie ein Fußball. Die ist chronisch gestaut.«

In weiteren Untersuchungen wurde festgestellt, dass meine rechte Niere nur noch zu fünf bis zehn Prozent arbeitete, meine linke auch nur noch zur Hälfte.

Das rührte wohl von einer angeborenen Harnleiterverkrümmung her. Kein Wunder also, dass ich ständig erschöpft war.

Wahrscheinlich ein Geburtsfehler, ich hatte schon bei meiner Geburt die Nabelschnur um den Hals, war blauschwarz angelaufen und habe nur durch die geistesgegenwärtige Reaktion der damaligen Hebamme überlebt, die mich verdrosch, damit ich anfing zu atmen.

Prof. Strohmenger, zu meinem Glück eine absolute Koryphäe, und seine Assistenzärzte empfahlen mir, mich so schnell wie möglich operieren zu lassen. Und so lag ich nur Stunden später bereits unterm Messer.

Bevor ich in den OP geschoben worden war, hatte ich zustimmen müssen, dass ich damit einverstanden wäre, wenn mir die Ärzte im Notfall meine Niere entfernen würden. Ich unterschrieb, wohl wissend, was das für Beeinträchtigungen in mein Leben bringen würde.

Doch was blieb mir anderes übrig?

Das Kapitel Profifußball wäre nach der Entfernung einer Niere auf jeden Fall beendet. Die Ärzte hielten es eigentlich für unmöglich, dass ich jemals wieder Profifußball spielen würde.

Als ich nach mehreren Stunden aus der Narkose erwachte, fragte ich als Erstes, ob meine Niere noch drin sei. »Ja«, antworteten die Ärzte. »Jetzt heißt es abwarten, ob das so bleibt.«

Mühsam hatten die Mediziner das abgestorbene Gewebe entfernt und eine quasi neue Niere geformt. Auch die Verkrümmung war korrigiert worden.

Die ersten Tage lag ich im Bett – unter dem Einfluss von Morphium. Aus meinem Körper ragten Schläuche. Einige sammelten Urin auf, andere Blut.

Als nach drei Wochen meine Narben immer noch nicht verheilt waren, bereiteten mich die Ärzte vorsichtig auf eine eventuelle Nachoperation vor. Das war für mich ein brutaler Schock.

Die letzten drei Wochen hatten mich bereits an die Grenzen meiner Belastbarkeit gebracht. Ein weiterer Eingriff würde mich seelisch und körperlich total umhauen.

Ein gesunder Leistungssportler ist eigentlich gewohnt, dass er sich auf seinen Körper verlassen kann. Dass man ihn an seine Grenzen führt und darüber hinaus. Dass er dem Willen folgt und funktioniert.

Die Körper von Fußballprofis sind wie Rennwagen: Hochleistungsflitzer, die man hochtourig auch bei Spitzengeschwindigkeiten fahren kann.

Aber jetzt war ich, so kam es mir im Krankenhaus vor, allenfalls noch ein Ferrari mit einem Kolbenfresser. Zerfressen vom falschen Schmiermittel. In einem so desolaten Zustand, dass ich nie wieder Vollgas geben können würde.

Als die Ärzte eines Morgens nach der Visite wieder nur kopfschüttelnd auf meine Wunden geschaut hatten, beschloss ich, aus dem Krankenhaus zu türmen. Einfach nur bis zur nächsten Kneipe.

Normalerweise trank ich so gut wie gar keinen Alkohol, aber jetzt ließ ich mich einfach nur volllaufen. Wollte alles nur vergessen und verdrängen. Frustsaufen nennt man das wohl. Wie übel ich nach dem Rausreißen der Schläuche aussah, war mir in dem Moment überhaupt nicht bewusst und eigentlich auch total egal.

Als Conny Stunden später, nach der Arbeit, ins Krankenhaus kam, war ich noch immer nicht zurück. Mein Zimmerkollege, ein ehemaliger Oberfeldwebel von der Bundeswehr, dachte gar nicht daran, sie zu beruhigen oder aufzubauen. Stattdessen riet er ihr, mich zu verlassen. »Warum warten Sie auf den Kerl? Mit einem, der aus dem Krankenhaus türmt, werden Sie doch nicht glücklich. Unverantwortlich, so etwas. Der macht sein Leben kaputt und zieht Sie mit ins Chaos. Gehen Sie einfach und suchen Sie sich einen anderen Mann.«

Als ich später sturzbetrunken zurückgetorkelt kam, war Conny noch da. Sie zog mich um, obwohl ich von oben bis unten voller Urin war, und steckte mich wütend ins Bett.

Was dann passierte, kann weder ich noch können es sich die Ärzte erklären. Am nächsten Morgen, als ich total verkatert aufwachte, waren meine Wunden wie durch ein Wunder geschlossen und verheilt, und ich durfte das Krankenhaus einige Tage später verlassen. Was ich getan hatte, war natürlich trotzdem lebensgefährlich und Schwachsinn hoch drei. Absolut unverantwortlich mir selbst, aber auch Conny gegenüber.

Ich ging, gestützt von meiner späteren Frau, den langen Gang des Stadtkrankenhauses entlang. An der Decke flackerten die hellen Neonröhren. Am Ende des Flures zogen die automatischen Schiebetüren neue Patienten ein und spuckten die alten aus.

Ich fühlte mich ein bisschen wie im Kabinengang des Parkstadions. Natürlich ohne das Klackern der Stollenschuhe. Aber dieses Licht am Ende, das war wie der Moment kurz vorm Anpfiff, wenn man aus der Kabine Richtung Rasen ging, hoch konzentriert, ohne nach links und rechts zu gucken, immer nur mit dem Gedanken dabei, gleich ins Freie zu treten und das Spiel zu beginnen.

Für mich ging es nicht um den Anstoß, sondern um die ersten Schritte zurück in die Normalität.

Als ich langsam wieder zu Kräften kam, stellte sich bei mir wieder die Überzeugung ein, dass ich es noch mal zurück auf den Fußballplatz schaffen würde. Weil ich es unbedingt wollte. Und weil ich musste, denn Fußball war mein Leben und das, was ich am besten konnte.

Als Jungprofi hatte ich auf Schalke sowie nach meiner Ausleihe zu Westfalia Herne ein Grundgehalt von 3800 D-Mark plus Einsatz- und Siegprämie im Monat bekommen. Nun, nach der Operation, war ich auf Arbeitslosengeld angewiesen. Entgegen aller Prognosen wollte ich es noch einmal wissen und setzte weiter ausschließlich auf die Karte Profifußball.

Jeden Tag ging ich mit unserem Boxer Django laufen. Die ersten Wochen zog er mich mit seiner ganzen Kraft hinter sich her. Ich hing wie ein nasser Sack hinter ihm, war wie ein Kontergewicht für das muskulöse Tier. Er rannte und rannte und zog und zog. Ich schnaufte, bekam die Füße kaum hoch und gab oftmals nur deshalb nicht auf, weil ich diese Leine ums Handgelenk gebunden hatte, wodurch mir kein Stehenbleiben möglich war. Zusätzlich holte ich mir jeden Tag den Sportplatzschlüssel von Platzwart Adolf Hainke, dribbelte und jonglierte, als gäbe es kein Morgen.

Und Conny tat es tatsächlich. Sie stellte sich selbst im strömenden Regen zweimal in der Woche ins Tor und wehrte meine Bälle ab. Ohne Handschuhe. In normalen Sportschuhen. Teils vollkommen durchnässt. Und das alles, obwohl sie selbst überhaupt keinen Bezug zum Fußball und niemals selber gespielt hatte. Weil es damals noch keine Dummies gab, musste eben Conny herhalten. Aber sie tat es natürlich freiwillig.

Ich legte 20 Bälle in eine Reihe. Damals saugten sich die Lederpillen bei Regen noch voll und waren richtig schwer. Dann feuerte ich sie aufs Tor. Ohne Rücksicht. Wer mit seiner Frau oder Freundin Sport treibt, nimmt sich ja oftmals zurück. Aber ich konnte nicht. Ich war einfach nur besessen davon, meine alte Torgefährlichkeit wiederzuerlangen. Da konnte ich keine Rücksicht darauf nehmen, dass Conny keine ausgebildete Torhüterin war.

Etwa ein Jahr nach der Operation kehrte ich tatsächlich auf den Fußballplatz zurück. Zunächst wieder bei Westfalia Westerkappeln, wo es mir gelang, den Abstieg in die Bezirksklasse zu verhindern, in der Folgesaison dann sogar den Aufstieg zu erreichen. Dabei fehlte ich in der gesamten Saison nur ein einziges Mal.

Plötzlich kamen auch wieder Scouts anderer Vereine, um mich zu beobachten, bis ich letztlich erneut zu Schalke 04 wechselte.

Die Öffentlichkeit feierte meine Rückkehr. Ich wurde als »verlorener Sohn« bezeichnet, der erst »hochgelobt«, dann »verstoßen« und nun »heimgekehrt« sei.

Beim Trainingslager in Inzell, am Fuße der Chiemgauer Alpen, fühlte ich mich, als könnte ich Bäume ausreißen.

Als ich in der Kabine saß und mich für die erste Einheit im Luftkurort umzog, genoss ich jeden Moment. Ich schaute meinen Kollegen beim Umziehen zu. Als Rolf Rüssmann sich das blaue Trainingsshirt überzog, erschrak ich angesichts der Wucht, die mich bei diesem Anblick traf. Dieses Blau, diese geliebte Farbe. Diese Farbe des Meeres und des Himmels, die ich persönlich mit Stärke assoziiere und gleichzeitig beruhigend finde. Ich war und bin nun mal Schalker durch und durch.

Ich freute mich über all diese wohlvertrauten Bilder und Geräusche, die mir über lange Zeit genommen worden waren. Das Abreißen von Tape-Band, mit dem einige ihre lädierten Knöchel zur Stabilisierung umwickelten. Das Klackern der Stollenschuhe auf dem harten Kabinenboden. Als ich die Bälle, Hütchen und Leibchen sah, wurde mir richtig warm ums Herz.

Während Trainer Ivica Horvat kurz erklärte, was er von uns im Training erwartete, kribbelte es in meinen Beinen. Ich wollte nicht reden. Nicht stillstehen. Nicht zuhören. Nicht sprechen. Ich wollte kicken, laufen, rennen, grätschen, passen – und ich wollte Tore schießen.

Als wir am Ende der ersten Trainingseinheit ein Abschlussspiel machten, drehte ich noch einmal voll auf und zeigte meine alte Stärke. Dribbeln, fintieren und Gegner ausspielen. Wie so oft übertrieb ich es dabei ein wenig. Den gleichen Gegner zwei-, dreimal ausspielen macht keinen Sinn. Wenn du vorbei bist, bist du vorbei. Ich hatte so eine Freude daran, wieder Teil des großen Fußballs zu sein, dass ich nur an mich dachte und nicht mehr an den Sinn des Spiels, also daran, mehr Tore zu erzielen als der Gegner.

Irgendwann nahm mich Horvat zur Seite. »Machst du mir Trick nur einmal«, sagte er in seinem gebrochenen Deutsch. »Du musst Gegenspieler nicht fünfmal ausspielen.«

Seine Kritik war völlig berechtigt. Ich habe damals wirklich sehr viel, zu viel, fintiert. Ich sage meinen Jungs heute auch: »Einmal ausspielen reicht. Dann habt ihr ja euer Ziel erreicht.«

Horvat legte viel Wert auf Disziplin und Professionalität. Damals, zwei Jahre bevor das erste Handy in Deutschland auf den Markt kam, gab es bei ihm noch regelmäßige Kontrollen, ob wir Spieler abends auch brav zu Hause waren. Einige Male klingelte nach 22 Uhr unser Festnetz und eine wohlbekannte Stimme sagte nur: »Elgert, hier ist dein Trainer!«

Manchmal kam er sogar persönlich vorbei. Die Kontrollen waren allerdings nicht gefürchtet, da Horvat sie mit viel Fingerspitzengefühl durchführte. Man hatte nicht den Eindruck, dass er uns Spielern gänzlich misstraute. So kam es einmal dazu, dass er bei Herbert Demange, einem meiner Mitspieler, klingelte, dessen Gitarre im Flur entdeckte, sie sich schnappte, ins Wohnzimmer hockte und ein paar Liedchen gespielt und gesungen hat.

Im September 1978 erzielte ich im DFB-Pokal gegen den VfB Stuttgart – es war die zweite Runde – den 3:2-Siegtreffer. »So genau kann man eigentlich gar nicht zielen«, schrieb der Journalist Jörg F. Hüls damals. »23 Sekunden vor dem Abpfiff im Gelsenkirchener Parkstadion: Schalkes Norbert Elgert (21), blond und bärtig, rennt mit dem Ball am Fuß quer durch den Stuttgarter Strafraum. Torwart Roleder hüpft aus seinem Kasten. Elgert schießt aus acht Metern – der Ball saust durch die Beine des Torwarts, vorbei an zwei Abwehrspielern – flach ins Netz. 3:2-Sieg. Schalkes langer Trainer Horvat springt auf, kann das alles nicht begreifen. ›Elgert hat geschossen Tor?‹, fragt er. ›Elgert kann nicht sehen von einem Pfosten zum anderen.‹ Ein blindes Tor. Denn Brillenträger Elgert erkennt auf dem Platz seine Mitspieler nur verschwommen, lange Flanken kann er nur noch erahnen. Und der Mann mit der 12, der nach einer Nierenoperation vor zwei Jahren zum Sportinvaliden erklärt werden sollte, gibt zu: ›Ich habe bei meinem Tor nur draufgehalten.‹«

Natürlich war ich nie so blind wie von der *BILD* behauptet. Ich hätte Kontaktlinsen tragen müssen wegen meiner Hornhautverkrümmung. Aber ich vertrug diese Dinger einfach nicht. Deshalb spielte ich so, was gar kein Problem war, außer bei Abendspielen in Stadien mit schlechtem Flutlicht.

Eine viel spannendere Geschichte wäre es ohnehin gewesen, meine Gefühlswelt aufzuschreiben.

Ich, das körperliche Wrack, dessen Wunden nicht verheilen wollten und dem die Ärzte keinen Profisport mehr zugetraut hatten: Ich hatte für meinen Verein wieder getroffen. Dieses Tor, dieses 3:2 gegen Stuttgart, dieses blinde Tor, war eines der schönsten meiner Karriere. Es war mein Profi-Pflichtspiel-Treffer Nummer vier. Für den SC Westfalia Herne hatte ich zuvor gegen den Spandauer SV, Union Solingen und Schwarz-Weiß Essen getroffen. Es sollten noch 33 weitere Tore folgen. Einmal gelang es mir sogar – als Spieler der SG Wattenscheid 09 in der 2. Bundesliga –, vier Treffer in einem Spiel zu machen: 1983 gegen Union Solingen.

Für die meisten Fußballfans in Deutschland war es an diesem 23. September 1978 das größte Wunder, dass der VfL Osnabrück die Bayern in der zweiten Pokalrunde mit 4:5 schlug. Ein Mann namens Andreas Wagner wurde zum Helden, dem die Schlagzeilen gehörten. Weil er bei der Bundeswehr war, hieß es: »Gefreiter Wagner ›erschoss‹ Sepp Maier.« Oder: »Wagners Festspiele in drei Toren.«

Niemand hätte es für möglich gehalten, dass das Star-Ensemble noch dazu vor heimischer Kulisse und trotz drei Treffern von Gerd Müller gegen den Zweitligisten verlieren könnte.

Ohne anmaßend sein zu wollen, glaube ich, dass mein Treffer eigentlich das größere Wunder war. Aber der Öffentlichkeit war damals auch nicht klar, wie schlecht es wirklich um mich gestanden hatte.

Die Freude über meine Rückkehr hielt allerdings nicht lange. Nachdem wir am 23. Spieltag auf Tabellenplatz 12 gestürzt waren, wurde Ivica Horvat entlassen. Und es kam Gyula Lóránt. Der Mann, dessen jüngste Geschichte heftige Konsequenzen für mich haben sollte.

Lóránt war zuvor Trainer beim FC Bayern gewesen. In der Saison 1977/78 hatte er die Mannschaft von Dettmar Cramer auf Platz 16 übernommen und immerhin noch auf Rang 12 geführt. In der Folgespielzeit stand die Mannschaft auf Platz 6, als es im Dezember zum endgültigen Bruch kam.

Hans-Wilhelm Müller-Wohlfahrt, der Mannschaftsarzt, berichtete später einmal: »Wegen Gyula Lóránt hätte ich beinahe aufgehört. Er hat mir mal erklärt, dass man einen herausgesprungenen Meniskus am besten mit der Eckfahne wieder reinhaut.«[4]

Gleichzeitig hatten Uli Hoeneß und Paul Breitner große Pläne mit dem Verein. Bereits ab Sommer hatten die zwei das Vorhaben, den Club zu übernehmen.

Lóránt würde es verhindern, dass sich die Mannschaft entfalte. Ganz offen gibt Breitner heute zu: »Daher habe ich so lange Stunk gemacht, bis der Trainer gehen musste.«[5]

So landete Gyula Lóránt nun also bei uns. Und stand bei seiner ersten Trainingseinheit einem Mann gegenüber, der irgendwie genau so aussah wie sein Feind Breitner – nur eben in blond.

Ich war unabsichtlich für ihn wie ein Spiegelbild von Bayern-Breitner. Und so kam es, dass Lóránt mich gleich in der ersten Trainingseinheit kommentarlos laufen schickte. Wir waren exakt 23 Spieler. Er teilte zwei Elfer-Mannschaften ein und ließ mich außen vor, obwohl wir uns überhaupt nicht kannten.

Als sich diese Schikanen häuften, entlud ich Abend für Abend meinen Frust bei meiner Frau Conny. »Das hat doch nichts mit Gerechtigkeit zu tun! Was hat dieser Ahnungslose bloß gegen mich?«, motzte ich und nutzte so ziemlich mein gesamtes Schimpf-Repertoire, wenn ich über Gyula Lóránt sprach.

Seine Willkür und Ungerechtigkeit taten mir einfach nur weh und trafen mich umso mehr, weil sie das Leistungsprinzip einfach so außer Kraft setzten. Es ging mir nicht in den Kopf, warum man jemanden aufgrund seines Aussehens auf der Reservebank verhungern ließ.

Eines Abends klingelte unser Telefon. Dran war ein Reporter, damals gerade mal 26 Jahre alt, der es im Laufe seiner Karriere bis an die Spitze des deutschen Sportboulevards bringen sollte.

»Bist du sauer?«, fragte er mich nur knapp. Und weil er genau den richtigen Moment erwischt hatte, sprudelte ich los und klagte Alfred Draxler von der *BILD* mein Leid. Ich erzählte ihm vieles von dem, was ich bisher nur Conny anvertraut hatte.

Ich erzählte ihm auch von unserem Streit wegen meiner Spezialschuhe. Nach einem Bänderriss trug ich in den nachfolgenden Trainingseinheiten hohe Schuhe, die meinen Knöchel zusätzlich schützten, aber Lóránt nicht gefielen. »Was ist das? Luis-Trenker-Gedächtnis-Schuhe«, pampte er. Irgendwie erinnerten ihn die hochgeschlossenen Stiefel wohl an das Schuhwerk des legendären Bergsteigers und Schauspielers. »In diesen Schuhen spielst du bei mir erst recht nicht mehr«, schimpfte Gyula. Ich zog sie am nächsten Tag erneut an. Ebenso in den darauffolgenden Tagen. Sinnvoll zum Schutz meiner Knöchel, aber auch ein stiller Protest.

Draxler war an dem Abend wie ein seelischer Mülleimer für mich. Mein Ventil.

Ich wusste, dass das Gespräch mit ihm Folgen haben würde. Es war mir aber egal, weil in diesem Moment mein Gerechtigkeitssinn größer war als mein diplomatisches Geschick. Direkt nach dem Telefonat hatte ich mich richtig gut gefühlt, auch weil ich den Mumm gehabt hatte, ein paar Dinge öffentlich klarzustellen. Dass es dadurch nicht einfacher werden würde, war mir aber gleich klar.

Als ich am nächsten Tag die Zeitung aufschlug, dachte ich trotzdem nur: »Ach du Scheiße.«

Zwar hatte Alfred Draxler nur genau das wiedergegeben, was ich gesagt hatte, aber jetzt, so schwarz auf weiß, merkte ich erst, wie ehrlich ich gewesen war.

»Lóránt schikaniert Schalkes Elgert, weil der genau so aussieht wie Breitner«, stand Ende 1979 in dicken Buchstaben in der Zeitung. »Als Norbert Elgert nach Schalke kam, träumte er von einem Stammplatz auf Schalke, von großen Spielen und vielen Toren. Aber dann machte er zwei Fehler. Er ließ sich eine neue Frisur machen. Einen wilden Krauskopf wie Paul Breitner. Und er ließ sich einen Bart wachsen – wie Paul Breitner. Mit Fußball hat das nichts zu tun. Aber bei seinem Trainer Gyula Lóránt war der Spieler Elgert damit erledigt. Denn Lóránt kann Breitner nicht leiden. Beim Training ließ Lóránt den Elgert oft seine Runden alleine drehen, urteilte ihn ab: Jetzt sitzt der talentierte Elgert nicht einmal mehr auf der Bank. Trotzdem rennt Elgert vor Lóránt nicht weg: ›Ewig wird der ja nicht bleiben.‹«

Noch am gleichen Tag bestellte mich Präsident Günter Siebert zu sich. »Der Trainer hat dir eine Strafe von 5000 D-Mark aufgebrummt«, richtete er mir aus. Nachdem ich ihn eine Zeit lang nur schweigend angeschaut hatte, zwinkerte er mir zu und setzte fort: »Ich behaupte einfach, dass du sie bezahlt hast. Das bleibt aber unter uns.«

Tatsächlich hat Günter Siebert die ganze Zeit hinter mir gestanden. Einmal, wir spielten im Abstiegskampf gegen Arminia Bielefeld, kam er in der Halbzeitpause zu mir und sagte, ich sollte mich fertig machen. Als ich ihn darauf hinwies, dass der Trainer mir davon gar nichts gesagte habe, sagte er nur: »Mir egal, das bestimme ich jetzt.«

Und so spielte ich, auf Präsidentengeheiß, gegen den Willen des Trainers, 45 Minuten und bereitete zum Glück noch einen Treffer von Klaus Fischer vor.

Nach dem Spiel spürte ich eine große Genugtuung. Nach all den Wochen und Monaten der Machtlosigkeit und Unterdrückung von Lóránt. Es war so befreiend.

Mit meiner gegenüber Alfred Draxler geäußerten Prognose über die Verweildauer von Lóránt behielt ich recht. Nach nur 260 Tagen endete die Amtszeit von Lóránt nach einem 0:2 gegen Bayer Leverkusen. Nur neun von 28 Spielen hatten wir unter seiner Leitung gewonnen. Nachfolger von Lóránt wurde sein Assistent Dietmar Schwager, ich ging zum Friseur, traf und setzte der abstrusen Berichterstattung ein Ende. »Den Bart ab – jetzt geht bei Elgert alles glatt. Bei Trainer Lóránt kam Schalkes Elgert nie zum Zug. Weil er so aussah wie Paul Breitner. Und auch so sprach. Als Lóránt ging, ging auch Elgert – zum Friseur. Seit der Bart ab ist, geht's bei Elgert glatt. Wie beim 1:0 gegen Gladbach. 53. Minute: Matthäus wehrt zu kurz ab, Elgert knallt aus 25 Metern drauf. Flach, ein Schuss wie ein Strich. Rechts unten schlägt der Ball ein – Tor, der Sieg. Mein erstes Bundesligator. Was für ein Gefühl und was für eine Befreiung!«

In der Saison 1980/81 erzielte ich dann sogar zehn Tore und war damit bester Schalker Torschütze, vor Ulrich Bittcher und Klaus Fischer. Trotzdem war die Saison eine riesengroße Enttäuschung. Wir standen nur ganze vier Mal auf einem Nicht-Abstiegsplatz. Unseren acht Siegen standen 19 Niederlagen gegenüber. Besonders bitter waren die direkt aufeinanderfolgenden Klatschen gegen Bochum und Duisburg, bei denen wir zusammen elf Gegentore kassierten. Ich selbst stand in beiden Begegnungen 136 Minuten auf dem Platz. Wir wussten nicht, wie uns geschah.

Wir kassierten in der gesamten Saison 88 Gegentore und stiegen, nachdem wir von den letzten sechs Saisonspielen kein einziges gewinnen konnten, im Juni 1981 ab. Auswärts, in Kaiserslautern, wurde der Abstieg besiegelt. Es war unsere letzte Chance. Doch statt Punkte gutzumachen, verloren wir auf dem Betzenberg mit 0:2.

Als der Schlusspfiff erfolgte, war es, als würde mir jemand den Boden unter den Füßen wegreißen. In diesem Moment des Abpfiffs, mit diesem schrillen Signal, das meine Glieder durchzuckte, wurde das Undenkbare Realität.

Als ich erst auf dem Rasen, später dann in der Kabine hockte, kämpfte ich mit mir und der Frage, wie viel Mitschuld ich an diesem Desaster hatte. »Schuld« ist ein schrecklicher Begriff, so ein Moralbegriff und natürlich sehr individuell. Ich jedenfalls fühlte mich beschissen und extrem schuldig. Schuldig gegenüber Norbert Nigbur, dass er so viele Gegentore kassiert hatte. Schuldig gegenüber unserem Interimstrainer Rudi Assauer. Schuldig gegenüber all den Menschen, die weinten und zürnten und zweifelten. Hatte ich wirklich genug Tore gemacht? Hatte ich wirklich immer alles gegeben? War ich in jedem Spiel der Beste gewesen, der ich sein konnte? Wie groß war mein Anteil am Abstieg?

Schalke ist ein so ehrlicher Verein. Ein Club, der seit dem Schalker Kreisel mit Szepan und Kuzorra für technisch guten Fußball und für Maloche steht. Ein positiv verrückter Verein, für viele

Menschen aus dem Pott eine Religion, auch wenn Papst Johannes Paul II. erst im Mai 1987 Ehrenmitglied wurde. Schalke 04 ist wie die Seele vom Revier. Ein Phänomen. Und nun hatten wir die Menschen, die zu uns hielten, so bitterlich enttäuscht.

Mein Glück, bei all meiner inneren Zerrissenheit über das Versagen, war damals, dass man als junger Sportler schnell den Blick nach vorne richtet. Und so gelang uns auch gleich der direkte Wiederaufstieg.

Anschließend stellte mich Rudi Assauer, inzwischen unser Manager, vor die Wahl: Ich könne zu gleichen Bezügen meinen Vertrag verlängern. Oder gehen.

Was dann passierte, kann ich mir bis heute nicht logisch erklären. Irgendwie war ich in meinem Stolz gekränkt. Hatte das Gefühl, Assauer würde mir damit nicht die Wertschätzung erteilen, die mir zustünde. Jedenfalls lehnte ich noch am gleichen Tag, ohne eine Alternative zu haben, seine Offerte ab.

Ein Riesenfehler, das nehme ich gleich mal vorweg. Als ich mich dann auch noch dem VfL Osnabrück anschloss, schlingerte ich in die nächste Katastrophe.

Conny war vom ersten Moment dagegen, dass ich dorthin wechsle. Doch ausnahmsweise einmal hörte ich nicht auf sie. Manager Helmut Kalthoff und Trainer Carl-Heinz Rühl waren nett und mit ihren Argumenten durchaus überzeugend. Sie wollten unbedingt in die 1. Bundesliga aufsteigen, und ich konnte mir eine Zusammenarbeit gut vorstellen.

Die Nähe zu Westerkappeln, das nur 14 Kilometer entfernt lag, gefiel mir ebenfalls. Ich war von einer verklärten Romantik verblendet und redete mir ein, es sei so eine »Back to the roots«-Sache. Meine Bezahlung war im Übrigen schlechter als Assauers Angebot auf Schalke.

Conny blieb in Schermbeck wohnen, sodass ich täglich 140 Kilometer pro Weg mit dem Auto fahren musste. Eine Ochsentour, die ich bereits am ersten Tag verfluchte. Schon die 60 Kilometer bis Münster kamen mir wie eine Weltreise vor. Ich verspürte null Vorfreude auf das erste Training. Es war so ein anderes Gefühl, wenn man es zum Beispiel mit meinem ersten Trainingslager in Inzell vergleicht.

An der Autobahnabfahrt Ladbergen spielte ich zum ersten Mal mit dem Gedanken, direkt wieder nach Hause zu fahren. Bei Lengerich musste ich mich wirklich zwingen, nicht rauszufahren und zu wenden. Am Kreuz Lotte schlug ich mir wütend vor den Kopf.

Verzweifelt redete ich mir ein, dass ich mich zusammenreißen müsste. Vertrag ist schließlich Vertrag. Dass es schon ginge, sobald ich erst mal mit meinen neuen Mannschaftskameraden auf dem Platz stehen würde. Dass die Freude ganz gewiss noch kommen würde.

Aber sie kam nicht.

Als ich in der Kabine saß und mich für die erste Einheit umzog, war jeder Schritt eine Qual. Ich tat mich schon schwer damit, mir die Hose anzuziehen. Ich hatte ein ungutes Gefühl, als ich mein Shirt überstreifte. Ich sah meine neuen Teamkollegen nur schemenhaft. Dabei hatten sie mir nichts getan und waren eigentlich total in Ordnung. Alles nette Kerle, aber sie waren mir in diesem Moment vollkommen gleichgültig.

Das Klackern der Stollenschuhe auf dem harten Kabinenboden dröhnte in meinen Ohren, aber es klang diesmal nicht angenehm. Auf dem Platz war ich quasi nicht anwesend, obwohl ich in Osnabrück auf dem Rasen stand.

Ich passte nicht zum VfL Osnabrück – übrigens auch ein toller Club – und der VfL Osnabrück nicht zu mir. Dieses Engagement war für beide Seiten ein Schuss in den Ofen. Wenn ein Spieler nicht glücklich ist, wird er auch nichts leisten.

Bereits auf meiner ersten Rückfahrt war für mich klar, dass ich hier nicht bleiben wollte. In den nächsten Wochen setzte ich alles daran, schnell wieder in den Pott zu kommen, wo ich bei der SG Wattenscheid 09 in der 2. Bundesliga noch zwei durchaus erfolgreiche Jahre hatte. Vor allen Dingen war ich aber wieder zu Hause. Leider hatte ich in all den Jahren vielleicht auch aufgrund meiner Vorgeschichte viel Verletzungspech, unter anderem eine langwierige Schambeinentzündung.

Immer und immer wieder Spritzen und Tabletten. Außerdem habe ich selbst mehr als zwei Jahre nach meiner Nierenoperation noch nach jeder Belastung rot gepinkelt, weil immer wieder operiertes Gewebe nachblutete. Ich bin sehr stolz darauf, mit so vielen Handicaps siebeneinhalb Jahre Profifußball gespielt zu haben, aber irgendwann war ich dann doch geschafft.

So absolvierte ich im Mai 1984 mein letztes Spiel. Wir verloren 4:6. Ich war gerade einmal 27 Jahre alt. 57 Mal bin ich in der Bundesliga aufgelaufen, habe zwölf Tore erzielt. Hinzu kommen 96 Zweitliga-Begegnungen mit 24 Treffern.

Wohlgemerkt: Angesichts meines körperlichen Zustandes sind das mehr als beachtliche Zahlen. Ich habe mich trotz der massiven Störung eines lebenswichtigen Organs wieder zum Fußballprofi aufgepäppelt. Entgegen aller Prognosen der Mediziner bin ich wieder aufgelaufen. Seitdem existiert in meinem Lexikon das Wort »unmöglich« nicht mehr.

Wenn ich meine Geschichte erzähle, dann einmal, um Menschen, die kurz vor dem Aufgeben stehen, aufzurütteln und ihnen Möglichkeiten aufzuzeigen. Dabei frage ich sie auch, warum sie nicht mehr in ihre Zukunft investieren. »Ich habe es geschafft, obwohl ich viel schlechtere körperliche Voraussetzungen hatte als ihr. Aber ihr seid gesund! Warum ackert ihr nicht mehr? Warum investiert ihr nicht mehr in diese einmalige Lebenschance, Fußballprofi zu werden? Man kann überall immer noch mehr tun, noch härter trainieren und arbeiten!«

Während und nach meiner aktiven Karriere haben wir im Umgang mit Geld ziemlich viel falsch gemacht. Zusammen mit einem befreundeten Ehepaar investierten wir in ein Fitnessstudio mit fünf Squash-Courts. Heutzutage gehören die Studios ja zum alltäglichen Erscheinungsbild jeder kleineren und größeren Stadt. Es macht gesundheitlich Sinn und gehört zum guten Ton, regelmäßig in einem Fitnessstudio zu trainieren. Es gibt bundesweite Ketten. Damals allerdings war der Boom noch am Anfang. Zur Finanzierung unseres Studios nahmen wir unser gesamtes Erspartes.

Wir arbeiteten gut und hart zusammen. Auch mit einem vernünftigen Konzept. Wir waren in vielen Bereichen richtig stark, aber wirtschaftlich damals überfordert.

Um keinen hauptamtlichen Squash-Trainer einzustellen zu müssen, ließ ich mich selbst zum Trainer ausbilden, um auf unseren Plätzen Unterricht geben zu können.

Wie bei allem, was ich machte, wollte ich natürlich auch im Squash schnell spitze sein. Also fuhr ich ein Jahr lang durch halb Deutschland, um mich von den unterschiedlichsten Trainern ausbilden zu lassen. Nach einer Knieoperation wegen eines Knorpelschadens akzeptierte ich die Zwangspause nicht, sondern ließ mir trotz Gipsbein einen Stuhl mitten auf den Court stellen und verbesserte im Sitzen stundenlang meine Technik.

50, 60, 70 Mal immer mit der Vorhand an möglichst die gleiche Stelle an der Wand, damit ich den Ball ohne Laufen wieder erreichte. Dann wiederholte ich das Ganze mit der Rückhand.

Trotz all meines Engagements verlor ich im Squash deutlich häufiger als vorher beim Fußball. Es fiel mir unglaublich schwer, mich mit Mittelmaß abzufinden. Vor allen Dingen, weil ich so viel Zeit in Trainerstunden und Training investiert hatte.

Ein Jahr, rechnete ich mir vor, mit mindestens 200 Trainingseinheiten, mit mindestens 200 Trainingsstunden, mit mindestens 2000 Ballwechseln müssten doch wohl genügen, um spitze zu werden. Ich beherrschte doch, zumindest in meiner Wahrnehmung, die Grundschläge. Ich konnte rennen. Ich hatte Biss wie kaum ein anderer. Dass ich aber keine Trickshots in meinem Repertoire hatte, also nichts Geniales, vergaß ich in meinem übertriebenen Ehrgeiz.

Als ich wieder einmal ein Match verlor, brannten schließlich die Sicherungen bei mir durch. Vor Wut zerschlug ich wie ein

Irrer meinen Grafitschläger an der Wand. Mein Gegner zeigte mir nur einen Vogel und flüchtete vom Court. Ich wütete wahrscheinlich schlimmer als John McEnroe, den die Medien offiziell »Super-Rotzlöffel« und »griesgrämigstes Großmaul, das der Tennissport je gesehen hat« getauft hatten.

Nach einer Weile steckte mein Squash-Partner doch noch einmal seinen Kopf durch die Glastür und rief mir zu: »Norbert, du schlägst dich damit nur selber. Weil der Schläger dein verlängerter Arm ist. Du schlägst nicht den Schläger. Du schlägst dich.« Dann ging er in die Umkleide.

Als ich später unter der Dusche stand, machte ich mir sehr viele Gedanken über diese Worte. Es war das erste Mal, dass ich begriff, dass jeder Erfolg seine Vorlaufzeit braucht. Ich habe ein paar Jahre später auch das Buch *Überflieger. Warum manche Menschen erfolgreich sind – und andere nicht* von Malcolm Gladwell gelesen, der darin seine berühmte 10 000-Stunden-Regel präsentierte. Er behauptete, etwas vereinfacht, dass man mindestens diese Anzahl von Stunden oder etwa zehn Jahre harter Arbeit investieren müsse, um in etwas außergewöhnlich gut zu werden. Ganz gleich ob in der rhythmischen Sportgymnastik, beim Klavierspielen oder auf dem Fußballplatz – man kann alles lernen, wenn man nur ausreichend übt.

Es ist viel über Gladwells Behauptung philosophiert worden. Es gibt Unterstützer und Kritiker. Es geht mir jetzt auch nicht darum, die Regel zu zerlegen oder zu untermauern. Fakt ist nur, dass ich bei dieser Squash-Erfahrung zum ersten Mal eine Erkenntnis erlangte, die sich in den folgenden Jahren immer wieder bewahrheitet hat: *Nur auf der Grundlage eines stabilen Fundaments ist Spitzenleistung möglich. Erst ein gesundes Fundament gibt Stabilität.*

Das heißt aber auch: Jeder Erfolg braucht seine Vorlaufzeit. Um spitze zu werden, braucht jeder ungefähr 10 000 Stunden Training – und zwar hartes und intelligentes Training. Kein Superstar wird von heute auf morgen gemacht. Sogenannte Über-Nacht-Erfolge gibt es nicht. Auch wenn das medial oft so erscheint. Gerade in Zeiten von Sendungen wie *Deutschland sucht den Superstar* (wobei ich diesen Paul Potts, diesen walisischen Verkäufer, der in der vergleichbaren Show *Britain's Got Talent* mit Puccinis Arie »Nessun dorma« die Zuschauer zu Tränen rührte, faszinierend finde!) – also wo Menschen von beinahe null auf hundert in die Erdumlaufbahn geschossen werden – wird es immer schwerer, Karrieren die nötige Zeit zu geben. Jeder glaubt, Karrieren seien heutzutage in Schallgeschwindigkeit möglich. Das ist aber nicht wahr. Eine Karriere braucht, wie auch ein Haus, ein Fundament. Nur so ist ein Haus dazu in der Lage, Unwettern zu trotzen. Genauso gibt erst ein starkes Fundament auch einem Menschen Halt. Deshalb predige ich auch meinen Spielern immer und immer wieder, wohl wissend, dass es unsexy erscheinen mag: »Erst Lehrling, dann Geselle, dann Meister.«

Beim Squash wollte ich in diesem einen Jahr, also in Schallgeschwindigkeit, gleich zum Meister werden. Ich glaubte, dass mein Wille und mein hartes Training reichen würden, um das zu erreichen, was sich andere über viele Jahre angeeignet hatten. Mir fehlte einfach die Geduld.

Und entsprechend ungeduldig war ich auch, als ich meiner Conny mein neu erworbenes Wissen über Squash nahebringen wollte und ihr den richtigen Umgang mit dem Schläger erklärte. Ich zeigte ihr zwei, drei, vier und ein fünftes Mal, wie sie den Schläger bei einer Rückhand führen müsse, um den Ball mit hoher Geschwindigkeit gegen die Wand zu spielen. Als sie den Bewegungsablauf auch da noch nicht verstanden hatte, fuhr ich sie einfach an: »Nun schlag doch einfach mal richtig zu. Volle Kanne. So hart, wie du kannst.«

Im nächsten Moment ging ich zu Boden. Irgendwas musste ich ihr falsch erklärt haben.

Conny hatte – sie beteuert bis heute: unabsichtlich – den Ball zwar gut getroffen, aber auch anschließend im Ausschwung volles Rohr meine vorderen Schneidezähne. Alles ging allerdings so schnell, dass es mir nicht mehr gelang, einen Schritt zur Seite zu treten und ihr Platz zu machen. Gott sei Dank hatten wir schon damals einen guten Zahnarzt, der sich freute, mir drei neue Stiftzähne verpassen zu dürfen.

Bis zum nächsten »Niederschlag«, der dieses Mal Conny und mich traf, dauerte es nicht lange. Vier Jahre nach der Eröffnung unseres Fitnessstudios waren wir pleite. Und nicht nur sämtliche Ersparnisse aus meiner Zeit als Profifußballer waren futsch. Wir hatten richtig hohe Privatschulden und waren finanziell auch geschäftlich vollkommen am Ende.

Unser Partner Paul Underberg beschloss, allein weiterzumachen. Er glaubte nach wie vor an unser Vorhaben und schaffte es tatsächlich, aus unserem Fitnessstudio 2002 die Kette INJOY zu machen. Ihm wurde sogar in der Schweiz der Fitness Tribune Award verliehen, ein Preis, der Personen und Unternehmen auszeichnet, die sich in hervorragender Weise für die Fitnessbranche und die dahinterstehende Philosophie einsetzen. »Unternehmer des Jahrzehnts« darf er sich heute nennen. Er hat es geschafft, einer der prominentesten Köpfe der Fitness- und Gesundheitsbranche zu werden. Mit Mut, Ausdauer und ganz, ganz viel harter und intelligenter Arbeit. Eine unglaubliche Leistung, die ich persönlich sehr bewundere.

Für uns waren die nächsten Wochen und Monate auch extrem hart. Bis wir uns aus unserem Schuldental gekämpft hatten, dauerte es gefühlte Ewigkeiten.

Wir zogen aus unserem Bungalow mit dem traumhaften Garten aus. Wir verkleinerten unsere Wohnfläche um mehr als die Hälfte und begnügten uns mit einem Balkon und beschränkten uns wirklich auf das Notwendigste.

Die nächsten Jahre waren alles andere als einfach. Wir waren ständig im Unklaren, wie wir unser Leben finanzieren sollten. Conny ging zurück in ihren alten Beruf. Auch dafür bin ich ihr heute noch dankbar. Was machte ich? Ich wollte zurück zu meiner zweiten großen Liebe, dem Fußball, wieder das tun, was ich am liebsten machte und auch ganz gut konnte. Deswegen machte ich in diesen Jahren einen Trainerschein nach dem anderen bis hin zur höchsten Lizenz: dem Fußballlehrer.

Immerhin stammt aber aus dieser Zeit, während wir in der Fitnessbranche waren, noch eine Geschichte, die ich immer mal wieder in meine Mannschaftsansprachen einfließen lasse. Zum Beispiel habe ich sie im Frühsommer 2006 hervorgekramt, als wir im Halbfinale um die deutsche A-Jugend-Meisterschaft ein 0:2 gegen Hertha BSC Berlin mit Jérôme Boateng aufholen mussten. Eigentlich glaubte nach der klaren Klatsche in Berlin keiner unserer Spieler noch daran, dass wir mit 3:0 oder noch deutlicher gewinnen würden. Unser Traum von der Meisterschaft drohte zu zerplatzen. Von daher musste ich mir etwas total Überzeugendes einfallen lassen, um noch ein paar Prozente mehr aus meinen Jungs herauszukitzeln.

Ich bereite meine Ansprachen immer sehr gründlich vor, mache mir Notizen und gehe alles vorher zusätzlich noch einmal im Kopf durch. Da sollten Trainer so akribisch sein wie Schauspieler, ehe sie die Bühne betreten. Robert De Niro, dieser begnadete Filmheld, hat einmal einen simplen, aber sehr wahren Satz gesagt: »Worauf es einfach ankommt, ist die Sorgfalt, mit der du an deine Arbeit herangehst.«

Als Trainer muss man ein motivierender Redner sein. Die Jungs dürfen dich nicht nur aus Respekt anschauen. Nicht nur, weil sie müssen. Sie müssen dir auch gerne zuhören. Gebannt zuhören. Ein Trainer darf – um es ganz deutlich zu sagen – nicht langweilig sein. Ich zwinge meine Spieler in meinen Ansprachen sogar, wach zu bleiben, indem ich sie immer aktiv mit einbinde. Zum Beispiel, indem ich Fragen stelle.

Im Frühjahr 2006 also war allein schon mein Gang in die Kabine eine kleine Inszenierung. Ich wartete, bis alle Spieler umgezogen waren, dann schmiss ich die Tür auf, sodass sie gegen die Wand krachte. Von einer Sekunde auf die andere war es mucksmäuschenstill. In den Gesichtern der Jungs sah ich, dass sie sehr gespannt darauf waren, was jetzt kommen würde. Allein durch meine Körpersprache hatte ich sofort die volle Aufmerksamkeit von Ralf Fährmann, Sebastian Boenisch und Giuseppe Pisano sowie dem Rest.

»Ich erzähle euch jetzt eine Geschichte«, fing ich jetzt etwas leiser als zuvor an. »Sie hat die Überschrift: ›Alles ist möglich!‹ Vor ein paar Jahren hatte ich ein eigenes Fitnessstudio. Ich war ausgebildeter Fitnesstrainer und besuchte als solcher die FIBO, die Messe für Fitness und Bodybuilding. Da gab es einen Wettbewerb, die inoffizielle deutsche Fitnessmeisterschaft, an der ich teilgenommen habe. Ein Fitnessfünfkampf mit Bankdrücken, Banksprüngen, Sit-ups, Klimmzügen und drei Minuten Radfahren auf Tempo. 50 Teilnehmer. Nur die ersten zehn kamen in die Endrunde. Mit Hängen und Würgen wurde ich in der Vorrunde Zehnter und war somit dabei. In der Endrunde der besten zehn hing ich an der Stange und dachte, ich würde keinen einzigen Klimmzug mehr schaffen. Meine Arme brannten und mein Körper sagte mir: »Schluss jetzt. Feierabend. Was machst du eigentlich hier?« Doch dann kämpfte ich gegen meine innere negative Stimme an. Und sagte mir immer wieder: *»Niemals gebe ich hier auf. Niemals!«* Tatsächlich habe ich dann noch einen weiteren Klimmzug geschafft. Und dann noch einen und noch einen. Ich habe meinem inneren Schweinehund Waldi mit voller Wucht in den Hintern getreten.« Dann machte ich eine kleine Pause, schaute in die Gesichter meiner Spieler und fragte dort in die Runde hinein: »Und wisst ihr, wievielter ich letztlich geworden bin?«

Ich schaute Mesut Özil in die Augen, der meinem Blickkontakt standhielt. Auch Ralf Fährmanns Blick verriet mir, dass er die Antwort kannte. Als Timo Kunert meinem Blick auswich und auf den Boden starrte, fragte ich ihn: »Und, Timo, was glaubst du?« »Sie sind Zweiter geworden«, riet er mehr, als es zu wissen. Darauf präsentierte ich ihnen zwei vergoldete Kurzhanteln. »Glaubt irgendjemand hier im Raum, dass es diese Dinger für den zweiten Platz gab? Nein, Männer, natürlich nicht! Die gab es für Platz 1, für den Sieger.«

Nach einer weiteren kurzen Pause, in der ich die Geschichte auf meine Spieler wirken ließ, setzte ich fort: »Wisst ihr, warum ich euch diese Geschichte erzählt habe? Bestimmt nicht, um euch zu zeigen, was ich für ein toller Kerl war. Hier und heute geht es nur um euch. Ich wollte euch zeigen, dass alles möglich ist, wenn man an sich glaubt und alles gibt. Ich war fast erledigt, aber ich habe es trotzdem geschafft. Und das werdet ihr jetzt auch. Ein 0:2 in Berlin ist kein Grund, an euch zu zweifeln.«

Dann griff ich nach den goldenen Hanteln, die ich mitgebracht hatte, riss sie in die Höhe und rief: »Das ist unser Symbol für heute. Alles ist möglich. Auf geht's ins Finale. Und jetzt raus mit euch!«

Nach dieser Geschichte konnten wir gar nicht mehr verlieren. »Ich habe mich so stark gefühlt wie ein Löwe. So schnell wie ein Leopard. So ballsicher wie Zinédine Zidane«, sagte Mesut Özil hinterher. »Elgert hat uns alle so angefixt, dass wir Berlin tatsächlich mit 3:0 besiegten und doch noch ins Meisterschaftsfinale eingezogen sind.«

Mein Leben hat mich früh gelehrt, dass harte Arbeit, Einstellung und absoluter Wille die Grundlage zu allem sind. Ich habe meine nicht ganz einfache Kindheit erfolgreich überwunden. Allen ärztlichen Prognosen zum Trotz habe ich siebeneinhalb Jahre lang Profifußball gespielt und Jahre später bei der FIBO meine zitternden Arme besiegt. Und es hat mich nicht aus der Bahn geworfen, dass ich das Kapitel Fitnessbranche mit einem erheblichen wirtschaftlichen Schaden zwangsabschließen musste.

Wie sagte doch mein Vorbild und Mentor Nikolaus Enkelmann so schön: »Erfolge sind gelöste Probleme, überwundene Schwierigkeiten und Hindernisse. Und je größer die Hindernisse und Schwierigkeiten sind, die du überwindest, umso erfolgreicher wirst du.«

Ich glaube, dass meine Geschichte auch ein Grund dafür ist, warum mir meine Spieler zuhören und vertrauen. Warum es nicht einfach nur ins linke Ohr reingeht und sofort, quasi unverwertet, rechts wieder herauskommt, wenn ich etwa sage: »Schau auf andere Menschen nur herab, wenn du ihnen aufhelfen willst.«

Dass ein bisschen davon bei den Jungs hängen bleibt, zeigt sich an einer kleinen Beobachtung, die ich erst 2017 bei Leroy Sané gemacht habe. Zu der Zeit spielte er bereits seit einem Jahr unter Pep Guardiola bei Manchester City. Mit einer Ablöse von 50 Millionen Euro war er damals der teuerste deutsche Profi, der jemals aus der Bundesliga ins Ausland gewechselt ist.

Als wir uns wieder einmal trafen, war es wie immer ein freudiges Wiedersehen. Aber irgendetwas war anders. Seine Hände und Arme wedelten nicht so lebhaft wie sonst durch die Luft, wenn er sprach. Stattdessen hielt er sie verschränkt vor den Körper, mit der rechten das linke Handgelenk umfassend. So, als wollte er etwas vor mir verbergen.

Weil ich mir nicht erklären konnte, was los war, sprach ich Leroy darauf an. »Ich habe mir«, sagte er leicht verlegen wie ein kleiner Junge, der aus Versehen etwas kaputt gemacht hat, und mit gesenkter Stimme auf den Boden schauend, »eine neue Uhr gekauft.« Und sogleich schob er erklärend nach: »Die habe ich mir gegönnt. Wobei ich sie aber auch viel günstiger bekommen habe.«

Aus Angst, ich könnte ihn für den Kauf dieser teuren Uhr kritisieren, wollte er sie tatsächlich vor mir verheimlichen.

Natürlich war ich überhaupt nicht sauer auf ihn. Ich ließ mir das Prachtexemplar zeigen und sagte dann: »Es ist völlig in Ordnung, so eine Uhr zu tragen, solange du das richtig einordnest. Du hast es dir erarbeitet. Denk nur immer daran, dass solche Dinge schön, aber nicht wirklich wichtig sind. Wobei Gold auch meine Lieblingsfarbe ist. Die Goldmedaille im Sport bekommt immer nur der Erste.«

SEAD KOLAŠINAC

Wie mich Norbert Elgert in Asterix, den Gallier, verwandelte

Norbert Elgert starrte einfach an mir vorbei. Sein Blick war ins Leere gerichtet. Selbst meine ausgestreckte Hand ignorierte er.

Ich hatte ihn einfach nur respektvoll und höflich begrüßen wollen. Doch der Trainer erwiderte zu meiner größten Überraschung mein »Guten Morgen, Coach« nicht. Auch als ich den Gruß laut und deutlich wiederholte, änderte sich nichts an seinem abweisenden Verhalten.

Eigentlich dachte ich, dass es ein gewöhnlicher Fußball-Sonntag wäre. Wir trafen uns mit der Mannschaft auf Schalke, um zum Auswärtsspiel nach Dortmund zu fahren.

Ich war pünktlich erschienen. Ich hatte am Tag zuvor mehr als ordentlich, zumindest ging ich davon aus, trainiert. Ich trug die vorgeschriebenen Klamotten. War am Abend selbstverständlich nicht ausgelassen feiern gewesen, sondern ganz brav und rechtzeitig ins Bett geklettert.

Ich verstand Elgerts Reaktion überhaupt nicht. Zermarterte mir meinen Kopf. Bis mir ein Geistesblitz kam.

Neben unserem Trainer stand eine Frau mit langen, blonden Haaren. Es war Conny, seine Ehefrau. Also streckte ich ihr die Hand entgegen, begrüßte zunächst sie, so wie man das als höflicher Mensch macht, und wünschte ihr einen Guten Morgen.

Von einer auf die andere Sekunde löste sich Elgert aus seiner Starre, sah mich an, begann zu lächeln und begrüßte nun auch mich. »Hallo, Sead«, sagte er. »Schön, dass du da bist.«

Es sind diese kleinen Dinge, die mir bis heute in Erinnerung bleiben. Seine Erziehungsmaßnahmen, die Benimmregeln, auf die er neben dem Fußball auch großen Wert gelegt hat.

Als ich Norbert Elgert im Dezember 2010 das erste Mal traf, war ich zugegebenermaßen noch weit davon entfernt, ein Vorzeige-Nachwuchsfußballer zu sein. Ich ruhte mich bei meinen vorherigen Vereinen Hoffenheim und Stuttgart schon mehrmals mal gerne auf meinem Talent aus. Ich war anfällig für Ablenkungen. War auch nicht abgeneigt, mal auszugehen. Ich war einer dieser typischen Jugendlichen, die im Laufe ihrer Pubertät auch ihre Grenzen austesteten.

Bis ich dann Elgert kennenlernte. Wir sprachen 20 Minuten in seinem Trainerbüro. Hauptsächlich sprach er. Aber irgendwie so, dass ich ihm gerne zuhörte und seinen Worten und Versprechen sogleich Glauben schenkte.

Es ist ja immer so eine Sache mit dem Zuhören. Es gibt Trainer, deren Geschichten einen eher langweilen. Die einen in ihren Ansprachen nicht fesseln. Wo Anweisungen ins eine Ohr reingehen und direkt durchs andere wieder hinaus.

Doch Elgert hatte eine Art, dass man mehr erfahren wollte.

Es waren, wenn ich heute zurückblicke, gar keine hochwissenschaftlichen Dinge, die er mit uns anstellte. Es waren keine Geniestreiche. Aber trotzdem war es immer eindrucksvoll und klar.

Ich weiß noch, wie er mir von seiner Nierenerkrankung erzählte. Und von seinem Willen, trotz dieses Defizits in den Profifußball zurückzukommen. Anschließend habe ich mir geschworen, nicht mehr zu jammern oder zu leiden, sondern einfach mein gesamtes Potenzial abzurufen, das mir dank eines gesunden Körpers geschenkt worden war.

Ich werde nie vergessen, wie er mit den goldenen Hanteln in die Kabine kam und uns seinen Kampf gegens Aufgeben bei den Klimmzügen auf der Fitnessmesse erzählte.

Das waren Momente, nach denen man für den Trainer alles machen wollte. Als Fußballer ist man ja grundsätzlich motiviert und will gewinnen. Aber nach dieser Ansprache kam ich mir wie der Nuklearphysiker Dr. Bruce Banner nach seiner Verwandlung in den unglaublichen Hulk, dieses grünen Kraftprotz-Monster, vor. Oder wie Asterix, der Gallier, nach einem Schluck aus dem Zaubertrank.

Einfach stark. Einfach unbesiegbar. Einfach voller Lust und Leidenschaft, für diesen Trainer und diese Mannschaft alles zu geben.

Besonders beeindruckend finde ich die Bandbreite seiner Motivationstechniken. Einmal, im Juni 2012, erlebte ich einen Norbert Elgert, wie ich ihn zuvor noch nie kennengelernt hatte. Wir hatten gerade Wolfsburg in den Halbfinals zur deutschen Meisterschaft besiegt und bereiteten uns aufs Finale gegen Bayern München vor, als er das Training unterbrach, mich vom Platz zitierte und mich zusammenstauchte wie noch nie zuvor.

Er war so nah vor meinem Gesicht, dass ich genau roch, dass er am Morgen grünen Tee getrunken hat. Ich fühlte mich, als würde ich vor der Turbine eines startenden Airbus A380 stehen.

Ich schrumpfte gefühlt um wenige Zentimeter.

Im Augenwinkel sah ich, wie meine Mitspieler uns beobachten. Ich sei nicht bei der Sache, warf er mir vor. Ich sei albern und unkonzentriert. Ich würde mich nicht an die Absprachen halten, die wir miteinander hätten. Und dann sagte er: »Entweder bist du jetzt und morgen mein Kapitän und führst diese Mannschaft zur deutschen Meisterschaft. Oder du bist es nicht mehr und wir spielen ohne dich.«

Als ich hinterher unter der Dusche stand, brodelte es in mir.

Ich war sauer. Aber irgendwie mehr auf mich selbst als auf den Trainer. Sein Anschiss war knallhart. Aber er hatte mich nicht beleidigt. Er hatte in seiner direkten Art nichts Unverschämtes oder Herablassendes gesagt. Ihm war es gelungen zu toben, ohne persönlich zu werden.

Sein Glück war auch, dass er in all seinen vorherigen Ansprachen immer recht hatte. Er war total glaubwürdig in dem, was er uns mit auf den Weg gab. Was er prognostizierte, trat später ein.

Also schwor ich mir: »Morgen habe ich eine Chance, ihm zu zeigen, dass ich nicht so bin, wie er denkt. Morgen kann ich ihm zeigen, dass ich zu Recht der Kapitän dieser Mannschaft bin. Dass er sich auf mich verlassen kann.«

Nach dem Training kamen viele Spieler zu mir und wollten mit mir über den Vorfall sprechen. Vielleicht hofften ein paar, dass ich über ihn ablästern würde. Aber das wollte ich nicht. Weil ich spürte, dass es falsch gewesen wäre. Der Anschiss war berechtigt. Und das gab ich meinen Kameraden gegenüber auch zu. Und versprach ihnen, am nächsten Tag Vollgas zu geben, um diese Meisterschaft mit ihnen zusammen zu holen.

Und genau so kam es. Wir schlugen Bayern München mit 2:1 und holten diesen Titel. Als wir es hinterher zusammen krachen ließen, lief der Coach plötzlich mit Heino-Perücke auf und imitierte den Schlagerstar, indem er für uns seine abgewandelte »Karneval in Rio«-Version sang. Und zum Glück offenbarte er endlich etwas, worin er ganz schlecht ist. Norbert Elgert ist ein toller Trainer. Ein Lehrer fürs Leben. Ein Motivator. Ich kann für jeden Fußballer nur hoffen, dass er irgendwann einen Trainer wie Norbert Elgert bekommt. Und ich kann nur jedem, der dieses Glück hat, wünschen, dass er ihn nie singen hören muss.

Als wir spätnachts die Party beendeten, nahm mich Norbert Elgert ganz fest in den Arm und drückte mich. Es war, was mir in dieser Nacht gar nicht so klar war, ein Abschied. Weil ich nach dem Urlaub zu den Profis ging.

Dort bekam ich ganz kurz ein wenig Wehmut. Weil ich spürte,

dass ich ihn vermissen würde. Aber ich hatte zu keiner Zeit Angst davor, in die Profikabine von Schalke zu kommen. Ich fürchtete mich nicht vor Huub Stevens. Ich fühlte mich körperlich und vom Kopf her vorbereitet für den nächsten Schritt.

Als Profi sitzen wir heute extrem viel im Bus und fahren von Stadion zu Stadion. Bei Arsenal London, meinem Club, sitze ich Mesut Özil gegenüber. Als wir im Sommer 2018 in Singapur in der Vorbereitung waren, haben wir lange über unsere Erfahrungen mit Norbert Elgert gesprochen. Wir haben viel gelacht. Es war eine gemeinsame Reise, weil Mesut auch unter ihm trainiert hat in die Vergangenheit. Wobei Norbert Elgert weder aus Mesuts noch aus meinem Leben verschwunden ist.

Ich hatte vergangene Saison eine schwierige Phase bei Arsenal, wo ich nicht so oft spielte wie gewünscht. Das war eine Phase, wo viele Schulterklopfer abtauchten und sich kaum noch meldeten. Doch genau da meldete sich Norbert Elgert und baute mich wieder auf. »Ich habe dir doch«, sagte er, »versprochen, dass ich immer noch für dich da bin. Vor allem, wenn alle anderen sich zurückziehen.«

So ist er. Der Coach. Und ich bin unendlich dankbar, dass ich ihn in dieser ganz entscheidenden Karrierephase an meiner Seite hatte und ihn immer noch als Ratgeber habe.

MESUT ÖZIL

Mein letztes Hemd für Norbert Elgert

Im Sommer 2018 bin ich in London zur Royal Mail gegangen, dem Postdienst im Vereinigten Königreich, und habe ein Paket nach Deutschland geschickt. In die Schachtel, auf die ich einen Versandaufkleber mit einer Adresse in Dorsten klebte, hatte ich etwas sehr Wertvolles gelegt. Ein Stück Stoff, das vor allem emotionale Bedeutung hatte: ein Trikot der deutschen Nationalmannschaft. Mit grau gezacktem Brustring und hinten der Nummer 10 drauf. Meiner Nummer 10.

Es war das Trikot, das ich am 27. Juni 2018 in der Kasan-Arena getragen habe.

Für viele mag es das Trikot einer verheerenden Niederlage sein. Nach dem 0 : 2 gegen Südkorea sind wir als amtierender Weltmeister bei der Weltmeisterschaft in der Vorrunde rausgeflogen.

Auch für mich war das eine Enttäuschung, die ich nie vergessen werde. Aber trotzdem steht dieses Trikot doch für so viel mehr als nur unser kollektives Scheitern. Es steht für das Ende einer Ära, die insgesamt überaus erfolgreich war.

Exakt 92 Länderspiele habe ich seit meinem Debüt

im Februar 2009 unter Joachim Löw für Deutschland absolviert. Wir sind Weltmeister in Brasilien geworden. Gehörten darüber hinaus bei sämtlichen Welt- und Europameisterschaften zwischen 2010 und 2016 zu den besten vier Mannschaften der Welt.

Ich hatte eine überragende Zeit in der deutschen Nationalmannschaft. Und nun wollte ich mich mit diesem besonderen Trikot, meinem letzten, das ich getragen hatte, weil ich anschließend meine Nationalmannschaftskarriere beendete, bei einem besonderen Menschen bedanken: bei niemand anderem als Norbert Elgert.

Er ist, zusammen mit José Mourinho, der wichtigste Trainer meiner Karriere. Er hat mich zu einer Zeit geprägt, gefördert und geformt, in der viele Fußballer ausbrechen und es nicht schaffen. In der Phase, wo eine Vielzahl hoffnungsvoller Talente auf dem Weg in den Profifußball ausgesiebt werden. Wo einige den Ablenkungen, für die jeder Pubertierende anfällig ist, nachgeben.

Elgert, den ich eigentlich immer nur »Coach« nenne, hat mich nicht nur fußballerisch geprägt. Er hat mich vor allem auch als Mensch weitergebracht.

Ich hatte nie das Glück, in eine gute Schule gehen zu können. Ich war auf keinem Heile-Welt-Gymnasium, wo mir die Werte des Lebens vermittelt werden konnten. Ich hatte meine lieben Eltern, die aber nahezu rund um die Uhr arbeiteten, um für uns Kinder irgendwie finanziell zu sorgen. Und so wurde Norbert Elgert eben zu einer Person, die weit über den klassischen Fußballtrainer hinausging.

Er lehrte uns, respektvoll mit anderen Menschen umzugehen und uns niemals größer, wichtiger oder bedeutender zu fühlen, nur weil die anderen vielleicht weniger in der Öffentlichkeit stehen oder weniger Geld verdienen als wir Fußballer.

Er lehrte uns Lektionen über Ehrlichkeit und war wie ein moralischer Kompass.

Vor allem hat es mir gefallen, dass er immer Wort gehalten hat.

Als ich Norbert Elgert zum ersten Mal traf und er mich überzeugen wollte, zu Schalke zu wechseln, baute er keine illusorischen Luftschlösser, gaukelte mir keinen Blödsinn vor, sondern war einfach nur ehrlich. So sagte er, damals im Beisein meines Vaters: »Ich kann nicht versprechen, dass Mesut gleich im ersten Jahr Stammspieler bei uns wird. Ich kann nicht versprechen, dass er Profi auf Schalke wird. Ich verspreche auch nicht, dass er irgendwann Nationalspieler wird. Ich verspreche nur eines: Mesut wird in allen Bereichen, technisch, taktisch, in Sachen Spielverständnis und Spielintelligenz, im athletischen Bereich, in Sachen mentaler Geschwindigkeit, emotionaler Kontrolle und auch in Bezug auf Teamgeist und Lebensführung auf allerhöchstem Niveau von mir ausgebildet. Sonst garantiere ich nichts. Die einzige Garantie, die ich gebe, ist die, dass ich immer alles für ihn geben werde. Und dass wir bei Schalke seine Chancen erhöhen können, dass er seine Ziele erreichen wird. Ich garantiere Ihnen keinen Stammplatz. Mesut hat körperliche Defizite. Er ist wirklich sehr zierlich. Außerdem müssen wir an seinem rechten Fuß arbeiten und am Kopfballspiel. Seine Balleroberung muss besser werden. Aber wenn wir das schaffen, dann ist vieles möglich.«

»Wissen Sie«, sagte Elgert dann an meinen Vater gewandt, »ich kann nicht viel. Aber ich glaube, dass ich gut mit Menschen umgehen kann und ein bisschen Ahnung von Fußball habe. Ich sehe mich als Ausbilder und Förderer. Wir bilden hier auf Schalke nicht in erster Linie aus, um mit den Jugendmannschaften Titel zu gewinnen. Unser primäres Ziel ist es, möglichst viele Profis heranzuziehen. Klar müssen Spieler lernen, dass es im Profifußball um Resultate geht. Aber wir dürfen ihnen in diesem Alter noch nicht eintrichtern, dass nur das Gewinnen, Gewinnen, Gewinnen zählt. Sonst macht man sie verrückt, besessen, neurotisch. Es geht bei unserer Ausbildung darum, morgen besser zu sein als heute. Und übermorgen besser zu sein als morgen. Wenn ein Spieler das verinnerlicht, gewinnt er automatisch irgendwann Titel.«

Das letzte Versprechen, das er mir noch gab, war: »Ich lasse Mesut nicht zu früh auf die Profis los. Solange ich mit meinen Spielern noch nicht fertig bin, bleiben sie bei mir. Ich lasse sie erst gehen, wenn sie wirklich bereit dafür sind.«

Ich weiß noch, wie er mich einmal, ich war ganz neu in seiner Mannschaft angekommen, zum Gespräch bat und mit mir über meine Ziele und Träume reden wollte. Er hatte so einen komischen Zettel vor sich liegen. Auf dem waren Fragen notiert, und Elgert schrieb meine Antworten darauf nieder. Als er wissen wollte, was mein Ziel sei, sagte ich ihm, wohlgemerkt im Alter von 16 Jahren: »Ich werde erst einmal auf Schalke Profi. Und später spiele ich in Spanien, bei Barcelona oder Real.«

Ich werde seinen Blick nie vergessen, wie er mich mit seinen Augen, die von diesen wahnsinnig buschigen Augenbrauen umrandet sind, anschaute und dann sehr ernst sagte: »Ich bin ein Freund großer Träume. Das finde ich gut. Aber kannst du dir vorstellen, was ich ab jetzt von dir erwarten werde? Jemand, der sagt, er werde später bei Real Madrid oder beim FC Barcelona spielen, wird von mir ganz besonders beobachtet. Du hast Talent. Aber Talent allein stellt dich nur in die Tür. Um durch die Tür zu gehen, brauchst du den richtigen Charakter, die richtige Einstellung, musst intelligent sein und hart arbeiten.« Und dann erklärte er mir: »Weißt du, was das Problem heutzutage ist? Alle wollen etwas *sein,* aber keiner will etwas *werden.*«

Ich habe unter Norbert Elgert mehr über Werte gelernt als in meiner gesamten Schulzeit. Er hat mich auf dem Weg zum Fußballer entscheidend geprägt. Und auch als Mensch. Ich kann ihm mit diesem einen Trikot, das ich Elgert geschenkt habe, nicht mal ansatzweise genügend danken. Dieses eine Teil, ganz gleich, wie groß sein emotionaler Wert ist, reicht niemals aus. Ich habe ihn auch nach Madrid eingeladen, zum Endspiel im Copa del Rey gegen Atlético Madrid, das wir leider in der Verlängerung verloren haben. Und ich habe dem Coach unmittelbar nach unserem

WM-Titel via SMS gedankt. Ich hoffe aber sehr, dass er weiß, wie sehr ich ihn bis heute schätze!

Ich würde mir für alle Fußballtalente, die da draußen rumlaufen und ihrem Traum hinterherjagen, wünschen, dass sie so einen Förderer bekämen, wie ich ihn hatte.

Gute Trainer gibt es ja wie Sand am Meer. Ich fürchte nur, dass gerade im Jugendbereich viel zu wenig Wert darauf gelegt wird, dass auch der Mensch hinter dem Fußballer geformt und gefördert wird.

Wenn ich irgendwann einmal Vater bin, werde ich meinem Kind viele Lektionen weitergeben, die ich selber von Norbert Elgert gelernt habe. Und vielleicht kann ich ihn mir ja auch mal als Babysitter ausleihen, weil ich wüsste, dass mein Kind dann in den besten Händen aufgehoben ist.

Kapitel 2:
Die richtige Auswahl vom Buffet

Es heißt, dass Vorbilder uns den Weg weisen. Dass Vorbilder uns zeigen, wie es sein wird, wenn man am Ziel ist.

Dementsprechend suchte ich mir Menschen, zu denen ich aufschauen konnte und die mir für meine Zukunft wichtigen Input geben konnten.

Wie eben der bereits erwähnte Nikolaus Enkelmann. Wahrscheinlich wäre ich ohne die Pleite unseres Fitnessstudios nie bei ihm gelandet. So aber begegnete ich ein paar Monate nach dem Ausscheiden von Conny und mir aus der Firma unserem früheren Freund und Partner Paul Underberg.

Der war, unmittelbar nach unserer Trennung, natürlich genauso am Boden zerstört wie wir auch. Er hat zwar vom ersten Moment an gesagt, er wolle versuchen weiterzumachen. Aber an dem Tag, als wir damals ausschieden, war auch er ziemlich niedergeschlagen.

Als ich ihn dann wiedertraf, war es, als stünde ein neuer Mensch vor mir. Als habe jemand eine Druckbetankung mit Optimismus und Selbstvertrauen bei ihm vorgenommen. »Was ist mit dir passiert?«, fragte ich ihn. Und er berichtete mir davon, wie er an einem Motivationsseminar von Nikolaus Enkelmann teilgenommen habe.

Das Seminar hieß »Der erfolgreiche Weg«.

»Tu dir einen Gefallen«, sagte er. »Mach das auch.«

Ich tat es. Und erlebte Ähnliches wie Paul.

Ich erlebte auf dieser Bühne einen Menschen, der mich sofort in seinen Bann zog und eine unglaubliche Präsenz hatte. Der so klar in seinen Ansichten war. Dessen Stimme mich faszinierte. Er nutzte sie wie ein Musikinstrument, das jemand perfekt beherrscht. Man hatte nie das Gefühl, dass seine Stimmbänder zitterten oder ausbrachen, wenn er die Lautstärke variierte. Wenn er schneller sprach, wirkte es nicht hektisch, sondern war noch immer flüssig und klar. Er wechselte punktgenau zwischen laut und leise. Betonte an den richtigen Stellen.

Er machte seine Worte mit der Art und Weise, wie er sprach, einfach lebendiger.

Gleichzeitig gelang es ihm, dass sich jeder Einzelne angesprochen fühlte, obwohl man in einem größeren Publikum saß.

Ich weiß nicht, ob unsere besondere Beziehung vielleicht auch damit zu tun hat, dass wir am gleichen Tag, also beide am 13. Januar, geboren worden sind. Er 1936, ich 1957. Er war jedenfalls entscheidend für mich, ebenso wie für meine Frau Conny. Er hat uns wieder in Bewegung gesetzt.

Ich weiß noch, wie ich zum ersten Mal in einem seiner Seminare saß und er mich nach einigen Tagen mit seinem suggestiven Blick fixierte und schnurstracks auf mich losmarschierte.

Er wollte wissen, ob er mich was fragen dürfte. Natürlich bejahte ich.

»Wie lange tragen Sie diese Frisur schon?«

»Viele Jahre«, antwortete ich mit Verwunderung über sein Interesse an meinem Style.

»Dann«, entgegnete er trocken, »müssen Sie die ja gut finden.«

Ich nickte.

»Hat sich in den letzten zehn Jahren in Ihrem Leben ansonsten auch nichts verändert?«

Es war nur ein klitzekleiner Seitenhieb gegen offensichtliche Routine. Aber er bewirkte etwas in mir. Ich fragte mich tatsächlich, ob ich zu festgefahren war in meiner Denke, ein Gewohnheitstier.

Enkelmann sprach an diesem Nachmittag auch viel über Kleidung und das äußere Erscheinungsbild. Einem Teilnehmer sagte er knallhart, dass alle, würde er in dem Outfit zum Sozialamt gehen, zur Seite treten und ihn vorlassen würden.

Natürlich hatte ich in der Schule schon, wie damals wahrscheinlich fast jeder, *Kleider machen Leute* von Gottfried Keller gelesen und mich auch oberflächlich mit dem äußeren Erscheinungsbild auseinandergesetzt.

Wobei es Keller in seiner Novelle ja vor allem um Gesellschaftskritik geht, indem er aufzeigt, wie leicht sich Menschen von Äußerlichkeiten wie Kleidern und Statussymbolen blenden lassen. Außerdem enthält Kellers Klassiker noch die grundsätzlich wichtige und richtige Botschaft, dass die Persönlichkeit über das Äußere siegen kann. Der arme und schüchterne Schneiderlehrling Wenzel Strapinski, der immer auf sein Äußeres achtet, wird fälschlicherweise für einen polnischen Grafen gehalten. Eigentlich möchte er die Verwechslung aufklären, doch nachdem er sich in Nettchen verliebt, mimt er weiterhin den Grafen. Der Schwindel fliegt auf, Wenzel flüchtet. Aber am Ende, als Nettchen merkt, dass die Gefühle des Schneiderlehrlings echt waren, verzeiht sie ihm, obgleich er aus ganz anderen sozialen Verhältnissen kommt als sie.

Enkelmann verdeutlichte in seinen Ausführungen, dass nur zehn Prozent des Erscheinungsbildes Haut sei, der Rest sei verdeckt und bestünde aus Kleidung.

Man kann sein Wirken und seine Ausstrahlung, wenn man ihn nicht miterlebt hat, kaum begreifbar machen. Ich kann auch nicht beschwören, dass er bei jedem das auslöste, was er bei mir ausgelöst hat. Ich weiß nur, dass ich vom ersten Moment an fasziniert von diesem Menschen war und im Laufe der Jahre viele, viele Seminare von ihm in seinem Institut in Königstein besucht habe, unter anderem auch Rhetorik und mentales Training.

Er war für mich und meinen Kopf die richtige Auswahl vom Buffet. An ihm habe ich mir nicht die Birne verdorben, sondern habe immer und immer wieder nachgenommen und mir Appetit für mehr geholt.

Es gibt eine Zitatsammlung von ihm, die mit den Worten beginnt: »Zitate sind wie Sternschnuppen, sie bringen unsere eigenen Gedanken und Erkenntnisse zum Aufleuchten. (…) Ein wertvolles Zitat im Gedächtnis ist so wertvoll wie ein Stück Gold in der Schatzkammer. (…) Jeder Gedanke, den wir denken, der von uns ausgeht, kommt zurück – und wird durch Kettenreaktionen verstärkt.«[6]

Es gibt ein paar Kernaussagen von ihm, an denen ich mich immer wieder orientiere. So sagte er zum Beispiel: »Ein Mensch, der weiß, was er will, hat genaue Visionen von der Zukunft. Wer orientierungslos ist, tritt auf der Stelle und läuft im Kreis, geht zurück und strauchelt. (…) Seine Ziele nicht zu erreichen ist weniger schlimm, als keine Ziele zu haben. Noch wichtiger, als alle seine Ziele zu erreichen, ist unsere Entwicklung auf dem Weg dorthin. Mit unseren Wünschen und Zielen leben wir heute schon im Morgen und holen die Zukunft in die Gegenwart hinein. (…) Was der Mensch sich vorstellen kann, das kann er auch erreichen (…).«[7]

In der Vorbereitung führe ich mit jedem meiner Spieler ein Einzelgespräch. Ich möchte genau wissen, wie sie ticken, denken und fühlen. In diesen Gesprächen geht es um Herkunft und Familie, aber auch darum, wie sie sich persönlich sehen. Um ihre Stärken und Schwächen und wie ich ihnen helfen kann. Auch sprechen wir intensiv über ihre persönlichen kurz- und langfristigen Ziele. Ziele sind wie Magneten. Sie müssen herausfordernd, aber auch erreichbar sein. Unerreichbare Ziele sind demotivierend und führen zu Frustration. Zu einfach erreichbare Ziele bremsen die Entwicklung und zwingen dich nicht, alles aus dir herauszuholen.

Im Sommer 2005 führte ich mit Mesut Özil ein solches Gespräch. Er war gerade einmal 16 Jahre alt und antwortete mir mit einer unfassbaren Selbstverständlichkeit: »Ich werde erst einmal auf Schalke Profi. Und später spiele ich in Spanien, bei Barcelona oder Real.«

Grundsätzlich sind das genau die Antworten, die mir gefallen. Ich bin ein Freund großer Träume. Dementsprechend sagte ich ihm auch: »Das finde ich gut. Aber kannst du dir vorstellen, was ab jetzt auf dich zukommt? Jemand, der sagt, er wolle später bei Real Madrid oder beim FC Barcelona spielen, wird von uns ganz besonders gefordert. Du hast Talent. Aber Talent allein stellt dich nur in die Tür. Um durch die Tür zu gehen, brauchst du einen starken Charakter, hundert Prozent Einstellung und du musst über einen ganz langen Zeitraum intelligent und hart trainieren.« Und dann erklärte ich ihm: »Weißt du, was das Problem heutzutage ist? Alle wollen etwas *sein,* aber keiner will mehr etwas *werden.* Es erwarten dich da oben im Karrierehimmel so viele Dinge, auf die du vorbereitet werden musst. Nur ein stabiles Fundament bringt bleibenden Erfolg. Ich rate daher jedem Spieler, die Erfolgsleiter langsam hochzuklettern. Schritt für Schritt, da kommt jeder mit. Natürlich kannst du, wenn du das Zeug dazu hast, auch mal zwei Stufen überspringen. Das ist möglich. Daran will ich auch keinen hindern. Aber du solltest dich nicht von der untersten auf die oberste Stufe schießen lassen. Je schneller du nämlich in die Umlaufbahn gerätst, desto schneller fliegst du wieder raus. Selbstvertrauen brauchst du, sonst hast du keine Chance. Bei allem Selbstvertrauen, das du hast, musst du aber eine realistische Selbsteinschätzung besitzen. Du sollst dich bärenstark fühlen, aber trotzdem ist es wichtig, dass du dich richtig einschätzen kannst und nicht maßlos überschätzt. Der Schlüssel auf dem Weg nach oben ist es, geduldig ungeduldig zu sein. Deine Welt darf nicht zusammenbrechen, wenn du mal über einen längeren Zeitraum auf der Reservebank sitzt, aber du darfst es dir auf der Bank auch nicht bequem machen und, gleichgültig nach dem

Motto ›Ach, eines Tages werde ich schon zum Ziel kommen‹, es einfach so laufen lassen.«

Mesut Özil hat seine Ziele, die er mit 16 Jahren hatte, übrigens erreicht. Knapp ein Jahr nach unserem Gespräch wurde er gegen Frankfurt für Hamit Altintop bei den Profis eingewechselt. 2010 wechselte er nach Madrid. Er hat 159-mal für Real gespielt, hat 27 Tore gemacht und 81 vorbereitet. Er ist Spanischer Meister, spanischer Pokalsieger und Superpokalsieger geworden.

Für mich persönlich gab es noch eine weitere wichtige Erkenntnis, die ich aus den Enkelmann-Seminaren gezogen habe. Von ihm stammt nämlich auch Folgendes: »Der Erfolgswille muss täglich neu geweckt werden, um dem grauen Alltag keine Chance zu geben. (…) Der Mensch ist ein lebendiges Kraftfeld. Positive Autosuggestion ist Psycho-Serum. Damit lässt sich alles verändern und verbessern, was sich überhaupt verändern und verbessern lässt: berufliche, private, gesundheitliche und kulturelle Ziele.«[8]

Daher habe ich für mich die Autosuggestion entdeckt. Also die Selbstbeeinflussung. Das ist eine Technik, durch die man sein Unterbewusstsein positiv programmiert. Autosuggestion ist die konzentrierte Wurzelnahrung der Persönlichkeit.

Man muss sich das mal vor Augen halten: Ein Großteil dessen, was man jeden Tag aufnimmt – ich meine mal gehört zu haben, es sind 70 Prozent aller Nachrichten –, ist negativ. Wenn die ganze Welt uns also nicht positiv beeinflusst, dann müssen wir es wohl selber machen. Schließlich ist der Mensch, mit dem man sich am Tag am häufigsten unterhält, man selbst. Dementsprechend ist es doch logisch, dass es extremen Einfluss auf uns selbst hat, wie wir mit uns sprechen. Wenn du den ganzen Tag nur negativ mit dir sprichst, kannst du doch nicht positiv gestimmt durchs Leben gehen! Wenn ich mir den ganzen Tag einrede, was für eine Pfeife ich bin, darf ich mich nicht wundern, wenn ich mich auch wie eine Pfeife verhalte.

Alles, was wir sagen, hören auch unsere Ohren. Deshalb ist es so wichtig, dass wir größtenteils aufbauend mit uns sprechen. Ich sage mir immer: »Sei selbst dein bester Cheerleader.«

Alles, was wir hören, somit auch das, was wir selber sagen, geht in unser Unterbewusstsein. Und unser Unterbewusstsein steuert zum großen Teil unser Verhalten. Daher macht es unglaublich viel Sinn, positiv mit sich selbst zu sprechen.

Wenn du dich selber nicht positiv beeinflussen kannst, wie willst du dann andere positiv beeinflussen? Nur wer selbst begeistert ist, kann andere begeistern. Nur wer sich selber führen kann, vermag auch andere zu führen. Um jeden Tag 30 unterschiedliche Charaktere zu führen, muss man in einer entsprechenden Form und Verfassung sein. Wir Menschen haben aber auch mal Scheißtage, sind nicht jeden Tag gleich gut drauf.

Deshalb starte ich jeden Morgen mit einer Autosuggestion. Seit mehr als 25 Jahren sage ich mir jeden Tag viermal hintereinander vor dem Spiegel: »Ich bin eine einflussreiche Persönlichkeit. Eine einflussreiche Persönlichkeit ist ein Meister in der Kunst der Menschenführung. Auch ich bin ein Meister in der Kunst der Menschenführung und werde mich täglich und bei jeder Gelegenheit darin üben. Mein starkes Selbstbewusstsein und meine Kontaktfähigkeit erleichtern mir den Umgang mit Menschen. Ich bin ein zielbewusster Mensch, der Menschen führen und begeistern kann.«

Das mag vielleicht, wenn man sich damit nicht auseinandergesetzt hat, erst mal lächerlich klingen. Ist es aber nicht. Dahinter steckt verdammt viel.

Ich kann nur jedem raten, das Erfolgsbuch von Joseph Murphy *Die Macht Ihres Unterbewusstseins* zu lesen, in dem er sehr interessante Ansichten zum menschlichen Unterbewusstsein liefert. Gleich zu Anfang heißt es: »Das Unterbewusstsein ist die Kraft, die die Welt verändert. Was Sie sich vorstellen können, das können Sie auch erreichen – mithilfe der Weisheit und Macht Ihres Unterbewusstseins.«

Auch dank ihm habe ich verstanden, wie das Unterbewusstsein durch unser Denken gesteuert wird. Denn unser Unterbewusstsein ist weitaus mächtiger, als wir annehmen – in ihm liegt der Schlüssel zum Glück. Unsere eigenen Gedanken entscheiden über Erfolg oder Niederlage, und nur wer in der Lage ist, sein Unterbewusstsein positiv zu beeinflussen, kann Schwächen in Stärken umwandeln und Herausforderungen mit Zuversicht meistern. Murphy will damit sagen, dass alles, was wir von Geburt an hören, sehen und fühlen, von unserem Unterbewusstsein abgespeichert wird und dann unser Verhalten steuert.

Letztlich habe ich auch dank Murphy verstanden, dass wir unsere Lebensenergie blockieren, wenn wir negativ denken. Aber positives oder aufbauendes Denken und daraus bedingtes Handeln lernst du auch nicht von einem Tag zum anderen, man muss es genauso lange und intensiv üben und trainieren wie eine Fremdsprache oder Klavierspielen.

Es gibt einen weiteren Satz von Enkelmann, der eine enorme Rolle für mich gespielt hat. Er lautet, und ich sehe ihn als Ergänzung zu dem, was ich von Murphy verinnerlicht habe: »Die Welt wird durch Handeln, nicht durch Denken verändert.« Positives Denken ohne positives Handeln ist wertlos.

THILO KEHRER

Der Dateien-Beschaffer

Als ich auf mein Handy schaute, war ich kurz wie gelähmt. Der Ordner in meiner Mediathek, in den ich etwas für mich ganz Wichtiges abgelegt hatte, war leer. Auch nachdem ich das Programm geschlossen und erneut geladen hatte, war kein einziger Titel hinterlegt. Dabei war es dort immer gewesen. Seit über einem Jahr schon. 80-, 90-, vielleicht auch 100-mal hatte ich bestimmt schon darauf geklickt, und jedes Mal hatte es einwandfrei funktioniert.

Doch nun war meine Datei, die mir so wichtig für meine unmittelbare Spielvorbereitung war, verschwunden. Und nur noch fünf Stunden bis zum Anpfiff.

»Dieses dumme Upgrade«, schoss es mir durch den Kopf. Das musste offensichtlich der Grund dafür gewesen sein, dass sich auf meinem Smartphone ein paar Dinge verschoben hatten oder nicht aufzufinden waren.

In meiner Panik rief ich Norbert Elgert an. Einen, wenn nicht sogar den wichtigsten Trainer meiner Karriere. Meinen Förderer. Meinen Mentor. Meinen Zusatz-Vater, von dem ich die Datei auch ursprünglich erhalten hatte.

»Coach«, sagte ich, »ich brauche bitte Ihre Hilfe.« Und selbstverständlich schwang er sich ins Auto, besorgte es für mich und übergab eine CD rechtzeitig vor Spielbeginn.

Nach einem kurzen Dank an Norbert brachte ich sie unserem Videoanalysten Lars Gerling, der den Datenträger in seinen Laptop schob und so umwandelte, dass die Datei schließlich wieder auf meinem Handy landete und ich mir, wie so oft in letzter Zeit, die wohlvertrauten Sätze via Kopfhörer anhören konnte, die mir halfen, mich besser konzentrieren zu können.

Konzentration führt zur Meisterschaft im Leben. Konzentration hilft Ihnen, größte Ziele zu erreichen. Konzentration kann Ihnen aber auch helfen, größte Krisen zu meistern. Darum sammeln Sie doch in den nächsten 25 Minuten die Kraft, die Sie im Alltag unschlagbar macht. Gehen Sie auf Ihrer wunderbarer Treppe Stufe um Stufe tiefer und tiefer zu den Quellen Ihrer Kraft.

Es war eine Übung von Nikolaus Enkelmann, die da hieß: »Ich kann mich gut konzentrieren.«

Norbert Elgert hatte sie mir während meiner Zeit in seiner U19 empfohlen, nachdem ihm aufgefallen war, dass ich leichte Konzentrationsschwächen hatte. Ich war anfällig für Ablenkungen. Beim Training und auch beim Spiel. Nicht dramatisch, aber doch so, dass er es mitbekam.

»Der Kopf«, sagte Elgert mir mal in einer ruhigen Minute, »ist im Fußball mit Abstand das wichtigste Körperteil. Der entscheidet die Spiele. Der entscheidet, wie die Karriere verläuft. Wie unser Leben verläuft.«

Dann erzählte er mir von seiner Erfahrung mit dieser CD und von Nikolaus Enkelmann und brachte mir schließlich auch eine mit.

Am Anfang hörte ich die Datei jeden Tag. Später, als ich bei den Profis war, vor jedem Spiel. Als ich im Sommer 2018 zu Paris Saint-Germain wechselte, sogar wieder täglich, nachdem mir klar geworden war, wie viel intensiver das Training bei diesem Spitzenclub war.

Beinah hätte ich also dieses mir so wichtige Ritual vor unserem Spiel gegen Hoffenheim nicht abhalten können. Wegen einer Unachtsamkeit beim Smarthphone-Update. Doch dank Norbert Elgert klappte es nun doch.

Und so köpfte ich in der elften Minute nach einer Hereingabe von Leon Goretzka auch noch das 1:0 und trug maßgeblich zu unserem 2:1-Erfolg bei.

Das war nur einer von ganz vielen meiner persönlichen Elgert-Momenten, von denen es wirklich eine lange Liste gibt.

Ein anderer spielte knapp 900 Kilometer von Gelsenkirchen entfernt. In Manchester, wo wir im Februar 2015 gegen City im Achtelfinale der Youth League antreten mussten.

Am Abend vor dem Spiel, beim Abschlusstraining, unterbrach er plötzlich, nahm mich zur Seite und verpasste mir einen Einlauf, den ich so schnell nicht vergessen sollte.

»Du hast mir versprochen, dass du auch mein Kapitän bist«, begann er mit seiner Standpauke. »Dass du mein Sprachrohr bist. Entweder willst du das jetzt sein, dann haust du aber auch mal gegenüber der Mannschaft auf den Tisch. Oder du willst der beste Freund deiner Jungs sein. Aber dann brauche ich dich als Kapitän nicht. Zeig mir, dass du mehr bist als der gute ›Kumpel-Thilo‹.«

Ich wusste zunächst gar nicht, was er von mir wollte. Warum er plötzlich so ein Fass aufmachte. Bis er mir auch noch an den Kopf knallte, ich würde nicht alle in der Mannschaft gleich behandeln. »Deinen besten Freunden lässt du alles durchgehen. Für die bist du kein Kapitän. Du misst mit zweierlei Maß. Und das geht gar nicht. Du bist auch Leroys Kapitän. Auch er darf und muss klare Ansagen von dir bekommen.«

Ich war stinksauer und widersprach dem Coach. Ich war anderer Meinung und habe alle Mitspieler gleich gesehen. »Ich führe doch meine Kapitänsrolle …« Doch er unterbrach mich wieder mit seiner sehr lauten Stimme: »Nein, nein! Das tust du eben nicht!«

Dann drehte ich mich um, ging in die Kabine und verfluchte

innerlich den Trainer. Erst später am Abend begriff ich, was genau los war. Als ich bereit war, das Geschehene zu reflektieren.

Und ich verstand, dass der Trainer, auch wenn es nicht so leicht war es mir einzugestehen, nicht ganz unrecht hatte mit seiner Behauptung.

Bei Leroy Sané, mit dem ich ganz eng war, ließ ich tatsächlich einiges mehr durchgehen als bei anderen. Ich machte ihm keine Ansage, wenn er zu unangebrachten Zeiten Späße im Training machte oder sich nicht korrekt verhielt.

Ich hatte tatsächlich, so leuchtete mir ein, zu wenig Führung auf dem Platz übernommen.

Ich hatte tatsächlich nicht immer dazwischengehauen, wenn Spieler übertrieben haben.

Ich hatte tatsächlich ein paar Jungs so was wie Narrenfreiheit zugestanden, weil sie mit ihrer Leistung in den Spielen die Mannschaft auch mitgetragen hatten und weil wir uns super verstanden.

An diesem Abend, den 23. Februar 2015, beschloss ich, mich zu ändern. Dass ich fortan auch auf Kleinigkeiten achten würde, die uns als Mannschaft von unserem Ziel ablenken würden. Dass ich fortan alle gleich führen würde.

Dass ich ein Kapitän für die Mannschaft und für den Trainer sein würde.

Wir spielten gegen Manchester 1:1, verloren im Elfmeterschießen 2:4. Trotzdem war dieser Abend die Grundlage für den späteren Meistertitel, den wir dreieinhalb Monate später gegen Hoffenheim mit Julian Nagelsmann holten. Zurückblickend sind und blieben dieses Jahr mit dem Gewinn der deutschen Meisterschaft mit die schönsten Erinnerungen an meine Fußballkarriere.

Nach diesem Titel schlitterte ich in eine komplizierte Zeit hinein. Weil vonseiten der Schalker Profiabteilung kaum Signale kamen, wie es mit mir weitergehen würde, hatte ich mich mit Roberto Mancini, dem Trainer von Inter Mailand, getroffen. Der Italiener hatte sehr klare Vorstellungen, wie er mich fördern wollte und welche Rolle ich unter ihm einnehmen sollte.

Also unterschrieb ich, nach Absprache mit meinem Vater, meinen Beratern und den hinzugezogenen Anwälten einen Vorvertrag, der im Safe von Mailand landete.

Auf Schalke lief mein Vertrag eigentlich nach der U19 aus. Es gab allerdings eine beidseitige Option, die jeder Partei ermöglichte, um ein weiteres Jahr zu verlängern. Ich wollte, anlässlich der ausgebliebenen Wertschätzung meiner Person, auf keinen Fall bleiben. Was die Schalker Möglichkeit betraf, so versicherten mir meine Anwälte, dass es juristische Lücken gab, die mir ermöglichen würden zu wechseln, selbst wenn Schalke auf die Option pochen würde.

Die Sache war sehr kompliziert, man muss sie nun auch nicht im Detail auseinanderdröseln. Was mich aber nachhaltig beeindruckt hat, war wieder einmal Norbert Elgert und wie er mich in dieser Phase unterstützt hat.

Er hat sich in dieser Phase vor allem als sehr guter Zuhörer präsentiert. Er war wie mein Seelsorger, dem ich sämtlichen Gedanken-Dreck erzählen konnte, der mich belastete. Von Zeit zu Zeit stellte er auch erstaunlich kluge Fragen, die mir halfen, meine Gedanken wieder zu ordnen.

Wir sprachen in der Zeit auch viel über die Rolle von Beratern. Und von Medien. Er verteufelte weder die einen noch die anderen.

Er zeigte mir lediglich sehr verständlich ihre Position in diesem ganzen Fußballzirkus auf – und gab mir Ratschläge, wie ich die richtigen Leute für mein Umfeld finde und worauf ich in der jeweiligen Zusammenarbeit achten solle.

Ich blieb schließlich doch bei Schalke, absolvierte 59 Pflichtspiele, ehe ich im Sommer 2018 nach Paris wechselte.

Ehe die Entscheidung für den Club mit Trainer Thomas Tuchel fiel, traf ich Norbert Elgert auf dem Parkplatz. Ich war gerade mit meinem Training fertig, als er mit seinem Wagen vorfuhr. Als er mich sah, stieg er aus, legte seine Hand auf meine Schulter und sagte lediglich: »Thilo, du bist sehr reif geworden. Ich traue dir zu, dass du die richtige Entscheidung für dich triffst. Mach dir keine Sorgen, ob du die falsche Entscheidung treffen könntest. Du bist klug genug, sämtliche Vor- und Nachteile abzuwägen. Und zu wissen, was richtig für dich ist.«

Er drängte mich in keine Richtung. Es gab keine unterschwellige Beeinflussung. Das fand ich sensationell.

Vor allem tat es mir gut zu hören, dass er mir die Entscheidung zutraute. Denn natürlich stellt man sich mit 21 Jahren viele Fragen und gerät leichter ins Schwanken. Man wägt vieles ab. Wieder und wieder. Und fragt sich: Was ist, wenn ich falschliege?

Durch Norbert Elgerts Zuspruch bin ich sicherer geworden. Und habe mich nach reiflicher Überlegung selbstständig und guten Gewissens für Paris entschieden.

Norbert Elgert ist eine Bereicherung in meinem Leben. Und ich werde ihm ewig dankbar sein.

CHRISTIAN MELCHNER

»Ich habe einen anderen Weg gefunden, glücklich zu werden«

Ich habe nicht diese typische Erfolgsgeschichte wie so viele andere Talente, die die Knappenschmiede durchlaufen haben und bei den Profis gelandet sind. Mein Weg ist nicht der eines Joel Matip nach Liverpool, eines Mesut Özil nach London, eines Philipp Max nach Augsburg oder wie auch alle heißen mögen, die von Nobert Elgert gelernt haben und in den Fußballhimmel aufgestiegen sind.

Ich hätte es vielleicht auch schaffen können. Norbert Elgert jedenfalls hat mir immer und immer wieder signalisiert, dass ich gut trainieren und spielen würde. Dass mein Einsatz, mein Willen und meine Leidenschaft passen würden. Und er hat mich in meinem ersten Jahr auf Schalke in 19 von 26 Spielen über 90 Minuten rangelassen.

Doch dann kam der 24. August 2008. Wir spielten im Wersestadion von Rot Weiss Ahlen. Es stand genau 1:1 und Joel Matip war gerade erst für uns eingewechselt worden, als ich unglücklich gegen einen Metallzaun rutschte.

Nach einem kurzen Schreckensmoment spielte ich weiter. Unsere Physioabteilung untersuchte mich nach dem Spiel und diagnostizierte einen eingeklemmten Nerv.

Weil ich gerade wirklich gut in Form war und man mir in Aussicht gestellt hatte, zeitnah mit den Profis zu trainieren, trainierte ich bereits am übernächsten Tag weiter. Nur wegen eines eingeklemmten Nervs wollte ich nicht den Anschluss verlieren. Mit genügend Ibuprofen ließ sich das alles gut aushalten.

Sieben Tage nach meinem Crash bestritt ich intensive 90 Minuten gegen Wuppertal. Dann schlugen wir Köln und spielten anschließend gegen Leverkusen.

Nach den Spielen übergab ich mich regelmäßig, weil mir das Schmerzmittel in diesen hohen Dosen ziemlich auf den Magen schlug.

In der Vorbereitung auf die Partie gegen Gladbach merkte ich, dass es mir nicht mehr gelang, meine Schmerzen zu betäuben.

Nach jedem Schuss war es, als würde ein Blitz in meinen Rücken einschlagen. Selbst das Treppensteigen bereitete mir höllische Schmerzen.

Weil ich langsam Zweifel bekam, dass ein eingeklemmter Nerv dieses Ausmaß haben könnte, drängte ich einen Freund, der Radiologe war, ein MRT zu machen. Ohne Überweisung eines Arztes. Einfach nur als Freundschaftsdienst.

Der Ergebnis war niederschmetternd. Ich hatte mir einen Lendenwirbel gebrochen. Also die Verletzung zugezogen, wegen der Neymar unter anderem bei der Weltmeisterschaft 2014 im Halbfinale gegen Deutschland ausfiel.

Ich verpasste acht Spiele sowie einen Großteil der Rückrunden-Vorbereitung. Meine geplante Teilnahme am Profitraining fiel ins Wasser. Ebenso wurde nichts daraus, beim DFB-Sichtungslehrgang vorzuspielen, für den ich eingeladen war.

Stattdessen durfte ich lange Zeit mit Stützkorsett und Krücken zuschauen, wie meine Mitspieler besser und besser und reifer und reifer wurden.

Ich spielte zwar noch neunmal für Schalke, konnte den Rückstand aber nicht mehr aufholen. Es reichte nur noch, um mit der SG Wattenscheid 09 aus der sechsten in die vierte Liga aufzusteigen und später noch mal für die sechste Liga mit Wanne-Eickel. Doch mehr war nicht drin.

Trotzdem kann ich sagen: Mein Leben ist auch so schön. Ich habe einen anderen Weg gefunden, glücklich zu werden. Und mir geht es wirklich gut.

Natürlich, alles andere wäre heuchlerisch, habe ich mich auch mehrmals gefragt, was wohl gewesen wäre, wenn ich mich nicht verletzt hätte. Was passiert wäre, wenn ich bei den Profis ein brutal gutes Training gemacht hätte.

Aber es gab keinen Moment, an dem ich nach dem Verlassen der Knappenschmiede in ein Loch gefallen wäre. Ganz im Gegenteil.

Ich habe in dieser Zeit Dinge gelernt, die bis heute tief in mir drin sind. Und die mir für mein heutiges berufliches Leben sehr helfen.

Es gibt ein paar Weisheiten, die Norbert Elgert so oft gesagt hat, dass sie sich nicht nur bei mir eingebrannt haben, sondern dass ich sie wirklich voller Überzeugung verinnerlicht habe.

So wie etwa: »Man hat jeden Tag die Chance zu lernen.«

Oder: »Gewinner tun sehr viel an einem Tag, um Dinge zu bewegen. Verlierer tun sehr viel an einem Tag, um Dinge zu vermeiden.«

Und auch: »Sei jeden Tag die beste Version, die es von dir gibt.«

Und selbstverständlich: »Erfolg heißt: regelmäßig an die eigenen Grenzen zu stoßen, das eigene Potenzial voll auszuschöpfen. Gelingt mir das, regelmäßig mein Potenzial auszuschöpfen, dann bin ich erfolgreich.«

Das Faszinierende an Norbert Elgert war, wie er diese Behauptungen selbst vorgelebt hat. Wer ihn arbeiten gesehen hat, hat einen durch und durch motivierten Menschen erlebt. Ich habe nie erlebt, dass er mal erst fünf Minuten vor dem Training da war, um alles auf den letzten Drücker vorzubereiten. Ich habe nie erlebt, dass er maulig oder motzig mit uns umgesprungen wäre. Er hat immer alles für uns gegeben. Er hat uns vorgelebt, wie man zu sein hat.

Er ist sieben Tage die Woche aufgetreten wie ein Erfolgsmensch. Positiv. Mit Schwung. Elan. Vorbildlich.

Deshalb habe ich mir auch geschworen, dass ich niemals in die Kabine gehen würde, um dort in den Spiegel zu schauen und zugeben zu müssen, dass ich nicht alles getan habe.

Ich erinnere mich noch genau daran, mit welcher Geduld er mit uns gearbeitet hat.

Im Sommer 2008 war Danny Blum zu uns in die Mannschaft gekommen, der im linken offensiven Mittelfeld spielte.

Norbert Elgert hatte ein System ausgeklügelt, bei dem wir die gegnerischen Innenverteidiger in ganz besonderer Form anlaufen sollten.

Wir trainierten es immer und immer und immer und immer und immer wieder. Doch irgendwie gelang es Danny nicht, Elgerts Vorgaben in die Tat umzusetzen. Er schien manchmal der Verzweiflung nahe und war kurz vorm Zusammenbruch. Doch er bewahrte immer Haltung und schließlich gelang es ihm, Danny seine Idee einzutrichtern, dank der wir auch wahnsinnig viele Tore erzwangen.

Norbert Elgert war ein strenger Lehrer. Aber fair. Und respektvoll.

Es gab einmal ein Spiel, in dem einer unserer Spieler, ich weiß wirklich nicht mehr, wer es war, seinen Gegenspieler tunneln wollte.

In der Halbzeit wandte sich Norbert Elgert an ihn und fragte energisch, aber nicht böse, ob das wirklich alles sei, was er draufhabe. »Kannst du nicht mehr, als den Gegner zu verhöhnen?«

Dann sah er ihn durchdringend an und besprach das nächste Thema. Er schrie nicht. Er verklickerte uns allen damit aber trotzdem eindeutig, dass er solche Aktionen für respektlos hielt.

Jeder von uns wusste, wie sehr er neben Disziplinlosigkeit auch Unpünktlichkeit hasste.

Als wir in meinem zweiten Jahr gegen Bielefeld spielten, fand am gleichen Tag der Ruhrmarathon statt. Zwei Stunden vor dem Anpfiff war Treffpunkt. Ich hatte seit ein paar Monaten den Führerschein und fuhr selbst zu unserem Platz. Beziehungsweise hatte es vor. Doch die Autobahnabfahrt, die ich in den Wochen zuvor immer genommen hatte, war gesperrt. Und ganz gleich, welcher Umleitung ich folgte, es gelang nie, die Gesamtschule Ückendorf in der Bochumer Straße 190 anzufahren.

Egal, aus welcher Richtung ich es auch probierte, immer wieder fuhr ich einer Absperrung entgegen, die eine Weiterfahrt unmöglich machte. Als ich merkte, dass ich zu spät kommen würde, begann ich zu schwitzen. Ich traute mich auch irgendwie nicht, den Trainer auf dem Handy anzurufen, weil ich wusste, dass er sich selbst in der Spielvorbereitung befand, in der er nur ungern gestört werden wollte.

Erst 20 Minuten vor dem Anpfiff erreichte ich völlig durchnässt und aufgelöst den Platz.

Ich sprang in die Kabine, entdecke Elgert und wollte ihm sogleich erklären, was passiert war. Ich rechnete damit, dass er mich gleich wieder nach Hause schicken würde. Allenfalls würde er mir einen Bankplatz zuweisen

Doch Elgert erwartete gar keine Erklärung. Er lächelte mich an, klopfte mir auf die Schulter und sagte: »Jetzt zieh dich in Ruhe um, sammle dich. Und gleich spielst du.«

Ich war völlig perplex. Und ein paar meiner Mitspieler offenbar auch. Vielleicht erklärte Norbert Elgert deshalb kurz und knapp: »Der Christian hat zuletzt super gespielt. Er hat sich noch nie etwas zuschulden kommen lassen. Natürlich darf das nicht zur Gewohnheit werden. Aber davon gehe ich auch nicht aus.«

Als ich zu Norbert Elgert kam, wollte ich oft mit dem Kopf durch die Wand. Ich widersprach zum Beispiel, als wir unser Teamcredo zum Saisonbeginn erstellen wollten. Während Norbert Elgert wichtiger war, dass wir einen Prozess durchlaufen, war ich nur am Ergebnis orientiert. Was ich damals natürlich nicht verstand. Deshalb beharrte ich darauf, als wir über unsere Ziele diskutierten, dass ich Meister werden wollte. Und nicht bloß nur jedes Spiel mein Bestes geben.

Als er eine Übung für den Teamgeist machte, wollte ich ein Bündel Holzstäbe zerbrechen, bloß um ihm und der Mannschaft zu demonstrieren, wie stark ich war.

Mal ganz abgesehen davon, dass ich mir am Knie wehtat, kapierte ich später auch, dass ich bescheuerterweise versucht hatte, die Trainerbotschaft, seine These, für uns zu zerstören.

Norbert Elgert gratuliert mir bis heute zum Geburtstag. Manchmal treffen wir uns auch zum Essen und reden über mein heutiges Leben.

Ich habe meinen Zivildienst gemacht. Ein Maschinenbau-Studium bei Siemens. Bald will ich bei der Polizei anfangen.

Norbert Elgert ist bis heute in meinem Kopf. Wie ein kleiner, heimlicher Motivator, der mich noch immer antreibt, obwohl er gar nicht mehr in Wirklichkeit so oft da ist.

Kapitel 3: Ein Brief mit Folgen

Mit einem Mal bekam ich es mit der Angst zu tun. Mein Herz begann, schneller zu schlagen, meine Atmung wurde unkontrolliert.

Es waren diese zwei Sätze gewesen, die mich emotional so aus der Bahn warfen. Zugerufen von dem Betreiber des Vereinsheims von Wattenscheid 09. »Komm ganz dringend ans Telefon«, rief er mir mitten während unserer Trainingseinheit zu. »Es ist deine Frau.«

Da Conny nie während des Trainings anrief, noch dazu im Vereinsheim, schwante mir Schlimmstes. Es musste etwas Außergewöhnliches passiert sein, wegen einer Lappalie würde meine Frau nie mein Training stören.

1994 liefen nur ein paar Privilegierte mit einem Handy rum. Ständige Erreichbarkeit gab es nicht. Erst zwei Jahre zuvor hatten Mannesmann und die Deutsche Telekom ihre D-Netze in den Regelbetrieb genommen. Ein Motorola International 3200 kostete rund 3000 D-Mark. Die SMS war gerade erst erfunden worden. Man hatte 160 Zeichen zur Verfügung.

Wenn es etwas gab, konnte man die Trainer oder die Spieler bei Wattenscheid im absoluten Notfall im Clubheim erreichen. Wenn denn gerade jemand in der Gegend war und das Klingeln hörte. Wie eben jetzt.

Schnell sprintete ich über die Asche ins Clubhaus und griff mir hastig den Hörer. »Was ist passiert?«, keuchte ich. Hoffentlich war keinem Angehörigen etwas passiert. Nicht auszumalen, wenn meiner Tochter Jenny etwas zugestoßen wäre.

Doch nichts von alldem war der Grund, warum Conny anrief. Es war sogar etwas äußerst Erfreuliches.

Nachdem Conny mir den Grund ihres Anrufes verraten hatte, war ich gleichermaßen beruhigt und elektrisiert. Ich knallte den Hörer auf, rannte zu meinen Spielern und erklärte ihnen, warum ich das Training nun Hals über Kopf verlassen und die Leitung an meinen Co-Trainer übergeben müsste.

Dann sprang ich ins Auto und raste ungeduscht nach Essen zum Sheraton-Hotel. Um keine Zeit zu verlieren, parkte ich meine Karre direkt neben dem Hotel im Halteverbot. Die Konsequenzen und das mögliche Verwarnungsgeld waren mir in dem Moment schnurzpiepegal.

Auch mein Outfit passte definitiv nicht zu diesem tollen Hotel. Ich sah nun einmal aus, wie ich aussah – wie ein ungeduschter, verschwitzter Fußballtrainer in Arbeitskleidung: einem klassischen Trainingsanzug aus Ballonseide.

Doch das alles interessierte mich nicht die Bohne. Ich wollte nur eins: diese einmalige Chance nutzen.

Ein paar Wochen, vielleicht auch Monate zuvor hatte ich mir einen Ruck gegeben, mich an den Schreibtisch gesetzt und in schönster Sonntagsschrift einen Brief an Otto Rehhagel geschrieben. Ich hatte gehandelt, denn das Wort »Erfolg« hat ja bekanntermaßen nur drei Buchstaben: T-U-N.

Nachdem ich mich ausführlich vorgestellt hatte, bat ich König Otto um eine Audienz. Ich schrieb ihm, wie sehr ich ihn schätzen würde und dass ich gerne von ihm, seiner großen Erfahrung und seinem Erfolgswissen profitieren würde. Lernen kann man nur von den Besten. Und ich begründete mein Interesse an einem Treffen mit ihm offenbar so gut, dass er nun mit einem Mal bei uns daheim angerufen hatte und zu Conny, die gerade zu Hause war, sagte: »Ich bin jetzt in Essen im Sheraton und habe eine Stunde Zeit für Ihren Mann.«

Otto Rehhagel war schon damals, er war zu der Zeit 56 Jahre alt, eine herausragende Persönlichkeit im deutschen Fußball.

Als die Bundesliga 1963 in ihre erste Saison ging, war Rehhagel Verteidiger bei Hertha BSC Berlin. Ein knallharter und kompromissloser Kerl auf dem Platz.

201 Spiele hat er in der höchsten Spielklasse für Berlin und Kaiserslautern gemacht. Während er seine letzte Profisaison bei den roten Teufeln absolvierte, arbeitete er schon als Trainer beim Fünftligisten FV Rockenhausen.

Als er anfing, hatte die Amateurtruppe drei Pünktchen und war Tabellenletzter. Dank Rehhagel gelang am letzten Spieltag der Klassenerhalt mit 34 Zählern. Im April 1974 wurde er schließlich Cheftrainer, mit 36 Jahren, der Kickers Offenbach.

Am ersten Spieltag der darauffolgenden Saison gelingt es seiner Mannschaft, den haushohen Favoriten Bayern München mit 6:0 zu schlagen – trotz Stars wie Sepp Maier, Franz Beckenbauer, Gerd Müller, Karl-Heinz Rummenigge und Uli Hoeneß.

Die Saison endet auf Platz 8. Im Dezember 1975 muss Rehhagel dann allerdings gehen. Offenbach ist Letzter, nach neun Pleiten aus 17 Spielen.

Nach viermonatigem Gastspiel bei Werder Bremen landete er 1976 bei Borussia Dortmund. Dort erlebte er eine der härtesten Lektionen seines jungen Trainerlebens. Seine Mannschaft unterliegt in Mönchengladbach 0:12. Jupp Heynckes schoss damals fünf Tore in einem Spiel. In der Halbzeitpause, es stand 0:6, fragt Rehhagel seinen Torwart Peter Endrulat, ob er weiterspielen wolle. Er wollte und musste noch einmal genauso viele Gegentreffer hinnehmen.

Als Otto Rehhagel später Siegfried Held einwechseln wollte, weigerte der sich, das Feld zu betreten, und fragte nur sarkastisch, ob der Trainer glaube, dass er jetzt noch die Wende bringe.

Rehhagel verlor umgehend seinen Job, erhielt den Spottnamen »Torhagel« und tingelte zunächst weiter als Feuerwehrmann durch die Liga. Bis er 1981 bei Bremen landete.

1988 und 1993 wurde die Mannschaft, die er in der zweiten Liga übernommen hatte, Deutscher Meister. 1991 gewannen sie den DFB-Pokal und 1992 den Europapokal der Pokalsieger.

Aber auch abgesehen von den Titeln erzeugte Rehhagel mächtig Aufsehen. Mehrfach gelang es ihm, seine Mannschaft zu unglaublichen Leistungen zu bewegen. Wie im November 1987. In der zweiten Runde des UEFA-Cups hatte Bremen in Moskau mit 1:4 verloren. Die Situation schien so aussichtslos, dass kaum Zuschauer zum Rückspiel ins Bremer Weserstadion kamen. Lediglich 20000 Besucher verirrten sich an diesem kühlen, nebligen Abend dorthin. Was sollte nach diesem Debakel in Moskau schon noch Sehenswertes passieren?

Doch Rehhagel gelang es, seinen Männern so ins Gewissen zu reden, dass sie ein Wunder vollbrachten. Er hatte alles auf eine Karte gesetzt und eine Aufstellung gewählt, wie sie offensiver kaum geht.

Mit Frank Neubarth, Frank Ordenewitz und Karl-Heinz Riedle brachte er gleich drei Stürmer, zudem ließ er Thomas Schaaf immer und immer wieder über den Flügel kommen.

Schon in der zweiten Minute traf Frank Neubarth, nach 90 Minuten stand es 4:1, es ging in die Verlängerung. Dort trafen Karl-Heinz Riedle und Manfred Burgsmüller, in der 111. Minute schoss Moskau das 2:6. Ein drittes Moskauer Tor, und Werder wäre trotz sechs Treffern ausgeschieden gewesen. Doch dieses Tor fiel nicht mehr. Nach dem Debakel also das Wunder. Dem noch mehrere folgen sollten, zum Beispiel gegen Dynamo Berlin in der ersten Runde des Landesmeister-Wettbewerbs, als Rehhagels Team nach einem 0:3 im Hinspiel im Rückspiel 5:0 siegte.

In der Saison 1985/86 steht Werder Bremen vom zweiten bis zum 32. Spieltag, mit Ausnahme vom 13., durchgehend an der Tabellenspitze. Verfolger Bayern München muss am vorletzten Spieltag an die Weser. Ein Sieg würde zur Meisterschaft reichen.

Bis zur 88. Minute steht es 0:0. Rudi Völlers Versuch einer Flanke traf Søren Lerby so, dass Schiedsrichter Volker Roth auf Handspiel und Elfmeter für Bremen entschied.

Michael Kutzop trat an, verzögerte und schickte Bayerns Schlussmann Jean-Marie Pfaff in die falsche Ecke. Er machte fast alles richtig, traf aber nur den Pfosten.

Ein Tor, und Bremen wäre Meister geworden. So aber verloren sie die sicher geglaubte Meisterschaft durch ein 1:2 in Stuttgart, weil Bayern parallel 6:0 in Gladbach gewann.

An solchen Ereignissen kann eine Mannschaft zerbrechen. Oder sie kann, mit dem richtigen Trainer, enorme Kraft daraus tanken. Und genau das tat Bremen in beeindruckender Weise.

Statt Kutzop Vorwürfe zu machen, schnappte Rehhagel ihn sich und sagte: »Michael, Sie genießen mein volles Vertrauen. Wenn es wieder einen Elfmeter gibt, dann schießen Sie den.« Bereits in der nachfolgenden Saison machte Kutzop vier Tore vom Punkt. Und zwei Jahre später wurde Bremen schließlich Deutscher Meister.

Und nun stand diese Legende leibhaftig vor mir. Er ergriff meine Hand und schüttelte sie kräftig. »Was kann ich denn für Sie tun?«, fragte er mich.

Weil ich nicht mit seinem Anruf gerechnet hatte, war ich überhaupt nicht vorbereitet auf das Gespräch. Ich hatte überhaupt keine Zeit dazu, mir groß Fragen zu überlegen. Es ging schließlich alles so schnell. Für die Fahrt hatte ich lediglich zwölf Minuten gebraucht.

Doch zum Glück übernahm Otto das Gespräch. Er dirigierte mich in eine Sitzecke, wo es etwas ruhiger war, bestellte für uns Kaffee, und dann legten wir los. Es war ein Feuerwerk von fußballerischen, aber auch von Lebensweisheiten.

Ich hing an seinen Lippen und sog auf, was er sagte und mir riet. Mit einem Mal hielt er inne, sah mich höchst konzentriert an und wollte wissen, ob es eine Frage gäbe, die mir besonders auf dem Herzen liege. Die gab es. Also sagte ich ihm: »Ich habe das

Gefühl, dass ich zu sensibel bin. Dass ich zu feinfühlig bin für den Trainerberuf. Kann das sein?«

Rehhagel dachte kurz nach, eher er mir die – wie ich finde – wichtigste Botschaft überhaupt anvertraute: »Wir alle haben eine Seele. Wenn Sie nicht sensibel sind, können Sie keine Menschen führen.« Wow, das saß.

Die Stunde mit Otto war für meinen weiteren Weg unglaublich wertvoll und verflog wie im Nu.

Ich habe aus diesem Treffen sehr viel Kraft gezogen und viel Bestärkung erfahren. Außerdem habe ich einen Mann getroffen, mit dem ich mich bis heute austausche. Der mir immer noch in schwierigen Situationen zuhört und dessen Rat ich mir immer wieder einhole.

Manchmal, zum Beispiel im Sommer 2018, ruft Otto sogar mich an.

Wir waren mit der Schalker U19-Mannschaft souverän Westdeutscher Meister geworden, elf Punkte vor Borussia Dortmund, die zweiter wurden. Nur ein einziges Spiel hatten wir verloren, die wenigsten Gegentore aller deutschen Mannschaften kassiert und die zweitmeisten geschossen. Nun hatten wir die Möglichkeit, auch noch Deutscher A-Jugendmeister zu werden. Im Halbfinale schalteten wir Hoffenheim aus, standen gegen die Berliner Hertha im Endspiel.

Einen Tag vor dem Finale, das in Oberhausen ausgetragen wurde, rief Otto Rehhagel mich an, um mir viel Glück für das Spiel zu wünschen. Kurz bevor wir uns verabschiedeten und auflegten, sagte er noch: »Eines musst du den Jungs unbedingt sagen: Für den Sieg gibt es keinen Ersatz.«

Dann kam das Finale. Ich beschloss, eine sehr sachliche, knappe Ansprache an meine Mannschaft zu halten. Die Aufnahmefähigkeit vor einem Spiel ist schließlich begrenzt. So kurz vor dem Saisonende hatten sie schon circa 40 Ansprachen von mir gehört.

Ich hatte auch nicht das Gefühl, dass ich sie zusätzlich motivieren müsse.

Klaus Toppmöller hatte ja einmal, es war 1993, einen gewaltigen Steinadler mit in die Kabine seiner Frankfurter Eintracht gebracht. Mit dem Tier wollte er Kraft dokumentieren. Und er sagte: »Ihr müsst den Gegner packen wie der Adler seine Beute.«

Punktuell finde ich solche Maßnahmen gut. Aber sie müssen wirklich hundert Prozent zur Situation passen. Außerdem musst du dir als Trainer immer klarmachen, welche Folgen so ein Auftritt haben kann. Was sollte Toppmöller schließlich als Nächstes machen? Wie sollte er den Adler toppen? Mit einem Elefanten?

Wie gesagt: Ich hatte nicht das Gefühl, dass es bei uns ums Motivieren gehen müsste, sondern vor allem darum, die Jungs zu beruhigen. Also sprach ich über Zusammenhalt, Wir-Gefühl und Teamgeist.

Zudem bestärkte ich sie. Erinnerte sie daran, wie stark wir gemeinsam sind. Dass wir zu den Besten Deutschlands gehören.

Als einzige besondere Maßnahme entschied ich mich für den Grätschkreis. Der hatte uns auch bei unserem Meisterschaftsfinale 2006, als wir Bayern München schlugen, extrem geholfen. Nun wollten wir auch die starken Berliner damit einschüchtern und beeindrucken. Also betrat ich mitten im Aufwärmen den Platz.

Meine Jungs wussten sofort Bescheid. Sie stellten sich in einem 15 Meter großen Kreis auf und grätschten sich gegenseitig ab. Zwei aus der Mitte sprinteten auf die Außenspieler zu und attackierten sie mit einer Grätsche. Erst im letzten Moment sprangen diese hoch und wichen dem Tackling aus. Dabei motivierten meine Spieler sich lautstark und machten richtig Spektakel und Theater. Jeder, der uns dabei zuschaute, wie wir uns scheinbar gegenseitig in die Knochen traten – was wir aber natürlich nicht taten –, muss gedacht haben, wir seien verrückt geworden.

Weit gefehlt! Es ging lediglich um zwei Dinge. Unser Plan

war es, uns selbst noch einmal zu pushen und die Berliner damit unterbewusst einzuschüchtern. Jeder im Stadion sollte sehen, dass wir Schalker wie eine Fackel brennen.

Gleichzeitig sollte es dazu führen, dass wir kurz vor dem Finale noch einmal unseren Stress und Überdruck rausließen. Auf Temperatur kommen und Nervosität abbauen.

Zwölf Jahre zuvor hatte es gegen Bayern funktioniert. Meine Spieler waren damals wie elektrisiert gewesen. Auch die Hertha-Spieler wirkten ein bisschen verdutzt.

Ich fühlte, dass wir bereit waren, und vergaß im Eifer, meinen Spielern Rehhagels Botschaft mitzugeben.

Gegen eine Mannschaft mit wenig Zusammenhalt hätten wir an diesem Tag gewonnen. Aber Berlin war nicht nur fußballerisch ein goldener Jahrgang. Sie funktionierten auch als Team.

Bereits nach 29 Minuten lagen wir nach Toren von Panzu Ernesto und Florian Krebs zurück. Unserem Anschlusstreffer von Ahmed Kutucu folgte das 1:3 durch Arne Maier.

Wir hatten eine so wahnsinnig gute Saison gespielt. Hatten unfassbar viel investiert, körperlich und mental. Wir sind über uns hinausgewachsen. Und dann verloren wir das wichtigste Spiel des Jahres, obwohl wir absolut gleichwertig waren.

Als der Schlusspfiff erfolgte, musste ich selbst erst mal zehnmal tief durchatmen. Ich versuche damit, den Stress und die Enttäuschung quasi auszuatmen.

Dann bin ich mit meinem ganzen Trainer- und Betreuerstab zu ihnen hin. Wir haben sie einfach nur von Herzen in den Arm genommen und versucht, sie zu trösten. Dabei forderte ich sie auf, die Enttäuschung rauszulassen. Mehr als diese drei Worte, dieses »Lasst es raus«, habe ich gar nicht gesagt. Enttäuschung oder Trauer muss ausgelebt werden. Genauso wie man Freude ausleben muss. Ob das jetzt auf dem Platz stattfindet oder in der Kabine, ist dabei egal. Das kann man nicht steuern, das muss schließlich jeder auch für sich selbst entscheiden. Was sich für den einen richtig anfühlt, muss beim anderen noch lange nicht helfen.

Nachdem jeder seine Zeit für sich hatte, haben wir uns auf dem Platz versammelt. Ich habe die Saison noch einmal kurz rekapituliert und sie daran erinnert, was wir geschafft haben. Dass wir nach wie vor Westdeutscher Meister sind. Und dass wir auch ein richtig gutes Finale gespielt haben.

Am Ende meiner Ansprache sagte ich ihnen: »Jetzt geht nach Hause und verarbeitet den heutigen Tag erst einmal. Jeder so, wie er es für sich braucht. Lasst die Gefühle und Tränen raus. Wir sehen uns am Montag.«

Für uns war die Saison nämlich noch nicht zu Ende. Wir hatten noch eine weitere Chance auf einen Titel. Im Landespokal.

Das Training am Montag war von der Intensität her noch nicht hoch. Auch an diesem Tag gestanden wir Trainer den Jungs noch eine Portion Traurigkeit zu, weil wir merkten, dass sie die Niederlage noch nicht verdaut hatten. Das hatte das gesamte Funktionsteam natürlich auch noch nicht. Hauptsächlich spielten wir Kreis, um die Stimmung aufzulockern.

Nach der Einheit holte ich sie erneut zusammen und wählte sehr bedachte Worte. Phrasen à la »Kopf hoch« bringen in solchen Momenten gar nichts. Stattdessen sagte ich: »Ich bin unglaublich stolz auf euch. Wir sind ein überragender Vizemeister. Die Freude darüber wird schon noch kommen. Jetzt ist es wichtig, die Traurigkeit auszuleben. Nicht zu unterdrücken. Was das Tolle ist: Wir haben am Donnerstag schon wieder ein Endspiel! Dieses hat zwar nicht den Stellenwert einer deutschen Meisterschaft aber es ist noch einmal die Chance auf Gold. Jetzt lasst euch noch einmal emotional fallen. Aber wenn wir uns morgen treffen, möchte ich andere Gesichter sehen.«

Leider blickte ich am kommenden Tag erneut in die gleichen niedergeschlagenen Mienen. Da war nichts zu sehen von Vorfreude auf die Chance am Donnerstag. Niemand strahlte Lust und Leidenschaft aus. Die verlorene Meisterschaft schien alle Energie aus den Spielern herauszusaugen.

Die Arme hingen schlaff am Körper herunter. Die Gesichter

waren zum Boden gerichtet. Ein Windstoß hätte genügt, um die Jungs zu Boden zu strecken.

Da wurde ich lauter und rief wie aus dem Nichts. »Männer! Ihr seid Champions. Steht endlich wieder auf. Hinfallen ist keine Schande, aber liegen bleiben darfst du nicht. Jetzt machen wir eine Einheit, die über den Ausgang am Donnerstag entscheidet. Wenn die scheiße ist, werden wir unser blaues Wunder erleben.«

20 Minuten später traute ich meinen Augen nicht. Meine Jungs trainierten noch immer ohne Energie und Elan. Sie waren weit davon entfernt, sich wie Champions aufzubäumen. Also brach ich das Training ab und rief sie erneut zusammen. Dieses Mal war meine Stimme noch lauter als bei der Ansage zuvor.

»Stopp! Schluss! Ende! Alle, die jetzt noch trauern wollen, können nach Hause gehen. Das akzeptiere ich. Aber die sind dann am Donnerstag auch nicht mit dabei. Wer jetzt noch liegen bleibt, wird bis Donnerstag auch nicht aufstehen.«

Dann fragte ich sie, ob sie Wladimir Klitschko kennen würden. Natürlich nickten die meisten. »Der hat einmal, nach seinem bittersten Niederschlag, gesagt: ›Es kommt nicht darauf an, wie tief du fällst, sondern wie hoch du zurückfederst.‹«

Im Oktober 2000 wurde Wladimir Klitschko zum ersten Mal Weltmeister im Schwergewicht. Es folgten große Siege, aber auch bittere Niederlagen. Wie im März 2003, als Klitschko gegen Corrie Sanders insgesamt dreimal zu Boden ging. Schon den ersten Niederschlag konnte er überhaupt nicht fassen. Er sei daraufhin so wütend gewesen, dass er, angetrieben von seinem überrumpelten Ego, blind und mit offener Deckung in die nächsten Treffer rannte.[9]

Ein Jahr später boxte er erneut um die Weltmeisterschaft. Und verlor bei einer Demontage im Hotel Mandalay Bay in Las Vegas gegen Lamon Brewster. Nur mit der Hilfe des Ringrichters schaffte er es, sich zurück in seine Ecke zu schleppen. Dort kippte der Kopf des Ukrainers immer wieder nach vorne, wie bei einem

Betrunkenen, der kurz vor der Bewusstlosigkeit ist. Die Ringärztin entschied, Klitschko wegen des Verdachts auf Hirnblutung ins Krankenhaus zu schicken.

Es gab viele, die in diesen Moment dachten, dass eine aussichtsreiche Karriere ihr Ende gefunden hatte.

Infolgedessen wurde Klitschko als Preisboxer verspottet. Er sei durch den Ring gekrabbelt wie ein Kleinkind im Laufstall.[10] Fortan war er das »Glaskinn«; Nehmerqualitäten wurden ihm abgesprochen.

Andere Boxer wie Roy Jones junior, zuvor mal Weltmeister im Schwergewicht, rieten Klitschko zum Karriereende. »Die Niederlage hat mich in die größte Tiefe des Boxsports geworfen. Dort habe ich mich total unwohl gefühlt. Das ist nicht mein Bereich. Ich weiß, dass ich besser bin. Mein sportliches Image hat darunter gelitten. Man denkt, ich bin ›dead man walking‹, habe keinen Mut, kein Herz. Der Weg zurück stand für mich außer Frage«, sagte Klitschko.

Und er behielt recht. Er tauschte sein Trainingsteam komplett aus. Reduzierte das Gewicht seines Tiefschutzes und ähnliche Kleinigkeiten. Statt Vaseline benutze er Kokosbutter, weil die angeblich besser in die Haut einzog.

Er sprach nun auch viel mehr mit seinem Trainer Emanuel Steward, der einmal sagte: »Wir verbringen gar nicht so viel Zeit mit Boxen. Wir reden viel. Ich habe noch nie einen Kämpfer so psychologisch trainiert.«

Klitschko boxte in aufrechterer Haltung, zermürbte seine Gegner systematisch, statt wild auf den Knock-out aus zu sein.

»Die Niederlage hat meinen Charakter geschliffen, dafür bin ich Lamon Brewster unendlich dankbar«, bekannte Klitschko einmal. »Wenn ich heute die Chance hätte, mein Leben zurückzuspulen und diese Niederlage auszuradieren, ich würde es nicht tun.«

Mehr als zehn Jahre war Klitschko, nachdem er im September 2005 gegen Samuel Peter gewann, in der Folge unbesiegt.

Von da an, ab meinem kleinen Klitschko-Exkurs, passte unsere Einstellung endlich wieder. Keiner hat den Platz verlassen. Alle begriffen, dass es an der Zeit war, wieder aufzustehen. In zwei überragenden Trainingseinheiten bereiteten wir uns aufs Spiel vor.

Auch für die letzte Besprechung hatte ich mir etwas einfallen lassen. Wobei ich mich als Allererstes bei meiner Mannschaft entschuldigte. »Männer, vor unserem Finale der deutschen Meisterschaft, da habe ich einen Anruf von Otto Rehhagel bekommen«, begann ich meine Ansprache. »Er hatte mich extra angerufen, damit ich euch eine Botschaft ausrichte. Das habe ich in Oberhausen vergessen. Das tut mir leid.« Während ich in die Gesichter jedes Einzelnen schaute, fragte ich, ob sie sich vorstellen könnten, was er mir gesagt hatte. Als ich nur Kopfschütteln vernahm, verriet ich es.

»Er sagte: Eines muss du den Jungs noch sagen: Für den Sieg gibt es keinen Ersatz.«

Nachdem ich die Worte und die Tatsache, dass ein Otto Rehhagel mir eine Botschaft für diese Jungs mitgab, hatte wirken lassen, ging ich zum eigentlichen Teil meiner Ansprache über.

»Da drüben«, sagte ich also, »ist eine Mannschaft, die ist richtig gut. Für sie ist es das Spiel des Jahres. Und wenn es das nicht für uns ist, dann geht das heute schief.«

Dann holte ich aus meiner Tasche zwei alte Medaillen, eine war Silber und eine war Gold, und ließ sie eine Zeit vor den Augen meiner Spieler baumeln. Dann sagte ich: »Bei allem Respekt vor der Silbermedaille, aber heute zählt für uns nur Gold!« In den Augen meiner Jungs lag jetzt wilde Entschlossenheit.

Bereits zur Halbzeit führten wir 3:0. Am Ende stand es 6:0.

In kleinen und großen Dingen habe ich von Otto profitiert. 2018 ebenso wie als 37-jähriger Trainer, der seine beste Zeit noch vor sich hatte. Damals stand ich noch am Anfang.

Ich wollte, das war mir damals früh sehr klar, nicht einfach vom Pferd zum Jockey werden. Beziehungsweise vom Fußballer zum Trainer, nur weil es keine andere Lebensfortsetzung für mich gab. Ich wollte Coach und Trainer sein, weil ich spürte, dass das meine Berufung war. Dass es mir Freude machte und ich gut darin wäre. Aber ich wollte richtig gut werden. Und dafür musste ich verdammt viel lernen.

Ein paar wertvolle Puzzlestücke hatte ich aus dem Treffen mit Otto Rehhagel, aber auch aus meinen sonstigen Begegnungen und eigenen Erfahrungen schon mitgenommen. So konnte ich ein paar Leitplanken abstecken und Werte definieren, nach denen ich mich in meiner Arbeit richten wollte.

So hatte ich selber erfahren, wie es ist, Missgunst von seinem Mitspieler zu erfahren. Ich hatte wie jeder Mensch um Anerkennung kämpfen müssen. Und ich wusste, was in Fußballerkabinen los war. Ich hatte Willkür und Schikane erlebt. Ich hatte selber gespürt, wie es war, von Medien in den Himmel gelobt zu werden, und wozu kritische Äußerungen führen können. Ich hatte das gesamte Gefühlsrepertoire, das unser Kopf uns zur Verfügung stellt, in meiner eigenen Karriere durchlebt. Ich wusste, was im Kopf passiert, wenn der Körper streikt, und umgekehrt. Ich hatte viele falsche Entscheidungen getroffen und lernen müssen, mit den Konsequenzen zu leben und sie zu korrigieren.

Ich hatte gelernt, Widerstände zu überwinden, statt vor ihnen zu kapitulieren.

Auch dass ich ganz alleine für meine Erfolge und Misserfolge verantwortlich bin und dass man aus Niederlagen ganz viel lernen kann. Versagt und verloren hast du nur dann, wenn du nicht alles gegeben hast.

Ich hatte von Rehhagel gehört, wie wichtig der respektvolle Umgang mit seinen Spielern ist. Und hatte gleichzeitig hautnah unter Max Merkel und auch unter Gyula Lóránt miterlebt, wie demütigend und frustrierend ungerechte Behandlung sich anfühlt.

Aus Eigenerfahrung und Überzeugung wuchs in mir die Erkenntnis, wie wichtig gegenseitiger Respekt ist und dass Furcht und Angst auf Dauer nicht wirken. Marschieren kann man befehlen, Weltrekorde nicht. Dass der Mensch immer an erster Stelle steht.

Ich profitierte von sämtlichen Erfahrungen meiner eigenen Profizeit.

Es war wichtig, dass ich beim Squash gemerkt habe, wie viel Vorlaufzeit und Vorbereitung Erfolg braucht.

Vor allem aber wurde mir glasklar, wie wichtig es ist, sich lebenslang fachlich und persönlich weiterzuentwickeln und zu wachsen. John Wooden sagte: »Es kommt darauf an, was du noch lernst, wenn du glaubst, schon alles zu wissen.«[11]

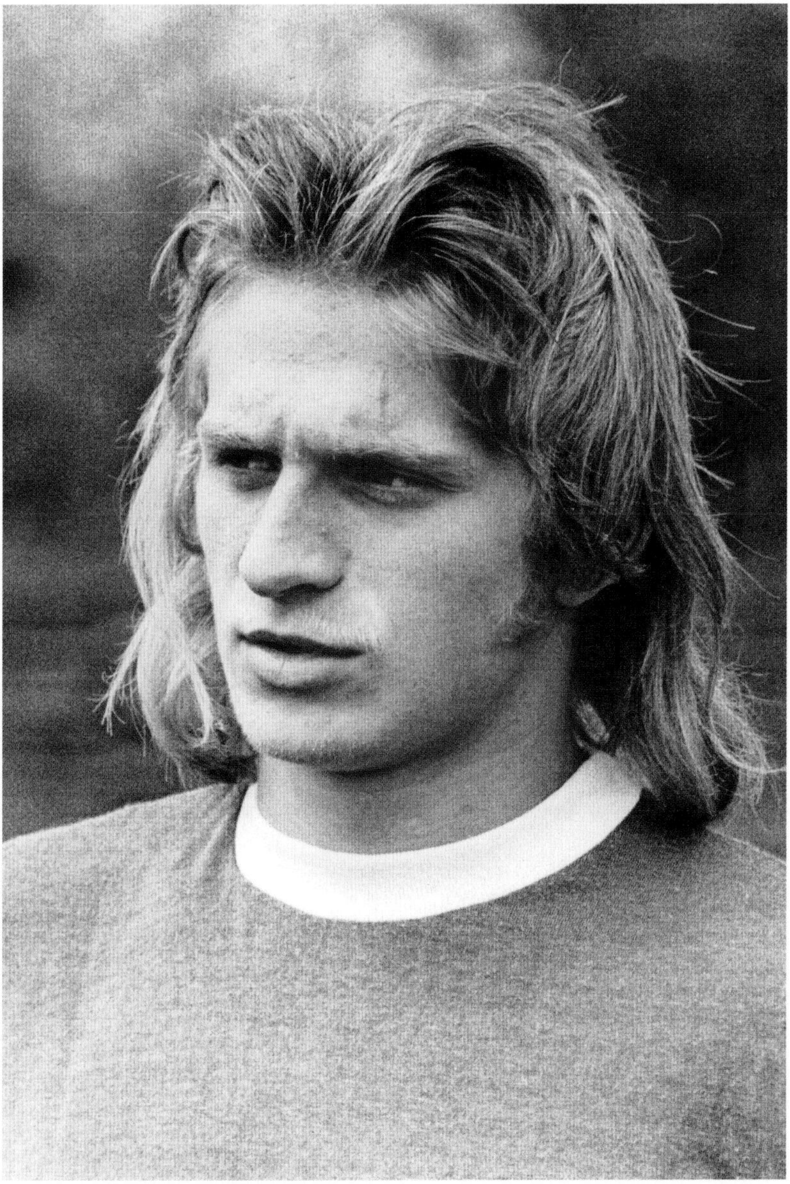

▲ Als Jungprofi mit 18 in der berühmten Schalker Glückauf-Kampfbahn

Lorant quält Elgert

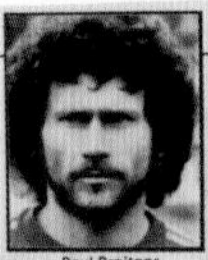

Paul Breitner

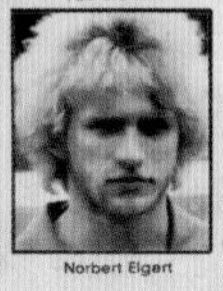

Norbert Elgert

Weil der Schalker wie Breitner aussieht

Von ALFRED DRAXLER

Gelsenkirchen, 26. Oktober
Als Norbert Elgert nach Schalke kam, träumte er von einem Stammplatz, von großen Spielen und vielen Toren. Aber dann machte er zwei Fehler:
● Er ließ sich eine neue Frisur machen. Einen Afro-Look – wie Paul Breitner.
● Und er ließ sich einen Bart wachsen – so einen wie Paul Breitner hat.

Mit Fußball hat das nichts zu tun. Aber bei seinem Trainer Gyula Lorant war Norbert Elgert damit unten durch. Denn Lorant kann Breitner nicht leiden. Und deshalb hatte der Ungar plötzlich auch etwas gegen Elgert. Die beiden reden nicht mehr miteinander.

Beim Training ließ Lorant ihn allein seine Runden drehen, sagte nur: „Fußballspielen lernst du sowieso nicht." Jetzt sitzt Elgert nicht einmal mehr auf der Bank. Seine Mannschaftskameraden verstehen das nicht. Denn in der letzten Saison hat Elgert für Schalke große Spiele gemacht.

Jetzt hat es Lorant geschafft, daß Elgert auch noch spricht wie Breitner: „Der Trainer hat von Anfang an etwas gegen mich gehabt, quält mich. Aber ich lasse mir nicht alles gefallen."

Elgert rennt vor Lorant nicht weg: „Ewig wird er ja nicht bleiben."

Das hat Breitner in München auch gesagt ...

◀ Eine gewisse Ähnlichkeit damals mit Paul Breitner ließ sich tatsächlich nicht leugnen.

Freitag, 20. Juni 1975

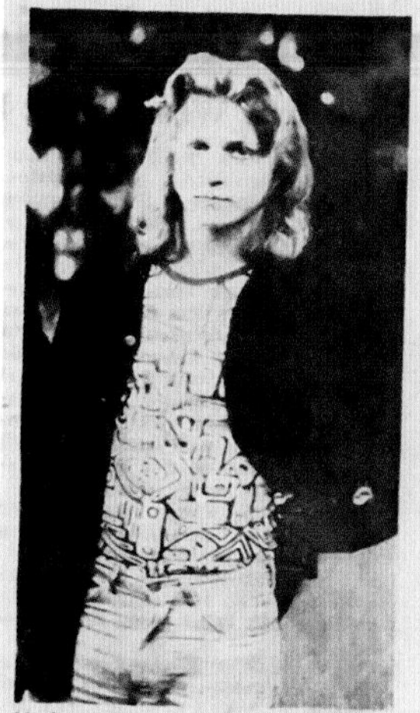

Norbert Elgert ist ab 1. Juli 1975 Fußballprofi

▲ Geschafft!!!

▼ Zum ersten Mal in der Zeitung

BEGEGNUNG mit JEDERMANN

Ein Junge mit fußballerischen Ambitionen

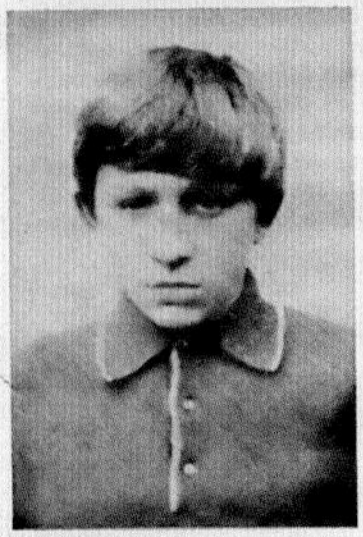

Kreis Tecklenburg. Sein Lieblingsverein ist Schalke 04 und seine Lieblings-Kicker sind Nationalrechtsaußen „Stan" Libuda und Münchens Toremacher Gerd Müller. Zwei Spieler also, die in erster Linie die Verantwortung auf sich nahmen, Fußballdeutschlands-Liebling, die Nationalmannschaft, nach Mexico zu schießen. Eigentlich hätten wir Norbert Elgert, den 13-jährigen Blondschopf aus Westerkappeln unter der Rubrik Begegnung mit einem Jungen, ins „Kreuzverhör" nehmen müssen. Ein Mann will der mitten in der Entwicklung stehende Sportler noch werden.

Norbert wohnt erst vier Jahre im inzwischen gewohnt gewordenen Westerkappeln. Sein Vater ist als Bezirksschornsteinfegermeister aus dem Herzen des Ruhrgebietes, aus Gelsenkirchen, in die Dörflichkeit des Kreises Tecklenburg gekommen.

Jetzt erklärt sich auch die Liebe zu Schalke 04. Einem Buben, dessen Wiege in unmittelbarer Nähe der Glückauf-Kampfbahn stand - der zudem den Fußball zum begehrtesten Freizeit-Requisit erkoren hat, steht es an, sein junges Herz an „Königsblau" zu verlieren.

Der die Realschule in Mettingen besuchende Norbert hat sich seine Fußball-Idole nicht auserkoren, um alles mit ihrem Namenszug im Autogrammbuch beendet sein zu lassen. Er selbst ist ein fußballerisches Frühtalent, das gern einmal in die Fußstapfen jener Vorbilder treten möchte.

Säuberlich führt er Buch über seine Taten auf dem grünen Rasen, die sich in den vier Jahren seiner Westerkappelner Westfalia-Zugehörigkeit in genau 92 Toren ausdrücken, erzielt für die D- und C-Jugend. Wo andere Jungen „Karl May" und den „Wilden Westen" in ihrem Bücherregal stehen haben, da reihen sich bei Norbert Bücher über den Fußball.

Zwei weitere Hobbys schließen den Kreis der Freizeitgestaltung. Eines davon ist das Sammeln von Briefmarken, in sehr gelockerter Form, wie Norbert sagt, und das Anhören von Elvis-Presley-Platten, jenem Gesangs-Phänomen aus der neuen Welt.

Wenn einer 13 Jahre alt geworden ist, darf er sich schon mit der Frage des künftigen Berufsweges befassen. Und auch hier scheint Norbert eine klare Vorstellung zu entwickeln. Dem späteren Beruf als Heizungsmonteur soll eine Schornsteinfegerlehre vorangehen, und es macht ihm nichts aus, schwarzberußt durch die Lande zu fahren, was sich der Äußerung entnehmen läßt, daß er die Schulzeit gern bald hinter sich gebracht wüßte.

Adolf Wiartalla

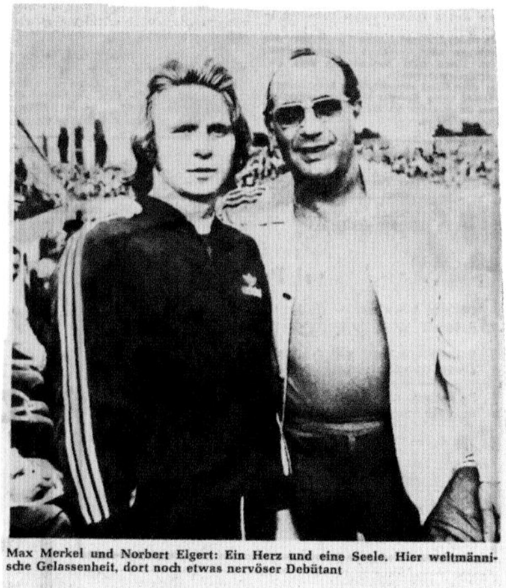

Max Merkel und Norbert Elgert: Ein Herz und eine Seele. Hier weltmännische Gelassenheit, dort noch etwas nervöser Debütant

▶ Ich zusammen mit dem großen Zampano

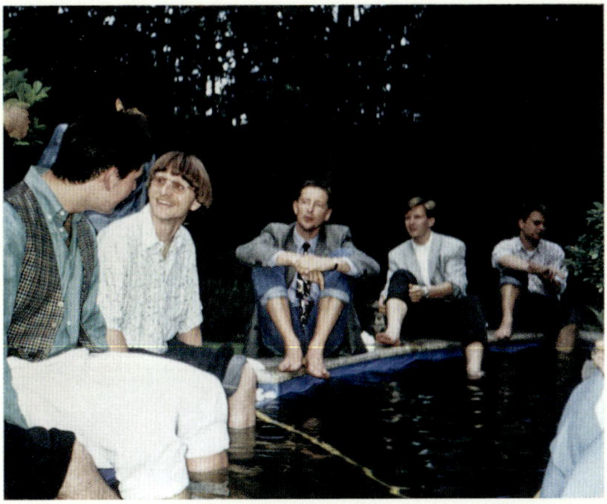

▶ Mit Brandblasen im Koi-Teich. Die Frisur modisch und rund.

▼ Das lange Warten auf die frohe Botschaft: endlich der erste Titel.

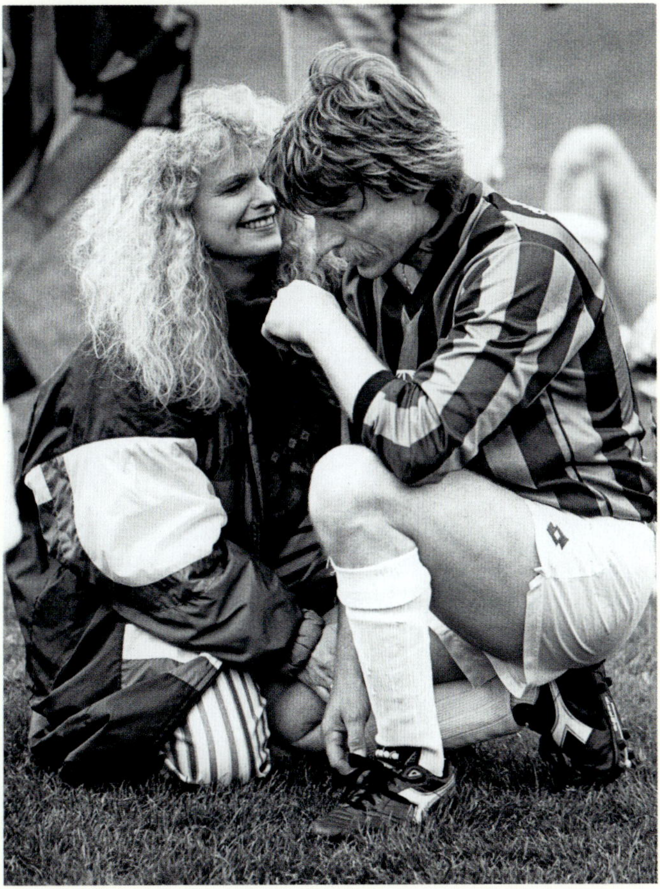

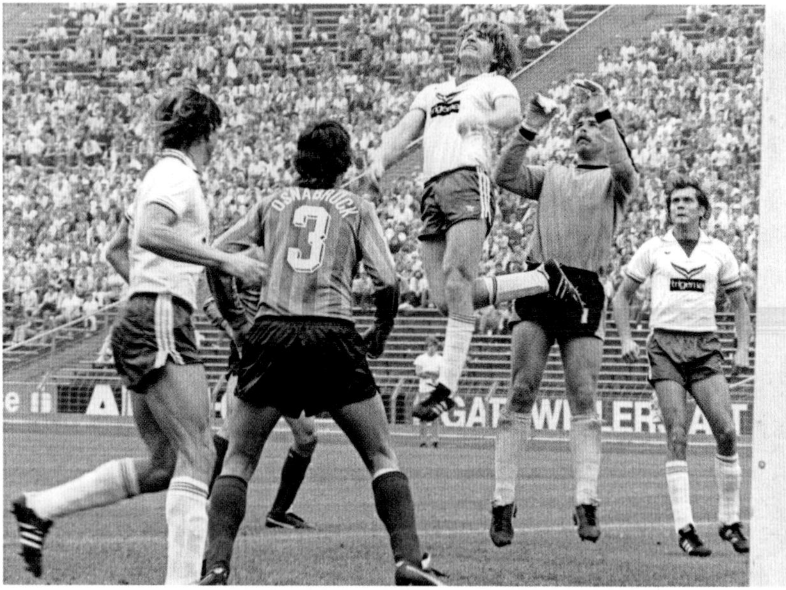

▲ Der Herr der Lüfte

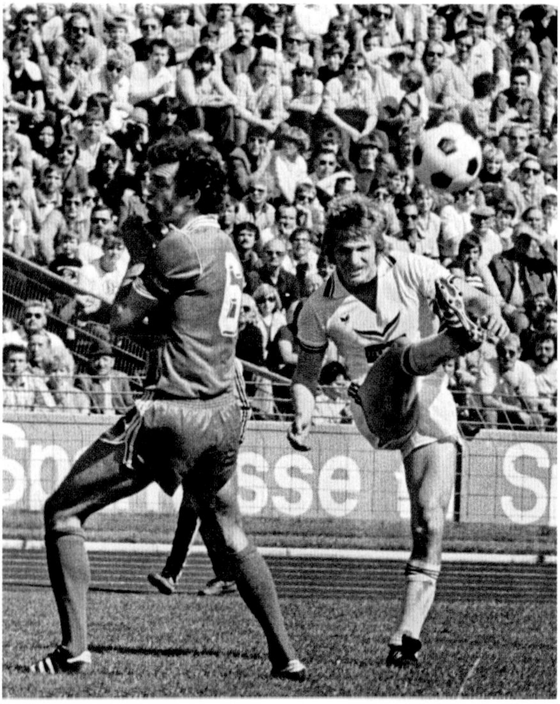

▶ Schulmäßige Schusstechnik

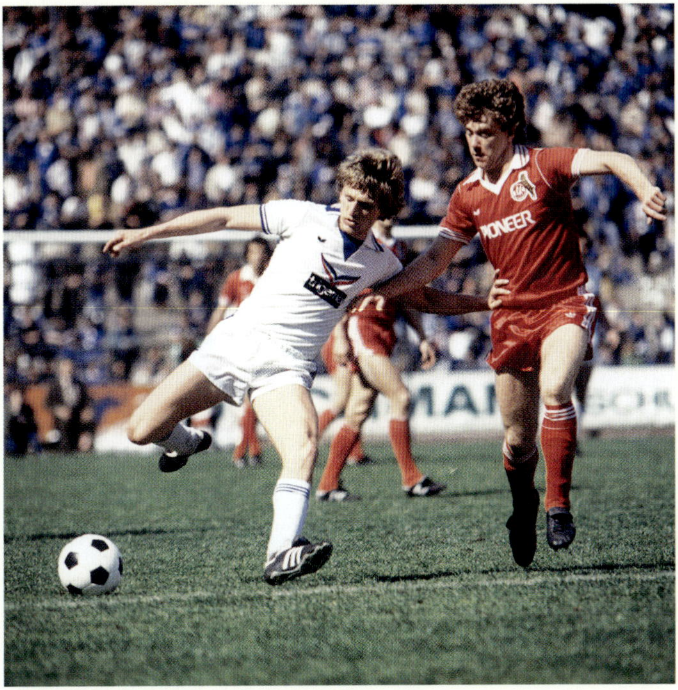

▲ Zweikampf mit Tony Woodcock (1.FC Köln) – DFB-Pokalhalbfinale 1980

▼ Grätschen war eigentlich nicht so mein Ding

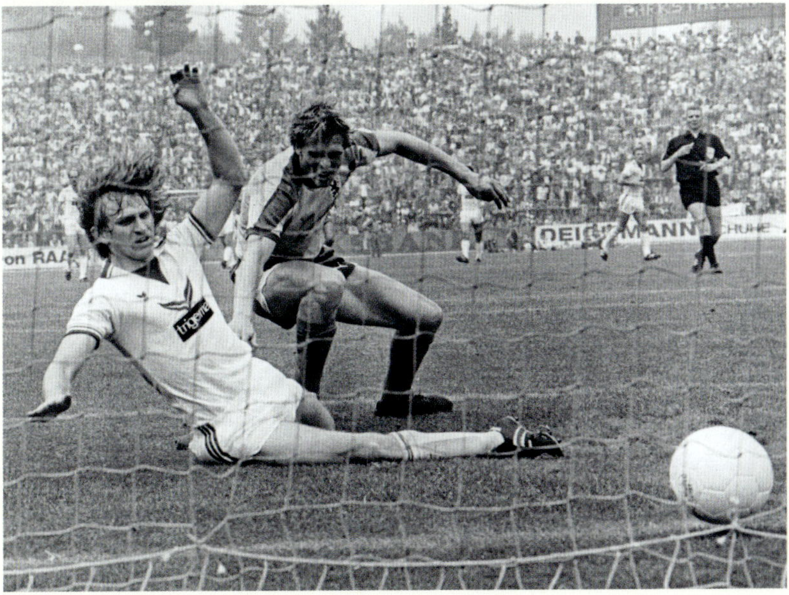

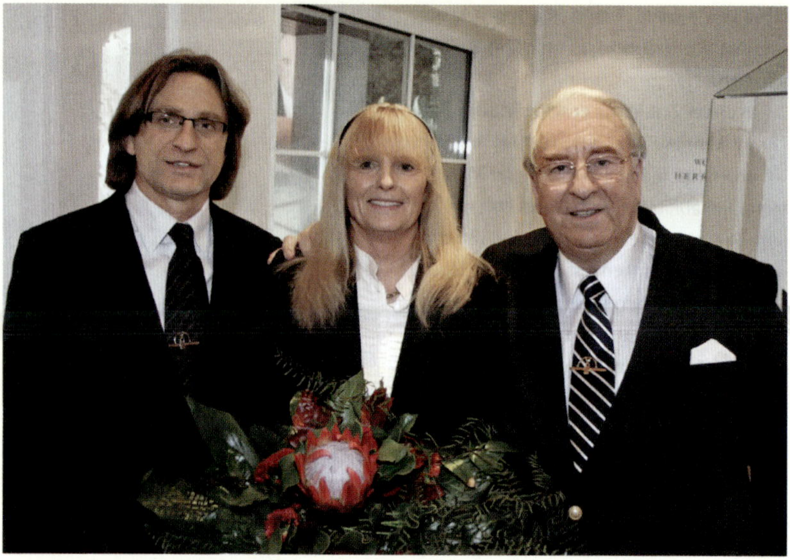

▲ Conny und ich mit unserem großen Lehrmeister und Mentor Nikolaus B. Enkelmann

▼ Nach über 40 Jahren gibt es immer noch viel zu lachen.

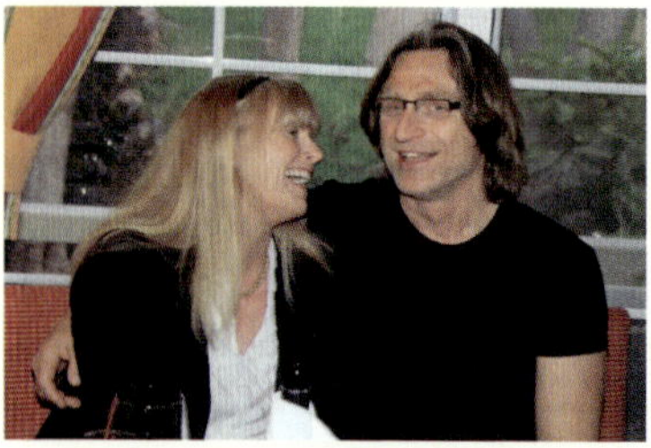

▼ Unsere kirchliche Trauung zur Silberhochzeit 2003 durch Dr. R. Schuller in Kalifornien mit unserer wunderbaren Tochter Jenny als Trauzeugin

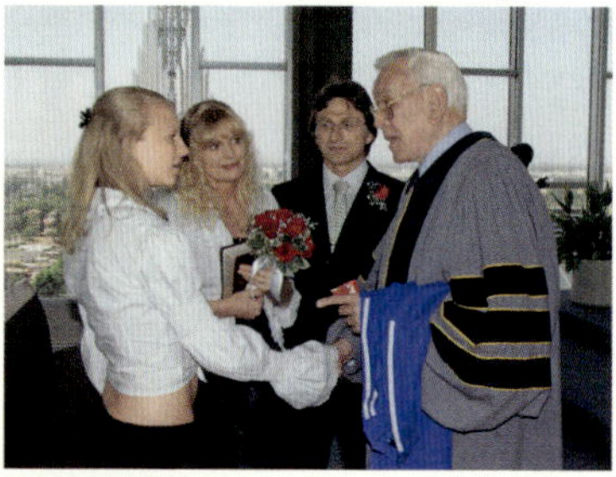

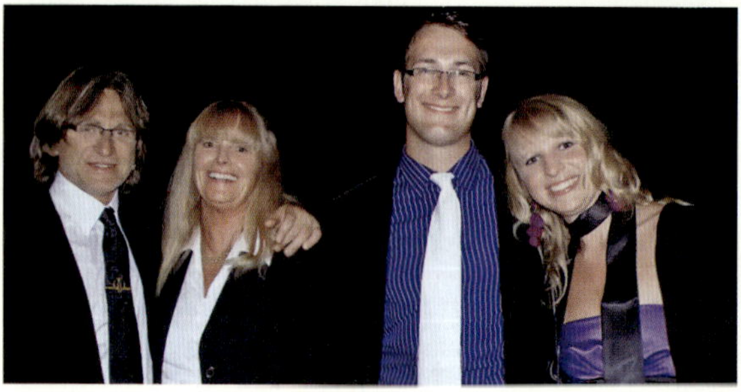

◀ Mit Conny, Jenny und unserem Lieblingsschwiegersohn Kevin auf Fuerte

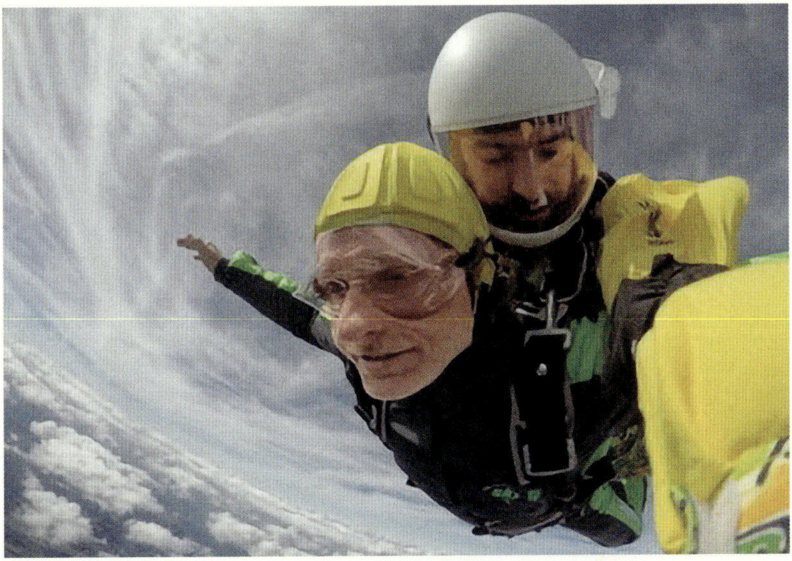

▲ Sprung aus 4000 m Höhe. Gott sei Dank funktionierte der Fallschirm.

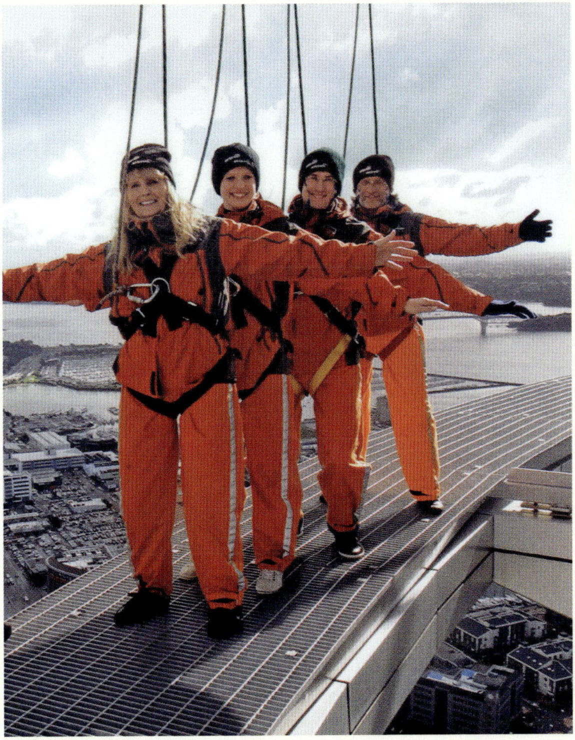

◀ Mit Conny, Jenny und Kevin in 192 m Höhe beim Sky-Walk in Auckland/Neuseeland

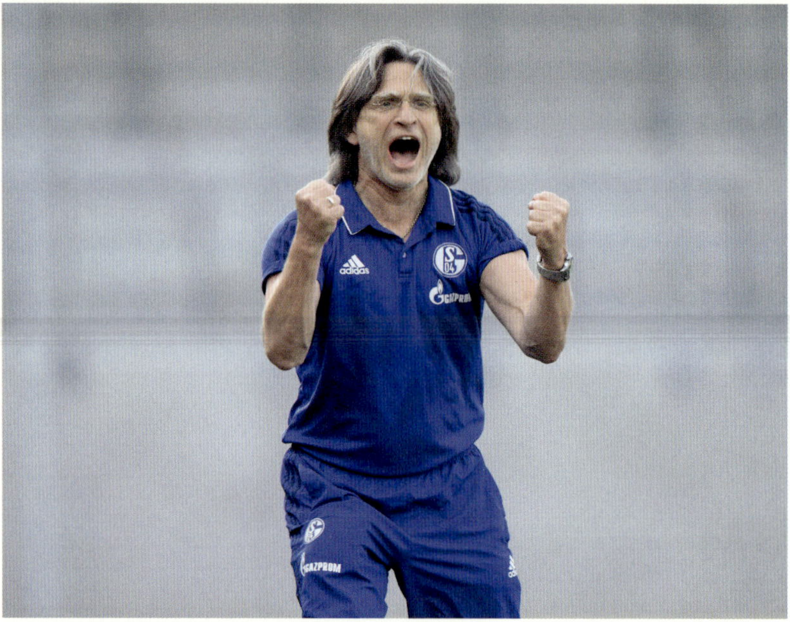

▲ Gib alles – nur nie auf!

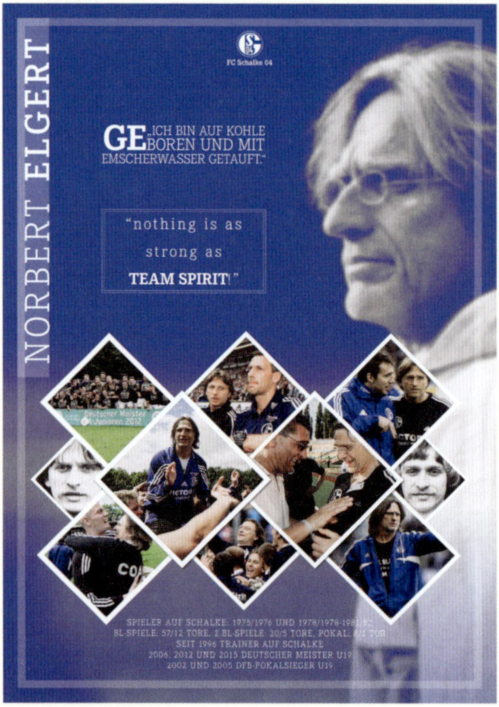

◀ Auf Kohle geboren und mit Emscherwasser getauft.

JENNY KUNTER-ELGERT

Mein Showdown mit dem Motivations-Papa

Darf ich mich kurz vorstellen? Ich bin Jenny, die beste Tochter der Welt. Warum ich das glaube? Weil es mir die letzten 32 Jahre beinahe täglich oder auch öfters gesagt worden ist. Das heißt, dass ich und mein Unterbewusstsein diese Worte bereits an die 32 000 Mal gehört haben. Es gab allerdings eine Zeit, in der Gesellschaft häufig mit Pubertät tituliert, da nervten mich Sätze und Aussprüche dieser Art sehr. Ich hörte nämlich nicht nur Liebesbekundungen à la bester Tochter der Welt, nein, ich war auch Mamas und Papas ganzer Stolz, ich war wunderbar, so wie ich war, und wenn ich mein Bestes gegeben hatte, war auch mal eine schlechte Note in der Schule akzeptabel.

Ein ganz besonderer Satz schwebte und schwebt allerdings immer über mir: Jenny, ganz egal, was du in deinem Leben machen wirst, du wirst erfolgreich. Da muss sich der Coach, wie ich ihn übrigens als vermutlich Einzige nie nannte, so sicher gewesen sein, dass er mir diesen Satz ebenfalls tagtäglich, unabhängig von Ort und Zeit, zurief. Ich wundere mich bis heute, dass er mir dieses Credo nicht hat eintätowieren lassen, obwohl ich genau weiß, dass er diese Form des Körperschmucks nicht besonders leiden mag. Papa wusste und weiß eben auch in der Kindererziehung – oder Begleitung ins Erwachsenenalter, wie meine Eltern es nennen würden – mit positiven Autosuggestionen Akzente zu setzen, die ein Leben lang haften bleiben.

Ich bin ein absolutes Glückskind. Meine Eltern sind, und das meine ich vollkommen ernst, die besten, die man sich vorstellen kann. Mehr Liebe und Zuneigung in einer Familie geht nicht. Ich habe praktischerweise nicht nur den besten Vater, sondern auch die beste Mutter der Welt, ohne die mein Vater ganz bestimmt nicht der Mann, Vater, Opa, Coach und Lehrer wäre, der er heute ist. Wie bereits erwähnt, ist mein Papa bis heute ein absoluter Meister der Suggestion, wobei er diese Gabe grundsätzlich nur nutzt, um zu unterstützen und zu lehren.

Nachdem ich mir seine Sprüche bereits fast 17 Jahre lang angehört und wie ein Schwamm, wenn auch manchmal unfreiwillig, aufgesogen hatte, kam es im Jahr 2003 zu einem Showdown in unserem Haus, wie mein Vater ihn sich in seinen schlimmsten Albträumen nicht ausmalen konnte. Papa hat immer eine Antwort parat; irgendein Spruch beziehungsweise Zitat aus den gefühlt 5000 Büchern, die er von A bis Z studiert hat, liegt ihm grundsätzlich auf der Zunge. Rhetorisch brillant oder wie er sagen würde, ein Diamant, der vollständig geschliffen wurde. Aber an diesem einen besagten Tag schaffte ich es: Papa war sprachlos, weil er dem, was ich in meinem stillen Kämmerlein über mehrere Wochen vorbereitet hatte, nichts mehr entgegensetzen konnte. Und das wusste ich.

Einige meiner Freunde und Bekannten planten im elften Schuljahr, eine Zeit lang ins Ausland zu gehen – Venezuela, Australien, Frankreich, USA, alles war dabei. Ich fand Gefallen an dem Gedanken etwas zu TUN, was nicht alle machen, und nahm mir fest vor, auch ins Ausland zu gehen. Verträumt schaute ich mir den Globus an und überlegte. Englischsprachig sollte es definitiv sein, und außergewöhnlich. Nach einer Weile blieben meine Augen auf einem Land haften, das sich genau am anderen Ende der Welt befindet: Neuseeland. Dieses Land zog mich sofort in seinen Bann und ließ mich nicht mehr los. Drei Monate traute ich mir zu – eine Gastfamilie, so stellte ich bei meinen Internetrecherchen fest, konnte ich auf eigene Faust über die dortige Schule finden. Im Kopf hatte ich bereits alle Punkte abgehakt, vom Abflug bis zum Rückflug. Mein Plan war wasserdicht.

Meine Mama würde ich schnell überzeugen können. Sie hätte so etwas, wenn sie die Möglichkeit gehabt hätte, in jungen Jahren auch gerne gemacht. Natürlich musste ich die Rechnung auch mit dem Herrn, wenn auch nicht Chef, des Hauses machen – und das tat ich. Mein Plan war es, ihn mit seinen eigenen Waffen zu schlagen. Ich wälzte Bücher und suchte nach dem absoluten *Best of* der Sprüche, die mich schon mein Leben lang begleiteten. Natürlich wurde ich fündig und brachte auf einer DIN-A4-Seite zum Ausdruck, wie wichtig mir dieser Auslandsaufenthalt war. Ich erklärte in wenigen Worten, dass ich meine Vision definiert hatte, dass Optimismus zu Erfolg führe und dass Sieger planen. Mit Sätzen wie »Tu, was du kannst, mit dem, was du hast, genau da, wo du gerade bist« nahm ich ihm vermutlich den letzten Wind aus den Segeln.

Er war baff, irritiert, aber vermutlich auch verdammt stolz, weil er nun registrierte, dass das, was er seit Jahren säte, offenbar eine hervorragende Ernte brachte. Nachdem er sich einmal schüttelte, versuchte er kurzzeitig, meinen Plan ein klein wenig zu seinen väterlichen Gunsten zu ändern. Er hielt es für besser, wenn seine einzige Tochter in Europa bliebe, konkret schlug er mir vor, nach England zu gehen.

Welcher Vater lässt seine minderjährige Tochter schon gern alleine ans andere Ende der Welt reisen? 24 Stunden Flug voneinander getrennt ist nun wirklich nicht in Reichweite und wahrlich kein schöner Gedanke, aber leider einer, mit dem Papa sich 2003 anfreunden musste, da er nun auch so langsam merkte, dass das Feuer der Begeisterung, um es mit seinen Worten zu sagen, in mir nur für ein Land brannte.

Am Ende des Tages stimmte er, wenn auch zähneknirschend, zu, weil seine Überzeugungen und Lebensweisheiten, für die er auch damals schon einstand, keine Antwort außer Ja zuließen. Ja zu Träumen, Ja zu Wagnissen und Ja zum Leben.

Trotz seiner inneren Konflikte, was meinen Auslandsaufenthalt anging, machte er seinem Ruf als Top-Coach alle Ehre und konzentrierte sich von nun an darauf, seine Tochter bestmöglich auf die bevorstehenden Erlebnisse vorzubereiten. Ein Potpourri der positiven Psychologie prasselte weiter auf mich ein, bis Papa sich sicher war, dass ich hervorragend vorbereitet war. Ich war in Topform, so wie seine Deutschen Meister am Tag des Finales.

Als der Tag der Tage endlich gekommen war, legte Papa eine schauspielerische Glanzleistung aufs Parkett: Er konzentrierte sich voll und ganz darauf, mir den Rücken zu stärken und den Abschied so leicht wie möglich zu gestalten. Ich frage mich bis heute, wie viele Tränen er und Mama ganz genau verdrückt haben, als ich ihnen aus der Sicherheitskontrolle ein letztes Mal zugewinkt hatte und mich endgültig umdrehte, um meine weite Reise anzutreten.

Von nun an verlief alles reibungslos … bis zur Zwischenlandung in Bangkok. Ich fand mich auf einem riesigen Flur wieder, in dem ich lediglich eine Reinigungsfrau antraf, mit der eine Verständigung aufgrund zu großer Sprachbarrieren leider nicht möglich war. Was macht eine verzweifelte 17-Jährige, die nicht mehr weiß, wo sie hinmuss, um ihren Anschlussflug nicht zu verpassen? Richtig, sie ruft die Menschen an, die ihr ein Leben lang immer zur Seite standen, geholfen haben und grundsätzlich eine Lösung für jedes Problem haben: Mama und Papa haben sich riesig gefreut, ihre verzweifelte Tochter am Apparat zu haben, wo sie den Lageplan des Flughafens natürlich vor meiner Abreise studiert haben. Spaß beiseite. Ich denke, dass meine Eltern sich zu diesem Zeitpunkt kurzzeitig gefragt haben, ob die Reise nicht doch eine Nummer zu groß für mich ist. Da sie aber voller Vertrauen waren, wussten sie, dass mir nichts passieren wird und ich irgendwann sicher einen Ort an diesem Flughafen finden würde, der mir Aufschluss darüber gibt, wo ich hinmuss. Dies geschah natürlich etwa zehn Minuten später. Heute lache ich darüber. Es war ein Anruf, den Papa und Mama nie vergessen werden.

Im Flieger sitzend, durchsuchte ich mein Handgepäck nach Dingen, die mir die lange Zeit des Sitzens versüßen könnten. Ich fand einen Brief meiner Eltern, den mein Vater mit seiner gut leserlichen und akkuraten Handschrift geschrieben hatte, sodass ich überhaupt keine Schwierigkeiten hatte, seine Worte zu entziffern. Seine Zeilen waren voller positiver Energie und mit guten Wünschen für meine lange Reise gespickt. Es war der Beginn einer Zeit, die bis heute noch positiven Einfluss auf mich und meine Familie hat. Ich kam in eine fantastische Gastfamilie, zu der wir bis heute einen engen Kontakt haben.

2011 hatte ich wieder einen besonderen Plan. Ich wollte noch einmal in dieses Land, das mich mit seinen freundlichen und positiven Menschen sowie seiner einzigartigen Flora und Fauna in seinen Bann gezogen hatte. Dieses Mal wollte ich mich aber nicht allein auf die Reise machen. Mama, Papa und mein heutiger Mann Kevin sollten mich unbedingt begleiten. Mich hatte es immer gestört, dass sie mein Lieblingsland nur aus meinen Erzählungen kannten.

Auch dieses Mal mussten wir Papa wegen des langen Fluges erst einmal von unseren Plänen überzeugen, aber da er nur mit positiven Auswirkungen auf sein Leben rechnen konnte, stimmte er zu, und wir alle hatten drei unbeschreibliche Wochen am schönsten Ende der Welt. Papa trotzte seinen Ängsten und sprang wagemutig vom Sky Tower in Auckland, wir machten mit schlotternden Knien gemeinsam den Skywalk auf einer circa ein Meter breiten Plattform in 192 Meter Höhe, fuhren quer über die Nordinsel, besuchten meine Gastfamilie und deren Freunde und hatten einfach eine richtig gute Zeit.

Bis heute machen mein Mann, meine Kinder und ich Urlaub mit meinen Eltern, weil es uns einfach Spaß macht. Mein Papa, der Coach, und meine Mama, sein Anker, sind einfach Vorbilder, von denen man sich eine ganze Scheibe oder auch mehr abschneiden kann. Familie ist das wohl Wichtigste, und ich bin einfach dankbar für jeden Moment, den wir zusammen haben. Da Papa niemals aufhören wird, sich fortzubilden und Bücher zu wälzen, freue ich mich schon jetzt auf die Millionen von Super-Sätzen voller Power, die in den nächsten Jahrzenten noch auf mich warten.

LEROY SANÉ

Tritte fürs Leben

Norbert Elgert ist der Meister des gepflegten Arschtritts. Das klingt hart und vielleicht erst mal oberflächlich, es ist aber als riesengroßes Kompliment gemeint.

Als ich zwischen 2013 und 2015 unter ihm spielte, hatte er die Verantwortung für 27 Spieler. Also für 27 unterschiedliche Charaktere. Darunter Typen, mit denen man härter, aber auch welche, mit denen man weniger hart umgehen musste. Einigen machte es nichts aus, vor den Mitspielern verbessert zu werden, andere akzeptierte es nur in persönlichen Gesprächen. Einige brauchten laute Ansagen, andere eher feinfühlige.

Norbert Elgert wusste immer, und das war seine ganz große Stärke, was bei wem zog. Er konnte Menschen einfach lesen. Er hatte quasi für jeden Einzelnen eine individuelle Gebrauchsanweisung, um das Beste aus ihm herauszuholen.

Es gibt Trainer, die nehmen keine Rücksicht darauf, dass Spieler unterschiedliche Ansprachen benötigen. Die haben ihre eine Art, und darauf haben sich die Spieler einzustellen. Dass viele so den Kopf zumachen und nicht mehr für Input bereit sind, stört die nicht.

Es war ein ganz großes Glück für mich, aber auch für nahezu jeden aus unserer Mannschaft, dass wir einen Coach hatten, der sich die Arbeit machte, sich in jeden Einzelnen reinzuversetzen, was es heutzutage, fürchte ich, viel zu selten gibt.

Bei mir hatte Norbert Elgert erkannt, dass er nicht unbedingt die feinfühligste Art an den Tag legen musste, sondern dass der eine oder andere Tritt in den Hintern helfen würde.

Meinen ersten bekam ich bereits nach wenigen Wochen. Ich war gerade mit 17 Jahren zu seiner Mannschaft dazugestoßen und hatte mich mit der Abfahrtzeit zu einem Turnier nach Schwäbisch Hall vertan. Irgendwann klingelte mein Telefon und meine Mitspieler teilten mir mit, dass unser Bus bereits abgefahren war und ich zusehen müsste, wie ich dorthin kommen würde.

Schnell sprang ich auf und bekniete meine Mutter, hinter unserem Mannschaftsbus herzufahren und ihn einzuholen. »Schneller, nun fahr doch zu«, drängte ich sie, als sie aus meiner Sicht viel zu langsam über die Autobahn schlich. Weil Autos aber natürlich grundsätzlich schneller fahren als Reisebusse, gelang es ihr auch bei ihrem Fahrstil, den Bus einzuholen, sodass ich an einem Rastplatz zusteigen durfte.

Ich traute mich kaum, Norbert Elgert in die Augen zu schauen. Verlegen entschuldigte ich mich und verkrümelte mich in die hinterste Bank des Busses.

Selbst in Schwäbisch Hall war sein Ärger noch nicht gänzlich verraucht. Er wies mich an, unserem Betreuer beim Bus-Ausräumen zu helfen, unserer Material bereitzulegen und ihm während des gesamten ersten Spiels, an dem ich nicht teilnehmen durfte, zur Hand zu gehen.

Einen weiteren Tritt kassierte ich bei einem Youth-League-Spiel in Lissabon, als er in der Halbzeit-Ansprache sagte, dass ich nie wieder für die U19 spielen dürfte, weil ich zu faul sei. So rannte ich in der zweiten Hälfte, die er mir zum Glück noch gab, wirklich um mein Leben.

Im ersten Moment nervt einen so etwas natürlich. Weil Elgert es natürlich bewusst provozierend sagte. Aber er war so schlau zu wissen, dass ich ab dem Moment richtig angestachelt war.

Er wusste, wie er mich packen musste. Wie er die letzten Prozente aus mir rauskitzelt. Deshalb hat er mir auch immer wieder während der Spiele von der Bank aus drohend zugerufen: »Leroy, du kannst auch mal langsam anfangen, Fußball zu spielen. Sonst nehme ich dich runter.«

Das klingt jetzt, auf diese wenigen Zeilen komprimiert, schlimmer, als es war. Ich war wirklich alles andere als faul. Aber in dieser Phase, als pubertierender Kerl, war man natürlich nicht in jeder einzelnen Trainingseinheit und in jedem Spiel gleich motiviert. Da half es, ihn einfach zu erleben, wie er selbst nach all den Jahren des Erfolgs noch total hungrig und leidenschaftlich arbeitete.

Was mir auch wahnsinnig gut an ihm gefallen hat, war, dass er immer versucht hat, uns zu verstehen. Es war nicht so, dass er noch immer von Schallplatten redete und von der guten alten Zeit früher. Er fuchste sich in Themen rein, über die wir 17-, 18-Jährige sprachen. Er kannte sich mit Technik aus. Er konnte ein Smartphone bedienen und Apps runterladen. Er war, und das ist bei allen auch angekommen, kein alter Mann, der nur Ahnung vom Fußball und eine gute Vita hatte. Er war ein Mann, der mit uns sehr gut klarkam. Der unsere Sprache sprach. Der selbst Verständnis für unser Interesse an Social Media hatte.

Als ich mir nach meinem Wechsel zu Manchester City eine Uhr gönnte, eine kleine Belohnung, musste ich an ihn denken. Er hatte uns immer gelehrt, dass wir uns nie über Gegenstände definieren sollen. Dass wir nicht besser sind, weil wir uns den einen oder anderen Luxus erlauben können.

Ich bin davon überzeugt, dass die allermeisten, die unter ihm trainiert haben, auch ein sehr anständiges Wertesystem mitgenommen haben.

Norbert Elgert hat mich entscheidend geprägt. Fußballerisch.

Und menschlich. Ich weiß, dass ich ihn immer um Hilfe bitten kann.

Als ich im Sommer 2018 nicht mit zur Weltmeisterschaft nach Russland durfte, vom Bundestrainer aussortiert worden war, schickt er mir eine Textmitteilung. Etwa eine Woche nachdem die Entscheidung gefallen war. Er bat mir nur an, mir zuzuhören, falls ich sprechen wollte.

In diesem Fall wollte ich nicht. Ich wollte einfach ein paar Wochen für mich, um das zu verarbeiten. Ich weiß es aber sehr zu schätzen, dass er wieder einmal das richtige Fingerspitzengefühl hatte und sich überhaupt meldete.

Norbert Elgert ist keiner, der dann Glückwünsche schickt, wenn sowieso schon Hunderte einem auf die Schultern klopfen. Dann macht er sich rar. Im Gegensatz zu all denen ist er aber da, wenn es mal scheiße läuft.

Denn er ist nicht nur der Meister der Arschtritte, sondern bietet dann auch seine Schulter an, damit man sich anlehnen, durchschnaufen und sich den Frust von der Seele reden kann.

Kapitel 4: Auf dem Holzweg

Ich hatte ungefähr 13 Trainer im Laufe meiner eigenen Karriere. Gottfried Diersmann, der mich zum ersten Mal ans Kopfballpendel stellte. Friedhelm Holtgrave, der einen sehr ausgeprägten Siegeswillen hatte. Den bereits mehrfach erwähnten Max Merkel, den autoritären Schleifer. Heinz Murach, der neben seinem Trainerjob noch als Gymnasiallehrer arbeitete. Da waren der menschliche Ivica Horvat, Gyula Lóránt, der Spezialist für Raumdeckung, und Dietmar Schwager, unter dem ich mein erstes Bundesligator erzielte. Rudi Assauer war menschlich, charismatisch und knallhart zugleich. Unter Fahrudin Jusufi hatte ich seltsamerweise meine beste Zeit in der Bundesliga. Siegfried Held strahlte eine unheimliche Ruhe und Gelassenheit aus. Werner Kumetat war einfach ein Kumpeltyp. Die Zeit unter Carl-Heinz Rühl war zu kurz, um irgendwas zu sagen.

Und dann war da noch Lothar Ratzlaff, der mich in der D- und C-Jugend sowie eine Saison lang als Trainer der ersten Mannschaft begleitete. In dieser spielte ich mit meinem älteren Bruder Heinrich, der genauso wie mein jüngerer Bruder Martin ebenfalls ein guter Fußballer war. Unsere Schwester Christa war eher dem Reitsport zugetan.

Lothar Ratzlaff war mein bester Trainer. Man hat bei ihm immer gespürt, dass er viel mehr ist als nur ein Trainer. Er arbeitete hauptberuflich als Architekt. War also immer daran interessiert, etwas Neues zu entwickeln, etwas zu entdecken. Er wollte sich und uns ständig verbessern und war fachlich seiner Zeit weit voraus. Gleichzeitig war er sehr präzise und strukturiert, klar in seinen Ansprachen und Forderungen, die er an eine Trainingseinheit stellte. Ratzlaff war sehr empathisch und konnte, was viele andere zu dieser Zeit eben nicht konnten: Menschen führen.

Von jeder dieser Persönlichkeiten baute ich ein paar Dinge und Elemente in mein eigenes Training ein. Ich kopierte das Gute und versuchte, all das, was mich in meiner Zeit als Spieler genervt hatte, anders zu machen.

Weil ich sieben Jahre selber Profi war, hätte ich die Trainer-B-Lizenz überspringen können, was ich aber nicht tat. Ich wollte den Job wirklich von der Pike auf lernen.

Trainer zu sein ist nun einmal ein Lehrberuf. Nichts, was man einfach mal so kann. Es gibt genügend frühere Spieler, die das verstanden haben, wie Raúl, der als Nachwuchstrainer angefangen hat. Auch Zinédine Zidane hat diesen Weg gewählt. Oder Miroslav Klose.

In der letzten Oktoberwoche 1990 absolvierte ich ein Praktikum bei Schalke. Dieses Praktikum war damals die Voraussetzung, um überhaupt für die Fußballlehrerausbildung zugelassen zu werden. Mit dieser Lizenz darfst du alles einschließlich Bundesliga trainieren. Peter Neururer war Trainer und Klaus Fischer, mit dem ich in der Bundesliga zusammengespielt hatte, sein Assistent. Peter hat mich damals sehr beeindruckt. Ein fachlich richtig guter Trainer, rhetorisch geschliffen und auch stark in der Menschenführung.

Großen Respekt habe ich davor, wie er seinen Weg als Trainer gegangen ist. Er investierte wahnsinnig viel, um sich als junger Trainer fortzubilden. Zu einer Zeit, als sich kaum jemand mit Datenanalyse und professionellem Scouting befasste, erstellte er selber umfangreiche Tabellen und beschloss, den englischen Fußball zu studieren. So fuhr er nach Nottingham, wo er im Zelt schlief, und bequatschte einen Wächter des Trainingsgeländes so lange, bis man ihm bei Nottingham Forest Zutritt gewährte.

Zehn Tage schaute er der Trainerlegende Brian Clough, der unter anderem 1972 und 1978 Englischer Meister wurde sowie 1979 und 1989 Europapokalsieger der Landesmeister, auf die Finger. Später hospitierte er bei Karl-Heinz Feldkamp.

Als Horst Hrubesch, der Fußballeuropameister von 1980, der nach seiner Karriere mit Neururer im gleichen Seminar für die Trainer-A-Lizenz hockte, ihn um Hilfe bat, war er schlau genug, seine Chance zu nutzen. »Wenn du mich hier durch den Lehrgang schaukelst, mit der ganzen Scheißtheorie, und ich dann irgendwo Cheftrainer werde, dann hole ich dich als Co-Trainer«, sagte Hrubesch. Neururer schlug ein, beide bestanden die Prüfung – und Hrubesch hielt Wort.[12]

So wurde Neururer erst Co-Trainer bei Rot-Weiss Essen, später dort sogar Cheftrainer. Mit gerade einmal 32 Jahren.

Nach dem Aus dort landete er bei Alemannia Aachen. Von 45 Spielen gewann er 23. Seine Mannschaft war Siebte, nur vier Punkte hinter Tabellenführer Wattenscheid 09. Dann klopfte Schalke an, das als Bundesligaabsteiger zu der Zeit elf Plätze schlechter dastand als Aachen.

Zudem ist der Verein extrem aufgewühlt. Nach einem 3:4 gegen Darmstadt kam es zum Platzsturm, Schiedsrichter Michael Prengel bekam von 04-Anhängern einen Tritt in den Hintern.

Doch trotz aller Unruhe witterte Peter die Chance seines Lebens. Würde er den Traditionsverein Schalke vor dem Untergang retten, hätte er, so seine Denke, sich als Trainer endgültig etabliert.

Er sagte zu und verkündete auf seiner Antrittspressekonferenz: »Mit Schönspielerei kommen wir unten nicht raus. Jetzt ist Kloppen gefragt! Jeder muss das Letzte geben.«

Um seine Mannschaft entsprechend einzuschwören, fuhr er in ein viertägiges Trainingslager nach Bad Bertrich. Doch dort erlebte Neururer einen Schock. Das Hotel entpuppte sich als Kaschemme, derart heruntergekommen, dass die Spieler murrten. Sie wollten zurück, wie der Spielerrat um Andreas Müller, Carsten Marquardt, Ingo Anderbrügge, Werner Vollack und Jens Lehmann dem Trainer auch ausrichtete.

Doch obwohl Neururer vor allem auch die mangelhafte Qualität des Platzes sah, gab er dem Wunsch der Spieler nicht nach. Stattdessen polterte er: »Ihr könnt froh sein, ein Dach über dem Kopf zu haben. Dieser Trainingsplatz ist absolute Weltklasse. Und dieses Hotel ist genau uns und unserem Tabellenstand entsprechend – wir müssten eigentlich in Zelten übernachten! Was wollt ihr denn unseren Fans erzählen? Wir haben den Verein in diese Scheißsituation gebracht. Jetzt müssen wir ihn hier wieder rausholen. Wir bleiben. Und wir geben jetzt Vollgas!« Andreas Müller, den ich menschlich und fachlich sehr schätze, später erst Assistent von Rudi Assauer, dann selbst Manager, bestätigte mir: »Das war mein absolut härtestes Trainingslager! Ich kam abends vor lauter Muskelkater nicht mehr die Treppe hoch.«

Eigentlich hätte sich Neururer auch etwas anderes zum Auftakt gewünscht. Mehr Harmonie. Aber nun musste er improvisieren und entschied sich einfach für den Weg: Wer Bad Bertrich überlebt, für den ist Abstiegskampf ein Klacks.

Plötzlich lebte die Mannschaft wieder. Drehte selbst Spiele, in denen sie einem 0:2-Rückstand hinterherlief, wie gegen Fortuna Köln geschehen.

Nach dem 35. Spieltag war Schalke auf Platz 12 geklettert, hatte aber nichts desto trotz nur zwei Punkte Vorsprung vor einem Abstiegsplatz.

Zum letzten Heimspiel dann, das gegen Blau-Weiß 90 Berlin stattfinden sollte, gelang es Präsident Eichberg, einen Sponsor zu finden, sodass er die Eintrittspreise massiv senken konnte. 66 000 Menschen kamen.

Als Neururer davon erfuhr, befahl er dem Schalker Busfahrer, nicht wie üblich hinter dem Stadion zu halten, sondern durchs

Marathonthor auf die Tartanbahn zu fahren, sodass seine Spieler gleich die ganz besondere Begeisterung von den Rängen spürten.

Schalke siegte 4:1 und feierte eine wirklich rauschende Nicht-Abstiegsparty, an dessen Ende Peter Neururer sämtliche Kleidungsstücke außer seiner Unterhose von den Fans vom Körper gerissen wurden.

»Nach Hochzeit und Geburt meines Kindes ist das der größte Tag in meinem Leben«, freute sich der Trainer, dem ein Rentner auf der Rolltreppe einen Umschlag überreichte. Darin: 600 D-Mark. »Mein persönliches Dankeschön an den Retter«, sagte der Mann.

Die darauffolgende Saison endete für Neururer auf Platz 5. Knapp hatte er den Aufstieg verpasst.

In der Spielzeit 1990/91 war seine Mannschaft ab dem vierten Spieltag auf einem Aufstiegsplatz. Schalke gewann elf der ersten 17 Spiele. War punktgleich mit Tabellenführer Duisburg. Im Pokal schlug Schalke 04 Eintracht Braunschweig mit 4:0.

Ich erlebte, wie Peter mit den Spielern sprach. Wie er Tag für Tag in jeder Trainingseinheit neue Begeisterung weckte.

Als wir eines Nachmittags zusammen im Entmüdungsbecken lagen, dem gleichen übrigens, in dem ich schon als Spieler gelegen hatte, schwelgten wir kurz in unserer Vergangenheit als Fußballer. Lächelnd sagte Peter: »Ich habe heute noch immer einen Knoten in den Beinen, seit mich so ein Kerl mal schwindelig gespielt hat. Der hieß Norbert irgendwas. Und mit E der Nachname.«

Natürlich wusste ich sofort, worauf er anspielte. Das Spiel war schließlich keine Ewigkeit her. Er für die Spielvereinigung Marl. Ich für Westfalia Westerkappeln.

Ich glaube, dass es damals ein großer Vorteil für mich als Praktikant war, dass ich gegen Peter Neururer Fußball gespielt hatte. Und dass es auf Schalke einfach nur eine Rückkehr war. Ich betrat keine neue Kabine, keinen unbekannten Ort, an dem ich mich erst einmal zurechtfinden musste.

Ich hospitierte in gewohnten Gefilden bei einem Menschen, der fußballerisch auch vor mir Respekt hatte.

Doch dann passierte das völlig Unerwartete: Präsident Eichberg schmiss Neururer raus. Er behauptete, der Präsident habe dabei gesagt: »Die Krone des Aufstiegs setze ich mir selber auf.«

Eichberg behauptete, er habe Neururer rauswerfen müssen, weil der ständig via *BILD*-Zeitung Druck hinsichtlich seiner Vertragsverlängerung auf den Verein ausgeübt habe. Und dann gab es noch die Behauptung, Neururer habe bei den Verhandlungen gefordert, der Vertrag müsse auch gültig sein, sollte man erneut nicht in die erste Klasse aufsteigen.[13]

Ich hospitierte, kopierte und bildete mich permanent fachlich und persönlich weiter. Dabei investierte ich in der nächsten Zeit – uns ging es nach wie vor finanziell noch nicht besonders gut – jede Menge Geld in Bücher. Conny, unser Finanzminister, stand auch damals voll hinter mir. Nikolaus B. Enkelmann, unser Mentor, hatte eben auch gesagt, was sich förmlich bei mir eingebrannt hat: »Ein Mensch, der lesen kann und nicht liest, ist viel dümmer als einer, der nie lesen gelernt hat.« Entsprechend verschlang ich Bücher und Videokassetten, um mich fortzubilden. Vor allen Dingen aber, um von den erfolgreichsten Menschen unserer Zeit zu lernen. Das mache ich bis heute.

Bei dieser Lektüre bin ich teilweise auf Menschen gestoßen, die mich nicht mehr losgelassen haben. Von deren Wissen, von deren Philosophie, von deren Gedankengängen ich extrem profitiert habe.

Einer von ihnen ist der bereits erwähnte John Wooden. Über den sagte einmal kein geringerer als Kareem Abdul-Jabbar, einer der 50 größten NBA-Basketballer der Geschichte, voller Ehrfurcht: »Es ist schwer, mit simplen Worten über Coach Wooden zu reden, denn er war ein facettenreicher Mensch. Aber er lehrte in einer einfachen Art und Weise. Er nutzte den Sport als Mittel, um uns beizubringen, wie wir uns jeder Situation stellen können.«

Wooden kam 1910 in Indiana zur Welt. Auf einer Farm ohne Elektrizität oder fließendes Wasser. Sein erster Basketball war eine schwarze Wollsocke, die mit Lumpen gefüllt worden war.

Irgendwann, so heißt es jedenfalls, habe er von seinem Vater einen Zettel bekommen, auf dem Stand: »Bleib dir selbst treu. Mache aus jedem Tag ein Meisterwerk. Hilf anderen. Lies Bücher, insbesondere die Bibel. Pflege Freundschaften. Bau dir eine Zuflucht für schwere Zeiten. Bete um Beistand, sei jeden Tag dankbar für das, was du hast.«

Wooden behielt die Botschaft ein Leben lang immer bei sich, in seiner Brieftasche.

Dieser Mann hat so viele weise und kluge Sachen von sich gegeben, dass ich ihn am liebsten seitenweise zitieren würde, was natürlich nicht geht. Ich kann nur wärmstens empfehlen, seine Bücher zu lesen, unter anderem *They Call Me Coach.*

Von ihm habe ich mir grundsätzliche Gedanken zu eigen gemacht, wie etwa: »Wenn man sich zu sehr mit Dingen aufhält, auf die man keinen Einfluss hat, wird auch das darunter leiden, was man beeinflussen kann.« Oder etwa: »Charakter ist wichtiger als Reputation. Reputation, also dein Ruf, ist das, was andere Leute von dir denken. Aber Charakter ist das, was du wirklich bist.«[14] Auch ich glaube, dass der eigene Charakter viel wichtiger ist als das Bild, das andere von einem haben.

Aber auch sportliche Weisheiten finden sich bis heute in meinen Ansichten wieder. So führte Wooden etwas nach dem Prinzip »Komm nie zu spät, niemals. Man sollte immer pünktlich sein«. Und beim Training war seine Devise, dass nur perfektes Üben dich besser macht. Damit meinte er nicht fanatischen Perfektionismus, sondern jede Übung und jede Spielform so gut und präzise auszuführen wie möglich. Michael Jordan, der vielleicht beste Basketballspieler aller Zeiten, meinte dazu: »Wenn ich 2000 Würfe hintereinander mache und alle mit falscher Technik, werde ich schlechter und nicht besser.«

Als Leroy Sané 2013 ganz frisch zu mir in die A-Jugend kam,

fehlte er gleich vor einem unserer ersten Turniere bei der Abfahrt. Alle Spieler saßen bereits im Bus, der uns die 440 Kilometer nach Schwäbisch Hall zum 10. Sparkassen Cup bringen sollte. Nur Leroy, damals gerade 17, fehlte. Nach einem kurzen Telefonat mit ihm – er hatte verschlafen – entschied ich, dass wir ohne ihn losfahren würden. Und gab ihm unmissverständlich zu verstehen, dass ich ihn trotzdem pünktlich beim Turnier erwarte. Letztlich musste der Junge seine Mutter Regina bitten, ihn hinterherzufahren, was ihm extrem unangenehm war.

Als Lektion und Lernchance zugleich ließ ich ihn im ersten Spiel gegen Galatasaray Istanbul draußen. Wir gewannen 3:0.

Mit ihm zusammen schlugen wir schließlich Eintracht Frankfurt, die Spielvereinigung Schwäbisch Hall, Bayer Leverkusen und letztlich sogar Stuttgart im Finale, sodass wir alle gemeinsam als Sieger zurückfahren konnten.

Ernst Happel, der den Hamburger SV 1983 zum Europapokal der Landesmeister führte, sagte einmal übers Zuspätkommen: »Eine Minute ist schlimmer als eine Stunde. Weil für eine Stunde wirst du einen Grund haben. Eine Minute ist Schludrigkeit.« Und genau so ist es: Der erste Spieler nimmt sich eine Minute raus, der nächste fünf Minuten, der nächste zehn Minuten. Irgendwann herrscht dann Chaos in der Mannschaft.

Pünktlichkeit hat einfach auch etwas mit Respekt zu tun. Aber natürlich ist Zuspätkommen menschlich und kann jedem mal passieren.

Erfolg im Leben ist ohne starke Eigenmotivation nicht möglich. Manchmal brauchen Spieler aber auch einen zusätzlichen Tritt in den Hintern. Ich hatte eine Situation, als ich spürte, dass die Eigenmotivation meiner Spieler in keinster Weise ausreichend war und sie einen besonderen Impuls benötigten. Wo ich nach dem schönen Credo von Huub Stevens handeln musste, das da lautete: »Wenn sie es auf Dauer nicht in die Köpfe kriegen, müssen sie es in die Beine kriegen.«

Also strich ich ihnen kurzerhand die vorgesehene Freizeit.

Auslöser war ein desaströser Auftritt bei einem internationalen Hallenturnier in Göttingen, bei dem wir in einem der Gruppenspiele mit 0:9 gegen Hannover 96 unterlagen. In 13 Minuten, wohlgemerkt. Wir bekamen die Bälle nur so um die Ohren. Gewannen quasi keinen Zweikampf und ließen es einfach so über uns ergehen.

Als wir abends in unser Quartier zurückkamen und sich die Jungs auf ihre Zimmer verziehen wollten, habe ich ihnen nur sehr knapp, aber bestimmend zugeraunt: »Wir haben noch Training. Holt bitte eure Laufschuhe. Ihr habt noch etwas nachzuholen.«

Es war bereits stockduster, immerhin war es Januar, die Temperaturen lagen unter minus fünf Grad. Eigentlich ein Wetter, bei dem man selbst seinen Hund nicht vor die Türe jagen möchte. Aber es musste sein. Unsere Spieler sollten verstehen, dass der gesamte Trainerstab richtig stinkig war. Unser Auftritt gegen 96 war ein Desaster, und wir hatten uns und unseren Club gewaltig blamiert.

Ich bin an sich kein Freund von Straftraining. Ohnehin gehört es zu den schwierigsten Lektionen des Trainerdaseins, ein Gefühl für das angemessene Strafmaß zu bekommen. Alex Ferguson, die langjährige Trainerlegende von Manchester United, hat in seinem Buch *Leading* einmal sehr richtig festgestellt: »Als Anführer, dem es an Erfahrung mangelt, neigt man dazu, schon aus kleinen Verstößen große Staatsakte zu machen. Hat man den Übeltäter erst einmal ans Kreuz genagelt, fehlen einem schlichtweg die Optionen. (…) Die Strafe sollte dem Verbrechen entsprechen.«[15]

In diesem Fall hatte ich das richtige Maß getroffen. Am nächsten Tag stand wieder eine motivierte Einheit auf dem Feld, die immerhin noch den dritten Platz erreichte.

Sanktionieren musste ich 1997 auch Sérgio da Silva Pinto, der später noch ein richtig guter Profi wurde. Sérgio hatte ich die Freiheit eingeräumt, dass er zu einem Auswärtsspiel von uns nicht extra zum Treffpunkt nach Gelsenkirchen kommen müsse, sondern direkt nach Köln, wo er bei Verwandten übernachtet hatte. Als wir mit der Mannschaft nach unserer Busanreise ankamen, war er nicht da. Als er dann mit erheblicher Verspätung eintraf, war ich natürlich stinksauer und schmiss ihn aus dem Kader. Wir hatten uns auf ihn verlassen, und er war einfach nicht da. Wir hatten ihm vertraut. Es ist ja keineswegs selbstverständlich, bei der Fahrt zum Spiel nicht beim Team zu sein. In solchen Situationen ist es für keinen Trainer und für keine Führungskraft einfach, souverän zu bleiben und die eigenen Emotionen zu kontrollieren. Mir gelang das damals nicht.

An den genauen Wortlaut, den ich Sérgio da Silva Pinto um die Ohren haute, kann ich mich beim besten Willen nicht mehr erinnern. Mit dem Rausschmiss aus dem Kader war es dann aber auch gut.

Ich lebe persönlich nach der Devise, dass man als Anführer nicht nachtragend sein darf. Man darf in dieser Hinsicht und Beziehung kein Elefant sein, denn Elefanten vergessen nie. Nach einer Aussprache und der Aufarbeitung eines Fehlers muss es tatsächlich erledigt sein, abgehakt, raus aus der Birne, um dann gemeinsam nach vorne zu schauen. Ich rate auch immer meinen Spielern, sich diese Eigenschaft anzugewöhnen. Wenn es aber beleidigend wird und die sachliche Ebene verlässt, dann bleibt es im Gedächtnis und kann irreparable Schäden in einer Spieler-Trainer-Beziehung hinterlassen. Also, liebe Führungskräfte: Wählt eure Worte gerade unter Stress und Druck mit Bedacht, denn unsere Zunge kann schärfer sein als ein Schwert. Seelische Wunden verheilen langsamer. Auch deine Zunge kann Balsam oder Gift sein.

Ich bin übrigens auch, wo wir gerade beim Thema Strafen sind, dafür, möglichst selten die Peitsche rauszuholen. Wir dürfen schließlich nie vergessen, dass wir uns in einem Hochleistungssport bewegen, also in einem Bereich, in dem Menschen extrem hohe Ziele und außergewöhnliche Wünsche haben, die sie mit einer hohen Eigenmotivation verfolgen.

Womit wir wieder bei Wooden wären. Bei dem ich am bemerkenswertesten fand, dass er vor seiner Mannschaft nie von Gewinnen gesprochen hat. Stattdessen sagte er: »Ich glaube, man kann verlieren, obwohl man mehr Punkte gemacht hat als die Gegner. Und man kann gewinnen, obwohl der Gegner mehr Punkte gemacht hat. Was wirklich zählt, ist, dich zu bemühen, immer dein Bestes zu geben. Dann werden auch die entsprechenden Ergebnisse folgen.« Auf den Punkt gebracht, will Wooden damit sagen: Wer das Spiel verliert, aber sein Allerbestes gegeben hat, kann kein Verlierer sein. Gewinnen heißt somit für ihn immer, sein Bestes zu geben.

Das mag für einige nach verklärter Sportromantik klingen, nach nicht praktikabel im knallharten Fußballbusiness. Trotzdem finde ich, dass sich insbesondere im Jugendfußball viele diese Einstellung wieder mehr vor Augen führen sollten.

Natürlich brauche und will auch ich gute Ergebnisse. Wir sind schließlich Wettkämpfer. Wenn meine Mannschaften plötzlich nur noch verlieren, werden irgendwann Zweifel an mir aufkommen. Aber trotzdem ist es von jedem Trainer im Nachwuchsbereich primär das Ziel, Profis auszubilden, und sekundär natürlich auch, gute Ergebnisse zu erzielen. Die Weiterentwicklung von jungen Fußballern ist die Hauptaufgabe. Die Ergebnisse folgen aus dem Trainingsprozess und den daraus resultierenden Verbesserungen.

Häufig wollen Jugendtrainer heutzutage in den Leistungszentren so schnell wie möglich nach ganz oben kommen. Viele wollen über gute Ergebnisse schnell Profitrainer werden. Dabei vergessen sie ganz oft, worum es in der Ausbildung wirklich geht, nämlich ums Lehren und Ausbilden.

Als Trainer geht es dir, diese Erfahrung habe ich selber gemacht, oft nicht schnell genug. Früher habe ich mich selber dabei erwischt, wie ich nach einigen Trainingseinheiten dachte: »Wann kapierst du es endlich? Wir haben es doch jetzt schon Hunderte

Male trainiert. Warum geht es nicht in deine Birne rein? Wie oft soll ich es dir denn noch zeigen?«

Dabei gibt es für Lehrer, Trainer und Führungspersonen darauf nur eine richtige Antwort: »Ganz oft! Bis der Spieler es kann.«

Es gibt nun einmal Schnelllerner und es gibt Langsamlerner. Jeder braucht ein anderes Tempo. Und um allen deinen Schülern gerecht zu werden, musst du ihnen die unterschiedlichen Lernzeiten zugestehen. Dafür musst du als Coach eben auch deine eigenen Gefühle steuern können. Du musst deine Ungeduld zähmen, kontrollieren und in die richtigen Bahnen lenken. Als Trainer bleibt dir für eine bestimmte Entwicklungsphase ja auch nicht unendlich Zeit. Nach zwei Jahren muss ich meine Jungs wieder abgeben. Und zwar so entwickelt und verbessert, dass sie im Idealfall der Profimannschaft sofort helfen können.

»Mancher«, so sagte einmal der spanisch-mexikanischer Filmemacher Luis Buñuel, der zu den wichtigsten Regisseuren des 20. Jahrhunderts zählt, »lehnt eine gute Idee bloß deshalb ab, weil sie nicht von ihm ist.« Ich nicht.

Und so habe ich mich auch nie davor gescheut, noch eine Idee von Wooden in meine Arbeit zu integrieren. Über 14 Jahre hat diese Legende eine Pyramide erschaffen, eine Erfolgspyramide. Sie besteht aus 15 Steinen, bewusst angeordnet, wohl wissend, dass ein Stein im oberen Bereich der Pyramide vollkommen nutzlos wäre, sollte die Basis nicht stimmen.[16]

Ich habe diese Pyramide übernommen. Mindestens drei-, viermal bereits. Weil ich sie einfach großartig finde.

Diese Erfolgspyramide gehört inzwischen regelmäßig zu unserem Teamcredo. Vor der Saison 2017/18 haben wir zum Beispiel ein solches gemeinsam mit allen Spielern und dem ganzen Stab erarbeitet.

Dabei ging es um gemeinsame Ziele, wie wir Fußball spielen wollen, und um gemeinsame Werte und Überzeugungen.

Ganz oben auf der Vorderseite stehen zwei Kernsätze zum Thema Team:

»Totaler Einsatz Aller Mitspieler« sowie

»Together Everybody Achieves More«.

Die Anfangsbuchstaben zusammengesetzt ergeben jeweils das Wort »TEAM«.

Als unsere Saisonziele haben wir drei Dinge formuliert:

»Wir wollen jedes Spiel gewinnen.«

»Wir sind am Ende der Saison die Besten.«

»Wir geben für unser gemeinsames Ziel immer alles.«

Auch die Art und Weise, wie wir Fußball spielen wollen, haben wir schriftlich fixiert:

»Wir spielen offensiven Vollgasfußball und schießen die meisten Tore.«

»Wir spielen hart, männlich, taktisch diszipliniert und haben die beste Defensive.«

»Wir spielen und trainieren hoch motiviert mit Spaß, Freude und Begeisterung.«

»Wir sind ein geiles Team mit einem super Zusammenhalt.«

»Wir kämpfen und laufen füreinander und mehr als jeder Gegner. Wir sind mental stark und spielen immer voll konzentriert und emotional kontrolliert.«

»Wir haben eine ausgeprägte Gewinnermentalität und die Körpersprache von Siegern.«

Am Ende der ersten Seite unseres Credos stand: »Keiner von uns und erst recht kein Gegner ist stärker als WIR alle zusammen.«

Auf der nächsten Seite folgte dann die erwähnte Pyramide. Mit fünf Steinen unten:

Verantwortung/Hilfsbereitschaft: »Alle Aufgaben werden vom Team erledigt. Jeder hilft und unterstützt jeden.«

Toleranz/Fairness: »Gegenüber Gegner und Schiedsrichtern.«

Respekt: »Jeder wird so respektiert und akzeptiert, wie er ist.«

Zusammenhalt/Teamgeist: »WIR ist wichtiger als ICH. Grüppchenbildung ist absolut tabu.«

Selbstdisziplin/Emotionale Kontrolle: »Sei diszipliniert und kontrolliere deine Emotionen, sonst kontrollieren sie dich.«

Darauf aufbauend folgten die nächsten vier Steine:

Ehrlichkeit/Offenheit: »Der Umgang untereinander ist positiv, offen, direkt und ehrlich. Miteinander reden statt übereinander.«

Kritikfähigkeit: »Nur durch ständiges Feedback werden wir besser.«

Einstellung: »Einstellung und Charakter sind wichtiger als Talent.«

Begeisterung/Motivation: »Nur wer selbst begeistert und motiviert ist, kann andere begeistern/motivieren.«

Noch eine Steinreihe höher stand:

Vertrauen/Loyalität: »Jeder kann sich immer auf seine Mitspieler verlassen.«

Fleiß: »Es gibt keinen Ersatz für harte und intelligente Arbeit.«

Liebe: »Uns verbindet die gemeinsame Liebe zum Fußball.«

In der vorletzten Reihe waren folgende zwei Steine:

Demut/Dankbarkeit: »Erfolgreiche Menschen sind dankbar und demütig. Selbstbewusst, aber nie arrogant.«

Mentalität im Wettkampf: »Sei der Beste, der du sein kannst, wenn es darauf ankommt.«

Und schließlich der Stein an der Spitze:

Erfolg: »Erfolg bedeutet, immer sein Bestes zu geben, um der Beste zu sein/werden, der du sein/werden kannst.«

Ich habe die Erfahrung gemacht, dass gemeinsame Werte und Überzeugungen zusammenschweißen und das Wir-Gefühl stärken. Von größter Bedeutung ist, dass alle Spieler das Gefühl haben, das Teamcredo gemeinsam entwickelt zu haben.

Um das Ganze noch einmal zu verstärken und zu bekräftigen, mussten alle Spieler und der gesamte Trainer- und Betreuerstab auf ihrem dazugehörigem Porträt unterschreiben und sich damit dem Team und den gemeinsamen Zielen verpflichten.

Von Zeit zu Zeit gehen wir das Teamcredo mit der Mannschaft immer mal wieder durch. So alle drei, vier Monate. Lesen es vor. Diskutieren, wo wir stehen. Was haben wir erreicht? Was nicht und warum nicht? Und: Wie werden wir besser?

Natürlich haben diese Pyramiden immer eine gewisse Ähnlichkeit. Es wird kaum eine Mannschaft geben, die sagt, Respekt ist für uns unwichtig. Oder Vertrauen. Manchmal unterscheiden sich zwei, manchmal drei Bausteine. Manchmal auch nur die Positionierung. Wichtig ist, dass ich nicht meine Vorstellungen bei der Pyramide durchdrücke, sondern dass sie immer aus gemeinschaftlichen Entscheidungen entsteht.

Einmal allerdings artete die Teamcredo-Erstellung aus und stellte mich ganz schön auf die Probe. Christian Melchner war 2007 zu meiner Mannschaft hinzugestoßen. Unter Frank Fahrenhorst hatte er zuvor in unserer B-Jugend gespielt. Nun gehörte er zur U19.

Melchner war eine richtige Kampfsau. Wenn der sich an seinem Gegner festgebissen hatte, konnte er ihn bis zur Weißglut treiben. Einmal hat Melchner Marco Reus, damals in der Jugend von Rot Weiss Ahlen, regelrecht aufgefressen und ihn durch Manndeckung vor Wut rasend gemacht.

Als wir vor unserer zweiten Saison, wir waren zuvor Zweiter in der A-Junioren-Bundesliga-West geworden, über die einzelnen Elemente sprachen, sprang er auf und schrie mehr, als ruhig zu sprechen: »Warum dürfen wir nicht reinschreiben, dass wir Deutscher Meister werden wollen? Das wollen wir schließlich alle hier.«

Ich versuchte, ihm ganz ruhig zu erklären, warum ich es nicht für richtig hielte. »Wenn wir das als Endziel festlegen und können dem nicht standhalten, werden zum Beispiel abgeschlagen nur Fünfter, könnt ihr euch vorstellen, wie hoch die Frustration dann sein wird?«

Das überzeugte Melchner nicht im Geringsten. Da die Mannschaft voll hinter Christian stand und mir an diesem Tag die richtigen Argumente fehlten, ließ ich es zu, das Ziel in Melchners Sinne zu formulieren und tatsächlich aufzuschreiben.

Ich ignorierte meine Überzeugung, dass es in der Ausbildung falsch ist, sich auf Titel und Resultate zu fokussieren. Beides ist hammerwichtig. Aber du erreichst sie eher, davon bin ich felsenfest überzeugt, wenn du den ganz großen Titel- oder Resultatsdruck rausnimmst. Wichtiger ist der gemeinsame permanente Verbesserungsprozess.

Die Meisterschaft als Ziel zu formulieren war definitiv falsch.

In dieser Saison verlor Dortmund ganze zwei Spiele. Leverkusen startete mit sechs Siegen in Folge in die Saison. Gladbach verlor erstmals am neunten Spieltag. Mit 16 Zählern Rückstand landeten wir auf Rang 4. Bereits acht Spieltage vor dem Ende war unser niedergeschriebenes Ziel quasi nicht mehr zu erreichen.

Genau dieser Christian Melchner war übrigens wieder beteiligt, als eine weitere Motivationsmaßnahme beinahe schiefgegangen wäre.

Ich hatte eine Teamübung im Buch *Teamlife. Über Niederlagen zum Erfolg* von Ralph Krueger entdeckt, die mir gefiel. Krueger war einst Trainer der Schweizer Eishockeynationalmannschaft. Zuvor hatte er zwischen 1994 und 1998 mit der österreichischen Mannschaft Feldkirch fünfmal nacheinander die österreichische Meisterschaft gewonnen.

Krueger schrieb sehr viele wahre Dinge in seinem Buch. Zum Beispiel: »Gewinner tun sehr viel an einem Tag, um Dinge zu bewegen. Verlierer tun sehr viel an einem Tag, um Dinge zu vermeiden.«[17]

Seine Erfolgsdefinition lautet: »Erfolg ist für mich nur eines: Regelmäßig an meine eigenen Grenzen zu stoßen, mein eigenes Potenzial voll auszuschöpfen. That's it. Stoße ich regelmäßig an meine Grenze, schöpfe ich regelmäßig mein Potenzial aus, dann bin ich erfolgreich. Egal, welchen Beruf jemand ausübt, welche Ziele sie oder er verfolgt.«[18]

Als ich meine Mannschaft mit Christian Melchner auf ein wichtiges Spiel vorbereitete, ich meine, es war gegen Gladbach, holte ich kurz vor dem Anpfiff einen massiven Holzstab aus meiner Tasche und reichte ihn Joel Matip, der heute beim FC Liverpool spielt.

»Stell dir vor«, forderte ich ihn auf, »dass dieser Stab dein Mitspieler Marcel Lenz ist. Versuch ihn mal zu brechen.«

Das war für Joel, der schon damals fast 1,90 Meter groß war, keine Herausforderung. Ohne große Kraftanstrengung gelang es ihm, dass der Stab krachend in zwei Teile zerbarst.

»Allein ist jeder eine arme Sau«, kommentierte ich lächelnd.

Dann reichte ich Pascal Odrich zwei Stäbe und forderte ihn auf, zwei weitere Spieler zu brechen.

Mit geringfügig größerer Anstrengung gelang es ihm natürlich auch.

Ich holte drei, dann vier, schließlich fünf zusammengeklebte Holzstäbe raus und wiederholte das Spielchen. Immer gelang es dem entsprechenden Spieler, das Holz kaputt zu machen.

Nachdem auch der Fünfer-Stapel zerstört worden war, tat ich so, als sei mein Experiment gescheitert. Ich ärgerte mich, baute damit weiter eine Dramaturgie auf. Aber noch gab ich mich nicht geschlagen.

Ein Fußballspiel beginnt mit elf Spielern. Also holte ich als Nächstes ein Bündel mit elf zusammengeklebten Hölzern aus meiner Tasche heraus.

Das Ding ist mehr als oberarmdick, wirklich massiv, wenn überhaupt, dann nur von Kampfsportlern zu zerstören.

Das merkten auch meine Spieler, als sie vergeblich versuchten, das Bündel zu knacken.

»Das seid ihr!«, rufe ich dann. »Zusammen seid ihr nicht kaputt zu kriegen.«

Genau diese Botschaft hat Ralph Krueger seinen Eishockey-Jungs zugerufen. Und nun rufe ich sie meinen Jungs zu. Doch während ich rede und meine Mannschaft zusammenschweißen will, kann Christian Melchner, der das Bündel Holz in der Hand hält, nicht akzeptieren, dass es nicht kleinzukriegen ist.

Aus dem Augenwinkel sehe ich, wie er das Holzbündel mit gestreckten Armen über seinen Kopf hebt und von dort nach unten rauschen lässt. Gleichzeitig winkelt er sein rechtes Bein an und führt den Oberschenkel in die entgegengesetzte Richtung. Die Holzlatten und das Melchner-Knie rasen aufeinander zu, krachen aufeinander. Dem Holz passiert nichts, aber Melchners Knie ist so sehr geprellt, dass ich ihn im Spiel nicht mehr einsetzen kann.

In der Saison 2011/12 habe ich mich erneut getraut, Kruegers Holz-Experiment zu starten. Dieses Mal gehörten auch Max Meyer, Philipp Max und Sead Kolašinac zu meiner Mannschaft. Dieses Mal verletzte sich niemand. Und dieses Mal gefiel meiner Mannschaft dieses Symbol so sehr, dass es die ganze Saison über bei uns in der Kabine hing.

Am zehnten Spieltag holten wir uns die Tabellenführung und gaben sie bis zum Schluss nicht mehr her. Im Halbfinale um die deutsche Meisterschaft schlugen wir Wolfsburg mit Maximilian Arnold. Im Finale schließlich die Bayern, bei denen unter anderem Alessandro Schöpf spielte.

Als wir als Deutscher Meister in die Kabine kamen, fragte mich Sead Kolašinac, ob er unser Symbol als Erinnerung mit nach Hause nehmen dürfe. Von Herzen stimmte ich zu.

Man muss immer ein Gespür dafür entwickeln, wann solche Metaphern funktionieren können. Welche Mannschaften und Spieler dafür gemacht sind. Man darf sich aber gleichzeitig auch nicht verrückt machen lassen, wenn Motivationsmaßnahmen mal nicht funktionieren. Das gehört dazu und kommt häufiger vor. Wichtig ist aber, dass du als Coach immer davon überzeugt bist, dass es funktionieren wird.

Wir haben Ende August 2018 gegen Borussia Dortmund gespielt. Eine Mannschaft, die, da gibt es nichts zu beschönigen, individuell stärker ist als wir. Mir war klar, dass wir das Spiel nur mit einer außergewöhnlichen Leistung und mit unheimlichem Zusammenhalt gewinnen können.

Also entschied ich mich auch für dieses Spiel, meine Hölzer auszupacken und somit eine Aktion für den größtmöglichen Zusammenhalt zu starten.

Beim Blick in die Gesichter meiner Spieler hatte ich anschließend ein gutes Gefühl. Sie hatten die Botschaft verstanden und gaben mir mit ihrer Körpersprache zu verstehen, dass sie jetzt und hier gegen Dortmund alles geben würden.

Also rief ich ihnen suggestiv zu: »Ihr spürt es ganz genau, hier liegt etwas in der Luft. Wir werden heute etwas Außergewöhnliches leisten.«

Die ersten 30 Minuten absolvierten wir auch ein richtig ordentliches Spiel. Dortmund kam überhaupt nicht gefährlich vor unser Tor. Doch dann folgten 45 Sekunden, in denen unsere Mannschaft einbrach.

Emre Aydinel, der in der Vorsaison in 25 Spielen 18 Tore gemachte hatte, traf in den Minuten 32, 38 und 41 gegen uns. 0:3. Wir waren instabil, morsch, brüchig. Widerstandslos ergaben wir uns, zumindest in dieser Zeit, unserem Schicksal.

Die Halbzeitpause, die dann folgte, war eine der stressigsten überhaupt. Als Erstes einmal ließ ich die elf zusammengebundenen Holzlatten verschwinden.

Das Zwischenergebnis reichte, damit sie als Symbol unwirksam waren und somit vollkommen wertlos. Meine Jungs würden bei einem weiteren Anblick damit eine drohende Niederlage assoziieren. Keine Stärke, Widerstandsfähigkeit oder ein gemeinsames Aufbäumen.

Dann musste ich in wenigen Minuten die richtigen Worte finden.

In dieser Zeit musste ich mir auch über taktische Wechsel Gedanken machen oder eine mögliche Systemumstellung erwägen.

Und letztlich war ich noch im permanenten Austausch mit unserem Physio, da Jonathan Riemer angeschlagen war und wir schnellstmöglich herausfinden mussten, ob es mit ihm weitergeht oder nicht.

Er konnte nicht weiterspielen, sodass ich auf der Linksverteidiger-Position zum Austausch gezwungen war. Ich entschied mich auch, Lukas Ahrend und Bjarne Seturski herauszunehmen.

Dann versuchte ich, dem Team noch einmal Mut zu machen und die Spieler aufzubauen, damit sie irgendwie doch noch an das Wunder glauben.

»Es gab vor ungefähr einem Jahr ein Spiel in Dortmund, das war ähnlich aussichtlos wie unseres gerade. Da saßen Spieler in blauen Trikots in der Pause genauso entmutigt und ratlos in der Kabine wie ihr jetzt gerade. Sie hießen Ralf Fährmann, Guido Burgstaller und Yevhen Konoplyanka. Diese Jungs haben innerhalb von 25 Minuten vier Gegentore von Dortmund bekommen. Und wisst ihr, was dann passiert ist?«

Ich ließ sie selbst die Antwort geben, weil ich hoffte, dass dadurch ein noch stärkeres Wachrütteln und Aufbäumen durch die Mannschaft gehen würde.

Irgendeiner sagte zaghaft, ohne Mumm, mehr zu sich selbst als zu den anderen: »4:4.«

»Was?«, schrie ich. Ich wollte es klarer, lauter, energischer von ihnen hören.

Und ich bekam die erhoffte Antwort, die ich dann mit meinen eigenen Worten ein weiteres Mal wiederholte.

»Schalke hat das Spiel noch gedreht. 4:4 hieß es am Ende.«

Von jetzt auf gleich hatte ich das Gefühl, dass auch wir das Spiel noch einmal drehen könnten.

»Wisst ihr«, fragte ich erneut, auch wenn ich dieses Mal gar nicht erst auf ihre Antwort warten wollte, »was Domenico Tedesco in der Pause zur Mannschaft gesagt hat? Er hat gesagt: ›Lasst uns die zweite Halbzeit gewinnen.‹ Und genau das schaffen wir jetzt auch. Wir gewinnen die zweite Halbzeit.«

Und weil ich gerade so gut dabei war, erinnerte ich auch noch ans Champions-League-Finale 2005 in Istanbul, in dem es nach 45 Minuten 3:0 für den AC Mailand gegen den FC Liverpool stand. Dessen Sieger allerdings Liverpool war, nach einer furiosen Aufholjagd, einer torlosen Verlängerung und dem Elfmeterschießen.

Leider kassierten wir aber in der 57. Minute das 0:4 und kamen selbst nur noch zu einem Treffer. Aber die zweite Halbzeit war von uns klar besser und ging 1:1 aus.

Aber ungeachtet vom Ergebnis – was ich mit den Geschichten verdeutlichen will, ist: Es gibt so viele Chancen, sich weiterzubilden, von anderen Menschen und deren Erfahrungen zu profitieren. Es gibt so viele schlaue Menschen, die kluge Gedanken entwickelt haben. Uns Menschen steht doch das vollständige Wissen und der gesamte Erfahrungsschatz der Menschheitsgeschichte zur Verfügung.

Man hat jeden Tag die Chance, von anderen zu lernen.

Gelernt haben Conny, Jenny und ich auch unglaublich viel von Dr. Robert Schuller aus Anaheim in Kalifornien. Robert Schuller hat Conny und mich 2003 anlässlich unserer Silberhochzeit in der Crystal Cathedral in Anaheim kirchlich getraut. Unsere wunderbare Tochter Jenny war damals unsere Trauzeugin. Vermittelt hat uns diese Möglichkeit Nikolaus Enkelmann, dessen großes Vorbild Robert Schuller war. Leider leben beide nicht mehr.

Robert Schuller hat uns ähnlich stark geprägt wie Wooden und Enkelmann. Er hatte ein unglaubliches Charisma und war einer der größten Möglichkeitsdenker, die je auf diesem Planeten gelebt haben. Von ihm stammt der prägende Satz ›Erfolg ist eine Frage des Durchhaltens, Misserfolg eine Folge von zu frühem Aufgeben‹. Überhaupt sind wir eine sehr gläubige Familie.

Wir glauben an eine höhere Instanz und sind große Fans von Jesus Christus, sind aber auch vollkommen offen für Ansichten aus anderen Glaubensrichtungen. Wir halten es, was den Glauben betrifft, mit dem großen Psychologen Viktor Frankl, der die Logotherapie entwickelt hat. Er selber war lange im Konzentrationslager, wo alle seine Verwandten umkamen. Im Angesicht der Gaskammer entwickelte er folgende These: »Als Wissenschaftler kann ich nicht beweisen dass es einen Gott gibt. 50 Prozent sprechen dafür und 50 Prozent sprechen dagegen. Als Optimist bin ich für ihn.« WOW!

Mir persönlich geben der Glaube und das tägliche Gebet unglaublich viel Kraft und Energie.

Extrem fasziniert hat mich auch die Bergsteigerlegende Reinhold Messner. Ich habe ihn, wie wohl der Großteil der Welt, für verrückt erklärt, als er sich 1978 zusammen mit Peter Habeler auf den Weg gemacht hat, den Mount Everest, also den höchsten Berg der Welt, ohne Sauerstoffmaske zu erreichen. Mediziner waren sich eigentlich einig, dass dieses Vorhaben ohne künstlichen Sauerstoff unmöglich sei. Sie warnten vor schweren, irreparablen Schädigungen des Organismus infolge des niedrigen Sauerstoffgehalts in der Atemluft in diesen Höhen.

Ein Sherpa, also ein Träger bei der Tour, erlitt auch prompt während dieses Vorhabens auf über 6400 Meter einen Schlaganfall, seine linke Gehirnhälfte wurde derart geschädigt, dass er eine linksseitige Lähmung zurückbehielt.[19]

Die Mission drohte mehrmals zu scheitern. Orkanartige Stürme zerfetzten ein Zelt, heftiges Schneetreiben nahm die Sicht und Habeler hatte sich zu allem Übel den Magen verdorben. Aber die zwei gaben nicht auf und erreichten am 8. Mai 1978 kurz nach 13 Uhr den höchsten Punkt der Erde.

Es gibt mehrere Dinge, die bei dieser Mission lehrreich waren und die man für sich ableiten kann.

Zum einen gefiel mir, dass Messner nach dem Prinzip lebt:

»Leistungszwang und Leistungsdruck lehne ich ab. Zum Leistungswillen aber stehe ich – sonst wäre ich nicht mehr am Leben.«

Mir gefiel auch vieles von dem, wie Messner Teamarbeit definiert. Wenn er beispielweise gefragt wird, wer denn von beiden als Erstes auf dem Gipfel angekommen sei, reagiert er wütend: »Es ist völlig irrelevant, wer als Erstes zum Gipfel kommt, wenn man in Seilschaften aufsteigt. Diese Lächerlichkeit, dass sich Leute darauf versteifen, sagen: ›Ich war als Erster da oben‹, ist Kindergarten. Das gehört nicht ins Bergsteigen.«

In seinem Buch *Everest – Expeditionen zum Endpunkt* beschreibt Messner zudem: »Jetzt, kurz nach Mittag und auf einer Höhe von 8800 Metern, können wir uns selbst in den Rastpausen nicht mehr auf den Beinen halten. Wir kauern uns hin, knien uns hin und klammern uns an den Stiel des Pickels, dessen Spitze wir in den harten Firn gerammt haben. Wir sichern uns nicht gegenseitig, keiner achtet auf den anderen, aber tief im Unterbewusstsein weiß jeder, dass der andere da ist und keinen Fehler macht. Die Harmonie unserer Seilschaft ist in wiederholten Expeditionen, in Grenzsituationen so gewachsen, dass jetzt keiner um den anderen fürchtet.«[20]

Es geht halt immer nur als Einheit. Ein Robert Lewandowski kann nur durch die anderen die Torjägerkanone gewinnen. Wenn dem Bayern-Stürmer keiner den Ball gibt, schießt er kein Tor. Wenn Robert Lewandowski eins gegen elf spielt, gewinnt er kein Spiel, bei allem Respekt nicht mal gegen eine Thekenmannschaft. Natürlich muss er grundsätzlich heiß darauf sein, die Bude zu machen. Man darf ihm diesen unbedingten Willen, dass er das Tor macht, nicht nehmen, sonst nimmt man ihm seine größte Stärke. Er muss aber immer wissen, dass ein Tor durch 22 Füße erzielt wird. Dass sein Tor nur dank der Hilfe von 20 anderen Füßen erzielt werden kann. Wenn Bayerns Torwart Manuel Neuer den Ball in der Eröffnung zum Gegner schießt, kommt er nie bei Lewandowski an. Und letztlich sehe ich es so: In einer Verlierermannschaft wirst du nie groß glänzen können – auch nicht als Weltklassespieler.

Was bei Messner noch wunderbar herauskommt, ist die Wichtigkeit von Vorbereitung. In seinem Buch *Berge versetzen* schreibt er: »Alles beginnt mit einem Tagtraum. Daraus wächst eine Idee. Indem ich mich auf sie konzentriere und an ihr arbeite – wochenlang, monatelang, jahrelang –, entsteht ein Ziel. Ein stiller Entschluss in mir zündet die Tat. Jeder Aufstieg beginnt im Kopf.«[21]

Heute wollen, am nächsten Tag starten und am dritten Tag den Gipfel erreichen, das ginge nicht. »Nur nach langer Vorbereitung, nach der Auseinandersetzung mit dem Berg, wächst jene Energie in uns, die uns bis zum Gipfel trägt.«

Ich meine, dass Messner 1972 mit seinen Planungen der Everest-Besteigung angefangen hat. Er hat also wahrscheinlich sechs Jahre benötigt.

Für die letzten knapp 900 Höhenmeter haben sie sieben Stunden gebraucht, um letztlich weniger als eine Viertelstunde auf dem Dach der Welt zu stehen.

»Der letzte Schritt zum Gipfel hängt ab vom ersten Schritt, dem Ziel entgegen. Je länger ich mich mit meinem Ziel auseinandergesetzt habe, je mehr Energie ich eingebracht habe, um den ersten Schritt zu tun, umso mehr Motivation habe ich später.«[22]

Messner spricht von einer Realutopie. »Ich weiß, dass Realität und Tagtraum deckungsgleich werden können. Du denkst dir etwas aus, hast also eine Idee, entwickelst dann im Kopf eine Realutopie und bist in einer dritten Phase fähig, diese in der Realität umzusetzen. (…) All meine Taten haben als Idee im Kopf angefangen. Solange aber eine Idee nur als vage Vorstellung da ist, hat sie wenig Kraft. Erst wenn sie sich auswächst wie ein Kind im Mutterleib, wenn sie sich zur realisierbaren Utopie verdichtet, kann sie geboren, muss sie verwirklicht werden.«[23]

Messner selbst hat sich, getreu dem Motto von Trickfilm-Erfindet Walter Elias »Walt« Disney »If you can dream it, you can do it«, den Aufstieg immer und immer und immer wieder vorgestellt. Er hat sein Kino im Kopf angeschaltet. Dieses geistige Vorwegnehmen, also dass man schon da sein sollte, bevor man angekommen ist, kann Spielern helfen. Der Torwart stellt sich also vor, wie er nach Bällen hechtet und sie hält. Der Torjäger sieht sich vor dem Tor, wie er schießt und wie der Ball anschließend im Netz zappelt.

Lee Evans, der bei den Olympischen Spielen 1968 in Mexiko-Stadt im 400-Meter-Lauf Gold holte, verriet schon 1984: »Ich visualisierte jeden Schritt des 400-Meter-Laufs so lange, bis ich jeden Schritt sah, den ich machen würde.«

Klaus Beckendorf, der zehn Jahre lang als Sportpsychologe am Olympiastützpunkt in Hannover gearbeitet hat, erklärt diesbezüglich: »Der Sportler muss einen inneren Film der Bewegung entwickeln, der so konkret und detailreich wie möglich sein sollte.« Bestenfalls sei die Vorstellung so intensiv, »dass der Sportler sich genauso aufgeregt fühlt wie vor einem Start«.[24]

Empfehlenswert sei, zumindest rät das der Professor für Sportwissenschaft und Sportpsychologie Hans Eberspächer, der unter anderem die alpine Ski-Nationalmannschaft betreute, die Bewegung zunächst möglichst exakt aufzuschreiben und dann die entscheidenden Elemente, die Knotenpunkte der Bewegung, herauszuarbeiten.

Ziel sollte es zudem sein, die Vorstellung so präzise zu entwickeln, dass der Sportler genauso lange braucht, um in Gedanken die Strecke zu schwimmen oder den Sprung zu vollführen, wie in der Realität. Oder eben um ein Tor zu schießen.

Fabian Hambüchen, der Olympiasieger am Reck, hat während seiner ganzen Karriere deswegen Mentaltraining mit einer Stoppuhr absolviert.

Er hat sie gestartet, sobald er gedanklich eine Übung begonnen hat, und hat sie angehalten, sobald er in seiner Vorstellung nach der Landung wieder auf der Matte stand. Anfangs hat er seine gedankliche Übung in der Hälfte der realen Zeit durchgeturnt. Er hat ewig gebraucht, bis er auf der Vorstellungsebene tatsächlich die Echtzeit traf.

Ziel dieser Übung war es, dass er niemals während der Übung gedanklich abschweifte. Indem er zum Beispiel irgendwann dachte: »Jetzt kommt nur noch ein schweres Element und der Abgang, und dann war's das.« Genau solche Gedanken stören nämlich die Bewegungskoordination. Wenn man sich mittendrin schon einredet: »Läuft super, geile Übung«, fliegt ein Turner im nächsten Moment ab. Deshalb sollte er immer möglichst nah an der Echtzeit bleiben, seine Gedanken immer genau bei der gegenwärtigen Bewegung haben, dann sei die Chance am größten, das durchzubringen, was er im Training absolviert hatte.

Mithilfe der Stoppuhr ist es Hambüchen gelungen, dass er sich von nichts mehr ablenken ließ und wirklich ganz konzentriert bei sich und der Ausführung seiner Übung blieb. Das nennt man totalen Fokus und voll im Hier und Jetzt sein.

Natürlich kann man nicht alles von Hambüchen eins zu eins auf Fußballer oder eben auf Reinhold Messner übertragen. Der hätte schließlich nicht die gesamte Expedition mit einer Stoppuhr vorempfinden können. Aber es geht einfach nur darum zu zeigen, dass Visualisierung vielen erfolgreichen Menschen hilft.

Messner hat dann sogar noch einen Fehler gemacht. Er hat sich immer nur den Aufstieg zum Mount Everest in seinen Tagträumen vorgestellt. Dem Abstieg hatte er sich kaum gewidmet, sodass Folgendes passierte, wie Messner selber beschrieb: »Ich empfinde eine bestimmte Unlust abzusteigen, als ob das Absteigen nicht zu meinen Plänen gehörte. Tatsächlich hatte ich mich in der Zeit der Vorbereitungen immer nur mit dem Aufstieg beschäftigt, höchstens noch mit dem Gipfel, aber niemals mit dem Abstieg. Ich muss mich selbst jetzt auffordern, aufzustehen und diesen Punkt zu verlassen. Jetzt steigst du ganz langsam den Grat abwärts, sage ich zu mir.«[25]

Auch möchte ich Ihnen noch Mike Krzyzewski empfehlen, den sie alle wegen seines unaussprechlichen Nachnamens nur »Coach

K« nennen. Er gibt in seinen Büchern viele wertvolle Impulse zu Teamführung und Coaching.

Krzyzewski gehört zu den erfolgreichsten Trainern in der amerikanischen Basketballgeschichte, obgleich er nie in der höchsten Liga der Welt, der NBA, trainiert hat. Stattdessen hat er die Basketballer der Duke University fünfmal zur NCAA-Meisterschaft geführt. 2015 gelang ihm der 1000. Sieg, eine historische Markte. Als Trainer der US-Nationalmannschaft gewann er zudem 2008, 2012 und 2016 olympisches Gold sowie 2010 und 2014 die Basketballweltmeisterschaft.

»Wenn man eine Gruppe von Spielern zusammenbringt, dann ist es nicht sofort ein Team. Es ist erst einmal nur eine Ansammlung von Individuen«, sagt Krzyzewski deutlich. Sich selbst sieht er dabei gar nicht als Basketball-Coach: »Ich sehe mich als Anführer, der zufällig auch Basketball-Coach ist.«[26] Mir gefällt dieses Rollenverständnis extrem.

Ihm gelingt es auch immer auf sehr eindrucksvolle Art, seinen Spielern klarzumachen, was es bedeutetet, im Nationaltrikot für die USA aufzulaufen. So hat er beispielsweise Ausflüge zu Militärstützpunkten organisiert oder auch mit seinen Jungs die Gräber von gefallenen Soldaten besucht. Coach K nennt das »Feel-it-moments«. Und tatsächlich verspüren seine Spieler ganz offensichtlich anschließend eine noch größere Identifikation mit dem Team.

»Es gab Momente, da glaubte er mehr an mich als ich selbst«, gestand Mike Dunleavy, der unter anderem für die Golden State Warriors und die Chicago Bulls spielte. »Und er hat mich nicht einfach nur Basketball spielen lassen – er brachte mich dazu, zu dem Spieler zu werden, den er in mir gesehen hat.«

LeBron James, der dreimalige NBA-Champion, lobte: »Er ist ein fantastischer Motivator. Ich liebe es, mich mit ihm zu unterhalten.«

Krzyzewski pochte in seiner Führung immer auf eine Regel: »Wenn du mit jemandem sprichst, dann musst du ihm direkt in die Augen sehen, weil es so viel schwieriger ist, unehrlich zu sein. Damit zeigst du dem anderen auch deinen Respekt.«

Blickkontakt ist in der Gesprächsführung genauso wichtig wie aktives Zuhören. Es hat einen Grund, dass wir Menschen zwei Ohren haben und nur einen Mund. Damit wir doppelt so viel zuhören wie reden. Wichtig ist es dabei, richtig zuzuhören. Häufig warten wir aber nur, während der andere redet, auf unseren Einsatz. Hören deswegen gar nicht zu oder nur halb hin. Dabei weiß ich doch schon alles, was ich selber ausspreche. Davon kann ich doch nichts mehr lernen. Ich lerne doch nur, wenn andere reden. Ich wiederhole mich gerne, wenn ich Ihnen empfehle: »Seien Sie ein guter Zuhörer!«

BENEDIKT HÖWEDES

Vorturner, Vordenker und Vorbild in einer Person

Norbert Elgert ist nicht nur der erfolgreichste Jugendtrainer des FC Schalke 04, sondern vermutlich des gesamten deutschen Fußballs. Ein Trainer, der mit viel Leidenschaft und Akribie im Fußball nicht nur einen Beruf, sondern eine Berufung gefunden hat. Der als Erster auf dem Platz ist und weit nach den Spielern das Trainingsgelände verlässt. Einer, für den es nicht nur um Punkte und Tore am Wochenende geht, sondern auch um die Weiterentwicklung des Teams und des Individuums. Einer, der aus jungen Wilden Profis der nächsten Generation und aus der Jugendabteilung des FC Schalke 04 die ruhmreiche Knappenschmiede gemacht hat. Der Verein und ich als Person sind ihm zu großem Dank verpflichtet.

Doch was macht Norbert Elgert so außergewöhnlich? Was ist sein Rezept, um eine Jugendmannschaft immer wieder zum Erfolg zu führen, obwohl sich die Spielergenerationen verändern? Was ist sein Geheimnis, wenn es darum geht, Jugendspieler individuell auf den Profifußball vorzubereiten, sodass sie selbst bei einem

Champions-League-Club wie Schalke 04 den Sprung von der A-Jugend in den A-Kader der Profis schaffen?

Norbert Elgert ist der Typ Trainer, wie ihn vielleicht nur das Ruhrgebiet hervorbringen kann: die Prachtmähne im Winter mit Stirnband geschützt, im Sommer nach hinten gekämmt, der Pulli in die Hose gesteckt wie Thorsten Legat seinerzeit beim Mannschaftsfoto und als Gedächtnisstütze den Trainingszettel zwischen Hosenbund und Unterhose eingeklemmt. Wahnsinn!

Ich war 18, Jungjahrgang, und ich war begeistert von seinem Training, seiner Aura. Nie zuvor habe ich mit so viel Spaß und Freude trainiert und gleichzeitig so viel gelernt. Nie war mir so viel abverlangt worden. 1904 Prozent Aufmerksamkeit und Handlungsschnelligkeit, das Spiel lesen, vorausdenken, darum ging es. Dem Gegner immer einen Schritt voraus zu sein, Situationen vorauszuahnen und sich dadurch Vorteile zu verschaffen.

Der Sprung von der B-Jugend zur A-Jugend war groß. Da, wo vorher mehr Wert auf den Spaß gelegt wurde, ging es plötzlich zur Sache. Mannschaftscredos wurden erstellt, die von Conny Elgert aufs Papier gebracht worden sind. Die Headline »TEAM – Totaler Einsatz Aller Mitspieler«, genau das lebte er mit jeder Faser vor. Genau das wurde in jedem Training von uns verlangt. Alle merkten schnell, dass wir sowohl im konditionellen als auch taktischen und technischen Bereich täglich besser wurden.

Das Resultat war eine erfolgreiche Saison mit Erfahrungen, von denen wir alle in unserer Karriere profitieren sollten. »Glaube – jeder glaubt an das Team und an sich selbst«, lautete ein Satz, der sich im Halbfinale um die deutsche A-Jugendmeisterschaft nach der 0:2-Niederlage im Hinspiel bezahlt machen sollte. Ein Satz, den Norbert bei der Kabinenansprache mit einer Geschichte aus seiner Laufbahn zum Leben erweckte.

So stand er vor dem entscheidenden Rückspiel gegen Hertha BSC selbstbewusst vor uns, die Brust weit nach vorne geschoben, und erzählt uns stolz von seinen goldenen Hanteln, die er beim Gewichtheben gewonnen hatte, und wie er den ungleichen

Kampf gegen die Konkurrenz und seinen inneren Schweinehund gewonnen hatte. Ich erinnere mich, als wäre es gestern gewesen: Der Schiedsrichter kommt rein und will die Spieler kontrollieren. Norbert knallt ihm die Tür vor der Nase zu und sagt: »Nicht jetzt! Wir sind mitten in der Besprechung!« Der Schiedsrichter war verdutzt und brauchte ein paar Sekunden, um wieder einzutreten. Er sagte: »Ich bin der Referee dieser Partie und ich kontrolliere jetzt die Spieler!« Norbert war aber ganz anderer Meinung, schmiss ihn erneut raus, stellte sich demonstrativ vor die Tür und sagte zu uns: »Wieder ein Mann mehr, der nicht auf unserer Seite ist, aber wisst ihr was? Wir werden uns gemeinsam den Arsch aufreißen und dieses Spiel gewinnen und ins Finale einziehen.«

Es ging raus zum Warmmachen. Wir bildeten einen Kreis, und jeder Spieler wurde einzeln aufgefordert, im Sprint auf den gegenüberliegenden Spieler zuzurennen. Kurz vor dem Erreichen sollten wir zur Blutgrätsche ansetzen, und der gegenüberliegende Spieler sollte im richtigen Moment hochspringen und sich einen neuen Spieler aussuchen, bei dem ebenfalls die Grätsche ausgepackt werden sollte. Durch diese unkonventionelle Maßnahme haben wir uns gegenseitig gepusht und beim Gegner Eindruck hinterlassen. Das Spiel endete 3:0 für uns. Die Belohnung: das Endspiel um die deutsche Meisterschaft gegen die Bayern. Was für ein Fight, was für ein Comeback!

»Wir sind das stärkste, beste und erfolgreichste Team! Jeder gibt immer alles!« Das war ein weiterer Satz aus dem Credo, das sich für uns Spieler wie eine Bibel las. Schalke gegen Bayern. Höwedes, Özil und Co. gegen Hummels, Wagner und Team. Endstand 2:1. Deutscher Meister FC Schalke 04. Zeilen, die man gerne immer und immer wieder liest.

Noch größer als der Wunsch nach der Meisterschaft war jedoch Norbert Elgerts Antrieb, jeden einzelnen Spieler individuell besser zu machen und so auf eine kommende Profilaufbahn vorzubereiten – als Spieler und als Persönlichkeit. So habe ich immer das Gefühl gehabt, dass er mich fördern und fordern will. Das Amt des Spielführers in meinem zweiten A-Jugendjahr war so eine Aufgabe.

Es kam vor, dass Situationen während eines Spiels ihn so in Rage brachten, dass er sich mit Zuschauern und Fans ein Wortgefecht lieferte, weil er die Mannschaft beschützen wollte. Und falls wir wirklich mal eine schlechte Halbzeit gespielt haben und er sauer war, sagte er nur zu mir: »Benni, mach du die Ansprache!« Also musste ich die Jungs zusammenrufen und die Ansprache leiten. Zu der Zeit war ich damit fast ein bisschen überfordert, aber es wurde aus einem speziellen Grund gemacht, der mir nachher erst eingeleuchtet hat. Ich sollte das Maximale aus mir, aus meinem Charakter, herausholen. »Sei jeden Tag der Beste, der du sein kannst.« Das waren seine Worte, und diese Stärke, die ich in zwei Jahren meiner A-Jugendzeit entwickelt habe, hat mich bis zum Weltmeistertitel gebracht, auch wenn viele andere Spieler womöglich mehr Talent besaßen als ich.

Wie wichtig ihm die Persönlichkeit eines Menschen ist, zeigte sich auch, als wir einmal am Parkplatz der Profis vorbeiliefen und er zu mir sagte: »Tolle Autos, oder? Ich mag auch schöne Autos. Mir gefällt der Porsche Carrera. Aber weißt du was? Autos sind nicht wichtig. Kein Auto der Welt wertet deine Persönlichkeit auf. Es ist okay, solange du nur immer weißt, was wirklich wichtig ist im Leben. Und wenn du die Bedeutung eines solchen Autos richtig bewerten kannst.«

Diesen Mann, der auf Kohle in Gelsenkirchen geboren ist, interessiert nie die große Asche, sondern in erster Linie der Mensch. Worte, die mich bis heute geprägt haben. Und so fuhr ich in meinem ersten Profijahr den alten Saab meiner Tante und später als Kapitän der Profis ein Beetle Cabrio vom Vereinssponsor VW.

Norbert Elgert ist nicht nur der Trainer gewesen, dem ich am meisten in meinem sportlichen Werdegang zu verdanken habe. Er ist über die Jahre auch ein Freund geworden, den ich zu jeder

Tages- und Nachtzeit anrufen kann, wenn es ein Problem gibt. Ein Typ, dem man vertraut, dessen Worte man schätzt. Und der selbst natürlich auch nicht immer richtigliegt. So wie jeder Trainer. So wie jeder Mensch.

Danke für alles, Trainer!

RALF FÄHRMANN

Wie mich Norbert Elgert auf die Verlockungen der Glamourwelt vorbereitete

Man kann seinen Bizeps trainieren. Man kann seinen Oberschenkel trainieren. Man kann seine Schnelligkeit trainieren. Das alles allein nützt aber nichts, wenn man dabei vergisst, seinen Kopf zu trainieren. Dabei ist der entscheidend, im Fußball genauso wie in anderen Sportarten.

Ich habe mir das anfangs auch nicht so klargemacht. Wollte mich wahrscheinlich mit 16 oder 17 Jahren auch gar nicht wirklich damit auseinandersetzen.

Bis ich das Glück hatte, Norbert Elgert kennenzulernen und mit ihm arbeiten zu dürfen. Und von ihm zu erfahren, was alles dazugehört, wenn man ein Profi sein will.

Mit Norbert Elgert hatte ich von Sommer 2005 bis Dezember 2006 einen Mentaltrainer, der gleichzeitig noch ein klasse Fußballlehrer war. Er war ab der ersten Sekunde ein brutaler Motivator. Ein einfühlsamer Psychologe. Ein erstklassiger Taktik-Fuchs. Ein überragender Mensch. Er steht für Professionalität und dafür, das Maximum aus sich herauszuholen.

Ich fürchte, dass es selbst heutzutage noch viele Profisportler gibt, die sich schämen zuzugeben, dass sie mit einem Mental-Coach arbeiten. Ich finde daran nichts Verwerfliches. Und dank Norbert Elgert habe ich früh damit angefangen, mich vor allem mit dem Thema »Beeinflussung des Unterbewusstseins« zu beschäftigen.

Er hat mir etliche Buchempfehlungen gegeben, unter anderem *Das Erfolgsbuch* von Joseph Murphy, in dem es um ebendieses Thema geht, das mir inzwischen sehr wichtig und hilfreich ist.

Ich finde, dass man Norbert Elgert nicht gerecht wird, wenn man seine Arbeit auf ein, zwei, drei besondere Szenen reduziert. Weil er grundsätzlich so viel mehr ist, als man mit kleinen Momenten und Erinnerungen beschreiben könnte. Dennoch gibt es einen Vorfall, der mir besonders in Erinnerung geblieben ist.

Ich hatte mir beim Friseur ein Tribal in die Haare rasieren lassen, also ein spezielles Muster. Als Elgert es entdeckte, raunte er mir nur zu: »Ich würde an deiner Stelle lieber durch Leistung auffallen als durch irgendwelche Frisuren.«

Hätten mir meine Eltern oder Großeltern oder irgendein Lehrer so eine Ansage gemacht, hätte ich mir wahrscheinlich aus reiner Bockigkeit gleich den nächsten verrückten Haarschmuck einfallen lassen, um eine weitere Provokation nachzulegen.

Aber bei Elgert traute ich mich das aufgrund seiner Autorität nicht. Außerdem spürte ich, dass er irgendwie recht hatte.

Noch am gleichen Abend stellte ich mich also daheim vor den Spiegel und rasierte meine gesamtes Haar so kurz wie möglich ab, sodass das Tribal kaum noch auffiel. Ich sah schrecklich aus. Richtig bescheuert. Aber Elgert gefiel, wie ich seine Botschaft aufgenommen und respektiert hatte.

Wie gesagt: Das ist nur ein winziges Beispiel.

Norbert Elgert hat bei mir einen Reifeprozess angeregt, für den ich ihm ewig dankbar bin.

Es gab diesen einen kleinen Satz, den er immer wieder in unterschiedlichen Situationen gesagt hat: »Das ist schön, aber nicht wichtig.« Dieser Satz wirkt so simpel und oberflächlich. Dabei halte ich ihn für tiefgründig und absolut wichtig für Nachwuchsspieler, die auf dem Sprung zum Fußballprofi sind.

Dort oben, bei den Profis, gibt es so viele Verlockungen. Gefährliche Verlockungen, die junge Spieler von ihrem Pfad abbringen können. Man wird erstmals mit dicken Autos und Designerkleidung konfrontiert. Man nähert sich dieser irrealen Glamourwelt an, die schon so manchen talentierten Fußballer verblendet hat.

Aber ich bin davon überzeugt, dass diejenigen, die durch Norbert Elgerts Schule gegangen sind, dafür weniger anfällig sind und dass sie wissen, wie dieser Luxus richtig einzuschätzen ist.

Dass schöne Autos, glänzende Uhren und teure Klamotten schön sind, aber nicht wichtig. Dass sie einen niemals größer oder wichtiger machen als andere. Dass alle diese Dinge uns Fußballer nicht über andere erheben.

Norbert Elgert war für mich ein entscheidender Wertevermittler, der meinen Horizont nachhaltig erweitert hat. Und er ist es immer noch. Als ich schon bei den Profis war, es war in der Saison 2013/14, reisten wir in der Champions League zu Chelsea, nach Basel und Bukarest. Immer mit an Bord unseres Fliegers war auch unsere U19, die zeitgleich in der Youth League antrat. Also auch Norbert Elgert.

Er war zwar zu diesem Zeitpunkt offiziell unser »Trainer aus der Vergangenheit«. Trotzdem genoss er noch den gleichen Respekt und das gleiche Ansehen wie zuvor. Er war immer noch irgendwie »unser Trainer« und vor allem unser neutraler Ratgeber.

Ich weiß noch, wie Joel Matip mich fragte, ob wir nicht mal zusammen zu ihm hingehen sollten. Joel hatte keine Angst vor ihm. Er hatte aber eine gehörige Portion Demut vor Elgert. Joel und ich wussten genau, wenn wir ihn ansprechen würden, dann müssten wir uns auf das Gespräch mit ihm einlassen. Wir durften nicht bloß mit Belanglosigkeiten antworten, nur weil wir bereits Profis waren. Mit Norbert Elgert kann man nicht zwischen Tür und Angel sprechen. Er zieht einen in seinen Bann. Man muss sich sowohl über die Antworten, die man ihm gibt, Gedanken machen, als auch über die, die man von ihm bekommt.

Daher verbündeten wir uns, um uns gemeinsam Rat von ihm zu holen.

Als ich Kapitän auf Schalke wurde, rief mich Elgert übrigens auch an. »Ralf«, sagte er, »das freut mich.« Um mir dann aber sehr klar zu vermitteln, worauf ich fortan achten solle. »Du bekommst jetzt eine neue Rolle im Verein. Du bist jetzt noch mehr Leader als zuvor. Bleib bitte immer bei dir selbst. Lass dich von deinem Amt nicht verändern. Sei weiterhin jeden Tag der Beste, der du sein kannst.«

Ich schätze an ihm vor allem, dass er sich nicht über die ganzen Titel identifiziert, die er geholt hat. Und auch nicht über die Profifußballer, die er hervorgebracht hat. Seine Mission lautet wirklich, dass er sowohl Fußballer als auch Menschen weiterbringen möchte. Und das gelingt ihm letztlich auch.

Für mich ist Norbert Elgert, auch wenn er das selber niemals so sagen würde, die Knappenschmiede. Er ist das Gesicht. Er ist eine einzigartige Marke, die jederzeit strahlt!

Kapitel 5: »Wenn ihr nicht reden wollt, geht zu den Fischen ins Aquarium«

Es dauerte exakt drei Treppenstufen, bis mein Selbstvertrauen auf ein Minimum geschrumpft war. Dreimal 20 Zentimeter Höhenunterschied, um aus mir ein Nervenbündel zu machen. Als mein Name wenige Sekunden zuvor genannt worden war, hatte ich noch vor Selbstvertrauen gestrotzt. Ich war mir sicher, meine Aufgabe souverän zu meistern. Auch, nachdem ich meinen Platz im Auditorium verlassen hatte und aus der Menge hinausgetreten war, sprühte ich noch so vor Tatendrang. Mein Rücken war gerade. Mein ganzer Körper kraftvoll aufgerichtet.

Doch als ich nun am Fuße der kleinen Treppe angekommen war, war es, als entweiche mit jedem Schritt nach oben mehr Selbstvertrauen aus meinem Körper. So wie bei einem Luftballon, in den man mit einer Nadel mehrere Löcher hineingestochen hatte.

Eine völlig wundersame Verwandlung. Dabei sollte ich nichts anderes machen, als bei einem Rhetorik-Seminar vor anderen Teilnehmern zu sprechen.

Jeder zog ein Thema und sollte nun ohne Vorbereitungszeit eine Stegreifrede zu dem Stichwort halten, das auf seinem Zettel stand. Es gab einen Teilnehmer, der über den »linken Fuß von Andreas Brehme« reden durfte, mit dem rechten hatte er gerade Deutschland zum WM-Titel geschossen. Jemand hatte das Thema »Fahrradtour mit Ayrton Senna« gezogen, der im Jahr des Seminars zum zweiten Mal Formel-1-Weltmeister geworden war. Eine Frau sollte über die britische Pop-Gruppe Take That (die gerade gegründet worden war) referieren.

Auf meinem Zettel stand »Bestäubungsmechanismen von Orchideen«.

Bei der Stegreifrede geht es um das Training der Spontaneität. Eigentlich hatten wir alle sehr gute Tipps bekommen, wie man eine solche Rede, die man eben nicht lange vorbereiten kann und selbst wenn man gar nicht richtig im Thema ist, trotzdem souverän meistert.

Doch seit ich diesen Zettel gezogen hatte, waren die Anleitungen, die die Trainer bei diesem Dale-Carnegie-Seminar uns erläutert hatten, wie weggeblasen.

Statt mich an die klaren Vorgaben zu halten, war mein Gehirn wie im Schleudergang, sodass Gedankenblitze wie »Verdammte Blumen!«, »Ich bin doch kein Gärtner!«, »Warum habe ich nicht den Zettel mit Andreas Brehme gezogen!« und »Wie sieht so eine Orchidee überhaupt aus?« wild durcheinander durch meinen Kopf purzelten.

Meine Frau Conny hatte ein paar Wochen vor mir bereits das gleiche Seminar besucht. Ein Dale-Carnegie-Training läuft intervallmäßig über mehrere Wochen. Dabei ging es unter anderem um positives Denken, Zeitmanagement, Rhetorik und Menschenführung. Das Training fand einmal wöchentlich statt. Meistens, wenn Conny spätabends vom Carnegie-Training zurückkehrte, brachte sie kleine Preise mit, die es immer für die besten Redner als Belohnung gegeben hatte. Conny räumte ab ohne Ende. Sie hielt Stegreifreden, die die anderen Teilnehmer begeisterten.

Mal brachte sie einen Kugelschreiber, ein anderes Mal einen Buchpreis mit nach Hause.

Entsprechend groß war dann auch mein Ehrgeiz. Doch in den

ersten Wochen gewann ich gar nichts. Keinen einzigen Preis hatte ich gewinnen können, dabei hatte man in jeder Trainingseinheit die Möglichkeit, sich zweimal zu beweisen.

Zu dem Zeitpunkt hatte ich als Fußballtrainer zwar schon häufig vor Gruppen gesprochen, hatte aber durchaus noch große Defizite.

Auf meinen ersten Kugelschreiber musste ich verdammt lange warten und kam deswegen regelmäßig frustriert vom Seminar nach Hause. Preise bekam ich erst, als ich persönlich bei mir den Druck rausnahm und lockerer wurde. Loslassen, um es zuzulassen.

Trainer und Führungskräfte stehen ständig vor Gruppen und müssen reden. Auch ich als Fußballtrainer. Vor jeder Trainingseinheit. Während des Coachens beim Training. Nach dem Training. Mit Sicherheit am Abend vor dem Spiel, wenn ich unsere Mannschaft taktisch auf den Gegner einstelle. In der Kabine unmittelbar vor dem Spiel. In der Halbzeitpause. Und natürlich auch nach dem Spiel.

In meiner bisherigen Trainerkarriere habe ich also bisher bestimmt einige Tausend Ansprachen und Reden gehalten. Als Coach und Führungskraft musst du begeisternd und motivierend sprechen können. Laut Nikolaus Enkelmann ist Rhetorik die Lehre von der Wirkung des Menschen. Demnach kommt es auf unsere Wirkung an. Wodurch wirken wir? Durch unsere Körpersprache, durch unsere Stimme und durch unseren Augenkontakt. Erst danach kommt der Inhalt. Das heißt aber nicht, dass der Inhalt nicht wichtig ist.

Auch Fußballspieler müssen auf dem Platz ständig sprechen, sich permanent gegenseitig coachen und Anweisungen geben. Es gibt eine provokante Aussage von mir, die die meisten, die meine Ausbildung durchlaufen haben, von mir gehört haben: »Männer, wenn ihr nicht reden wollt, dann geht zu den Fischen ins Aquarium. Da könnt ihr die Schnauze halten. Aber auf dem Platz geht das nicht.«

Und dann schiebe ich, bewusst überzogen, noch hinterher: »Wenn ihr nicht sprecht, obwohl ihr Dinge kommen seht, ist das unterlassene Hilfeleistung.«

Einer, der das brutal verinnerlicht hat, war Benedikt Höwedes. Als er sein erstes Jahr bei mir absolvierte, war er sehr schnell Stammspieler. Qua Position musste er also schon viel reden. Aber in der Anfangsphase, als einer der jüngeren Spieler im Team, hat er es zunächst überhaupt nicht geschafft, aus sich herauszukommen. Er war bei all seinem fußballerischen Können so kommunikativ wie ein Fisch. Ein Innenverteidiger muss aber sprechen. Benedikt jedoch fiel es zunächst sehr schwer, aus sich herauszugehen.

Er rannte, grätschte, passte, antizipierte, köpfte – machte alles, was ein Innenverteidiger tun muss, aber er redete einfach zu wenig.

Nach der Sommerpause machte er einen ganz großen Sprung in seiner Entwicklung. Plötzlich, als er zu den Älteren im Team gehörte, kam er aus seinem Schneckenhaus heraus. Von einem Tag auf den anderen war aus dem stummen Fisch ein Leader geworden, der mit klaren Kommandos die Mannschaft führte. Der warnte und korrigierte. Der dirigierte – und zwar verständlich und immer in der richtigen Tonlage.

»Ich will nicht sagen«, verriet Benedikt einmal selber, »dass ich ein kleines Mäuschen war, aber ich war damals sehr zurückhaltend. Norbert Elgert hat mich dann als Kapitän in eine Position gebracht, wo er viel von mir verlangt hat. Deshalb habe ich den größten Schritt menschlich und fußballerisch bei ihm gemacht.«

Ich glaube, dass es bis heute noch viel zu viele Menschen gibt, die die Bedeutung ihrer Stimme und von Rhetorik und Kommunikation unterschätzen.

Dabei sind richtige, klare und verständliche Worte das A und O.

Es gab beispielsweise eine Phase, in der Leroy Sané sich auf dem Holzweg befand und mehrere Gespräche mit ihm notwendig waren.

Leroy war, das konnte man ihm nie in Abrede stellen, immer

ein guter Trainierer. Er hat früh die Chance erkannt, die einem Trainingseinheiten bieten. Dementsprechend hat er zumeist den nötigen Einsatz gezeigt. Allerdings ist Leroy auch jemand, der von seiner Unbekümmertheit lebt. Daher war er bei all seinem Engagement auch immer etwas lässig unterwegs und hatte nicht immer das beste Gespür für angebrachte Ernsthaftigkeit.

Manchmal machte er mir einfach zu viel Show und ließ es an der nötigen Konzentration fehlen.

Leroy ist ein gut aussehender Bursche, der schon damals sehr viel Wert auf sein äußeres Erscheinungsbild legte. Eines Tages schnappte ich ihn mir und forderte ihn auf: »Leroy, du musst jetzt eine Entscheidung treffen. Was willst du wirklich werden? Willst du Mitglied einer Boygroup sein? Oder Schauspieler? Oder Model? Oder vielleicht doch Fußballprofi?«

Er sah mich ziemlich irritiert an und antwortete, ohne nachzudenken, genau das, was ich erwartet hatte. »Natürlich Fußballprofi, Trainer.«

»Dann weißt du ja, was jetzt auf dich zukommen wird. Wir werden entsprechend mit dir arbeiten und trainieren.«

Wenig später, im November 2014, war eine noch klarere Ansage notwendig, um Leroy wieder in die Spur zu bringen.

Wir spielten im Rahmen der U19-Champions-League in Portugal gegen Sporting Lissabon. Nach 45 Minuten lagen wir 0:2 zurück. Leroy spielte, daran gibt es nichts zu beschönigen, unverständlich schwach. Ich entschied mich, wohl wissend, dass er damit umgehen konnte, ihn vor versammelter Mannschaft in der Kabine herauszupicken und zu kritisieren. »Leroy, das ist heute definitiv dein letztes Spiel in der U19«, sagte ich. »Das ist mir einfach zu wenig und das schau ich mir nicht länger an.«

Ich sah sofort, wie es bei ihm im Kopf anfing zu rappeln. Wie er sich ausmalte, was das, was ich sagte, für ihn bedeutete. Als er realisierte, dass ich ihn gerade aus der Mannschaft geworfen hatte, war ich schon so weit in der Analyse fortgeschritten, dass er sich nicht mehr traute, etwas zu erwidern.

Es beschäftigte ihn ganz offensichtlich auch, jedenfalls vermute ich das, dass ich ihn trotz meiner Ankündigung nicht sofort auswechselte. Was ja eigentlich die logische Konsequenz gewesen wäre.

Als Leroy die Kabine wieder verließ, traf mich kurz sein Dackelblick. In seinen dunkelbraunen Augen konnte ich lesen: »Dir Arschloch zeige ich es jetzt.« Was er dann auch tat.

Nur acht Minuten nach dem Wiederanpfiff traf Leroy zum 1:2. Er spielte wie aufgedreht. Und nachdem Felix Platte das 2:2 gemacht hatte, traf Leroy in der 90. Minute auch noch zum 3:2.

»Wenn du so spielst wie in der zweiten Halbzeit, darfst du doch gerne noch einmal wiederkommen«, sagte ich hinterher zu ihm, nahm ihn in den Arm und lächelte.

Leroy ist ein Ausnahmetalent mit einem wirklich guten Charakter. Ohne Zweifel. Er hatte aber auch eine gewisse Anfälligkeit für Ablenkungen. Deshalb war es auch noch ein weiteres Mal notwendig, ihn mit der entsprechenden Maßnahme zu erden.

Das geschah im März 2015. Wir spielten zu Hause gegen den Wuppertaler SV. Zu der Zeit trainierte Leroy ebenso wie Felix Platte regelmäßig bei den Profis mit, also unter Leitung von Jens Keller. Leroy hatte sogar kurz zuvor 14 Minuten gegen Bayern München und 18 Minuten gegen Mönchengladbach spielen dürfen. Felix Platte hatte gegen Eintracht Frankfurt und Werder Bremen erste Bundesligaminuten gesammelt.

Eigentlich hatte ich auch ohne die beiden eine ganz gut funktionierende Mannschaft. Wir hatten zuvor gegen Preußen Münster 6:0 und gegen Bielefeld 8:0 gewonnen, waren Tabellenzweiter. Trotzdem stellte ich beide gegen Wuppertal auf, in der Erwartung, dass sie ihrem Team helfen würden.

Nach 32 Minuten aber, wir lagen 0:1 hinten, reichte es mir. Die beiden stolzierten über den Platz, als wären sie etwas Besseres. Sie gaben einfach nicht genug Gas und arbeiteten zu wenig für die Mannschaft. Also holte ich sie beide vom Platz und brachte Fabian Reese und Hendrik Lohmar.

Nach seinem Wechsel zu Manchester City mit Pep Guardiola sprach Leroy Sané mit der *Daily Mail* über diesen Moment: »Das war eine wichtige Erfahrung für mich. Damals dachte ich, ich müsste nicht mehr so viel investieren, da ich es schon in die erste Mannschaft geschafft hatte. Ich habe daraufhin viel an mir gearbeitet. Und es hat sich ausgezahlt, weil ich da bin, wo ich jetzt bin.«

Nach dem Sieg gegen Wuppertal verloren wir keines von den nächsten acht Spielen, gewannen sogar zweimal mit 6:0. Mit sechs Punkten Vorsprung sicherten wir uns den Titel in der Bundesliga West und spielten erneut um die deutsche Meisterschaft.

Dort trafen wir im Finale auf die TSG Hoffenheim – mit ihrem Trainer Julian Nagelsmann. Der fand äußerst wohlwollende Worte vor dem Spiel für mich. »Es ist wohl seine größte Stärke, dass er genau weiß, wie er mit den Spielern umgehen muss – und seien sie auch noch so schwierige Typen. Trotz des großen Altersunterschieds spricht er nach wie vor die Sprache der Spieler und bringt sie auch emotional weiter. Die Liste der herausragenden Spieler, die er ausgebildet hat, ist außergewöhnlich«, sagte er.

Die Hoffenheimer hatten wirklich eine beeindruckende Saison hingelegt, in der sie nur zwei Spiele verloren. Bis zum Finale hatten sie drei Monate überhaupt keine Niederlage mehr kassiert. Eigentlich also Grund genug, mit der besten Mannschaft aufzulaufen. Doch Roberto Di Matteo, der Cheftrainer der Schalker Profis, tat sich unheimlich schwer damit, mir Leroy zur Verfügung zu stellen.

Ich musste lange und intensiv mit ihm reden, konnte ihn letztlich dazu bewegen, dass Leroy zumindest eine Halbzeit bei uns spielen darf.

Da wir aber überhaupt nicht richtig ins Spiel fanden und Hoffenheim auch noch durch Joshua Mees in Führung ging, brach ich meine Absprache mit Roberto und wechselte Leroy bereits nach 35 Minuten ein. Mir war es ehrlich gesagt auch egal, was er dazu sagen würde. Es ging um Schalke – und nur um Schalke.

Leroy hat dann auch ein überragendes Spiel gemacht. Seine Einwechslung hat dem ganzen Team und auch den Fans einen Ruck gegeben, sodass wir am Ende noch mit 3:1 gewonnen haben. Einen schöneren Abschied von der U19 hätte sich Leroy kaum wünschen können.

Als Trainer und Coach brauchst du eine natürliche Autorität, um viele, manchmal auch schwierige Situationen erfolgreich zu meistern.

Wie etwa mit Sead Kolašinac. Bevor wir ihn holten, hatte ich ein sehr ausführliches Gespräch mit ihm. Er galt als schwieriger Fall. Bei seinen vorherigen Stationen Karlsruhe, Hoffenheim und Stuttgart war er nicht nur durch Leistung aufgefallen. Er war jemand, der seine Grenzen auslotete und sie auch mal überschritt. Er galt als schwierig – für eine Gruppe. Und auch für einen Trainer.

Fredi Bobic, der damalige Sportdirektor der Schwaben, gab einmal in einem Interview zu, dass Sead »nicht immer ganz pflegeleicht«[27] war. Er stimmte letztlich sogar zu, den ursprünglichen Vierjahresvertrag mit Sead Kolašinac im Dezember 2010 vorzeitig aufzulösen, sodass wir ihn uns schnappten. Sead erwies sich im Nachhinein als absoluter Glücksfall für den S04.

»Ich würde gerne«, sagte ich zu ihm, »mit dir zusammenarbeiten. Du hast, davon bin ich überzeugt, einen guten Kern. Mir ist es egal, was früher war. Mich interessiert nicht, was wann, wo, wie und warum vorgefallen ist oder nicht. Ich erwarte nur eine Sache von dir: dass du hundert Prozent mitziehst. In jedem Training. Und in jedem Spiel. Und dass du dich wie jemand verhältst, der unbedingt Profifußballer werden will. Im Gegenzug verspreche ich dir, dass ich nie etwas von dir verlangen werde, was respektlos oder unmenschlich ist. Das hier, also Schalke und Sead Kolašinac ist eine Riesenchance für dich und auch für uns. Du kannst dir überlegen, ob du das mitmachen willst oder nicht.«

Er antwortete mit Ja, und es machte einfach nur Spaß, mit ihm zu arbeiten. Gleich in seinem ersten Spiel, im Februar 2011, gegen

Rot Weiss Ahlen schoss er ein Tor selber und bereitete unser 2:0 vor. In 13 von 14 Spielen stand er in meiner Startelf.

Als Sead später zu Arsenal wechselte, sprach er von selbst über die Anfangsphase unter mir auf Schalke. »Norbert Elgert nahm mich damals zur Seite und sagte mir, dass ich, wenn ich meinen Fokus auf die richtigen Dinge setze, in zwei Jahren unter ihm die Möglichkeit habe, in das Profiteam aufzurücken. Als ich begann, unter ihm zu trainieren, bemerkte ich Fortschritte – ich verbesserte mich taktisch und auch mein generelles Verhalten wurde besser. Man geht als kleiner Junge zu Elgert hin, und er hilft dabei, sich zu einer Persönlichkeit zu entwickeln. Das macht er wirklich gut. In jedem Training merkt man, wie sehr er seinen Job liebt.«

In seiner zweiten Saison führte er die U19 als Kapitän in die Meisterschafts-Endrunde.

Mir gefiel, wie er seine Mitspieler mitzog. Aber dann, kurz vor dem Finale gegen die Bayern, hatte ich das Gefühl, dass Sead ein klein wenig den Fokus verlor. Von einem Tag zum anderen driftete er plötzlich ab, machte Faxen, statt voranzugehen. Spätestens als er mit seiner Albernheit anfing, die Truppe anzustecken, musste ich einschreiten.

Und zwar mit dem richtigen Fingerspitzengefühl.

Traineraufgabe ist es auch, junge Anführer auszubilden. So schenken wir unseren künftigen Profis und Nichtprofis immer wieder unser Vertrauen und übergeben ihnen Verantwortung. Dementsprechend dürfen wir die Jungs, gerade wenn sie mal ausbrechen und sich nonkonform zeigen, nicht einfach nur deckeln oder sogar anschreien. Schreien ist sowieso eher ein Zeichen von Unsicherheit und Schwäche.

Wie schon gesagt, können Worte verletzender sein als ein Tritt vors Schienbein.

Viele Führungskräfte spielen mit der Angst ihrer Mitarbeiter. Natürlich erhoffen sie sich dadurch mehr Erfolg. Ich halte diesen Ansatz für falsch. Angst ist hemmend und bremst die Entwicklung. Angst kann sich ganz schnell zu einem Flächenbrand entwickeln, der sich ausbreitet und letztlich eine ganze Fußballmannschaft daran hindert, füreinander und auch für den Chef durchs Feuer zu gehen. Häufig sind auch ganze Firmen oder Fußballclubs davon betroffen. Ich finde übrigens auch – gestatten Sie mir diese kurze Anmerkung –, dass viele Eltern in ihrer Erziehung zu ängstlich sind. Natürlich meinen die Eltern es gut, aber wie willst du Mut entwickeln, wenn du von klein auf ständig nur hörst: »Pass auf, fall nicht hin!« Wenn du auf keinen Baum klettern darfst.

Aber zurück zum Coaching. Es kommt auf den Ton und den Inhalt an. Es darf nie beleidigend sein. Natürlich kriegen meine Jungs auch mal deutliche und klare Ansagen. Manchmal muss eben auch mal Tacheles und Klartext gesprochen werden. Klarheit ist überhaupt eines meiner wichtigsten Führungsprinzipien. Nicht um den heißen Brei herumreden und kein Wischiwaschi.

So habe ich schon oft zu Spielern gesagt: »Wenn du weiter so körperlos spielst, gewinnst du den Friedensnobelpreis, aber kein Fußballspiel.« Oder: »Wenn du auf dem Platz keinem wehtun willst, dann geh nach Kalkutta und werde Nachfolger von Mutter Teresa.« Übrigens eine der herausragendsten Persönlichkeiten der jüngeren Vergangenheit.

Es gab auch schon Jungs, denen ich geraten habe, in den Streichelzoo zu gehen, weil sie dort besser aufgehoben sind als auf dem Fußballplatz. Ich habe aber noch nie jemanden mit Worten verletzt, hoffe ich jedenfalls.

Für die Ansage an Sead Kolašinac war eine gewisse Deutlichkeit aber unabdingbar. Denn es ging in dem Moment um die Mannschaft, um das deutsche Finale am nächsten Tag. Da dürfen persönliche Empfindlichkeiten keine Rolle spielen. Er wollte wahrscheinlich unbewusst nur austesten, wie weit er bei mir gehen kann.

Darauf durfte ich mich auf keinen Fall einlassen. Du kannst als Trainer nicht mit deinen Spielern kämpfen. Kämpfen musst du um Siege. Um Erfolge. Manchmal auch gegen Vorgesetzte.

Wenn es darauf ankommt, müssen Mitarbeiter genau wissen, wer der Boss ist und wer das Sagen hat. In unserem Fall: wer der Anführer ist und wer der Kapitän.

Jeder Mensch hat Fehler und Schwächen, aber in Grenzsituationen darfst du als Leader keine Schwäche zeigen.

Also musste ich Sead Kolašinac zeigen, wo der Weg langgeht und wo nicht. So klar und deutlich, dass er meine Botschaft nicht missverstehen konnte.

Ich musste es so handhaben, dass seine Mitspieler es mitbekommen, aber er sich nicht gleichzeitig vor der Gruppe bloßgestellt fühlt.

Also habe ich das Training unterbrochen und ihm lautstark zugerufen: »Seo! Komm mal bitte her. Wir haben Gesprächsbedarf.«

Dann bin ich mit ihm auf den Nebenplatz gegangen. Zum einen, weil ich wollte, dass das Training weiterlief. Es war schließlich die letzte Einheit vor dem Endspiel. Zum anderen, weil es mein Ziel war, dass seine Mitspieler zwar bemerken und wahrnahmen, wie ich mir unseren Kapitän vorknöpfte, sie sollten auch registrieren, dass meine Ansage an ihn eine gewisse Deutlichkeit hatte. Aber ich wollte nicht, dass sie unseren Dialog komplett verstanden.

»Wir haben eine Absprache«, begann ich, als ich das Gefühl hatte, wir hätten genug Abstand zu den anderen. »Ich habe sie nicht vergessen. Und ich bin mir sicher, du auch nicht. Nichts von dem, was wir hier machen, ist respektlos oder unmenschlich. Also: Entweder du verhältst dich jetzt wie jemand, der unbedingt Profi werden will, und du ziehst mit. Entweder bist du jetzt und morgen mein Kapitän und führst diese Mannschaft zur deutschen Meisterschaft. Oder du bist es nicht mehr und wir spielen ohne dich.«

In der 59. Minute erzielte Bayern durch Alessandro Schöpf das 1:0. Als ich unmittelbar danach den Blickkontakt mit meinem Kapitän suchte, war ich entspannt angesichts seiner Körpersprache. Es schien mir, als wollte er mir sagen: »Trainer, lass mich mal machen. Ich weiß, was ich zu tun habe.«

Sead war keine Sekunde geschockt über den Rückstand, sondern strahlte eine Souveränität aus, die ich selten von jemandem in seinem Alter gesehen habe. Am Ende siegten wir 2:1 und wurden Deutscher Meister.

Auf dem Weg zu einem erfolgreichen Trainer muss man viele Lektionen lernen.

Unter anderem, dass du mit deinen Ansprachen und Besprechungen niemals alle erreichst. Natürlich nimmt man sich vor, sie alle zu kriegen, aber das schafft keiner.

Es gibt, ich weiß gar nicht, woher ich es habe, das 10/6-Prinzip. Das besagt, dass bei einer guten Rede vor 1000 Leuten maximal 600 begeistert sind. 100 Prozent deines Publikums erreichst du nie.

Dementsprechend kann man auch nie eine gesamte Mannschaft erreichen, aber man muss es trotzdem versuchen. Zumal bei einem Fußballteam noch eines erschwerend hinzukommt. In der Kabine sitzen immer Zuhörer, denen man als Trainer mitteilen musste, dass sie nicht von Beginn an spielen. Elf sind in der Startformation. Sieben sitzen auf der Ersatzbank. Und ein paar muss man sogar auf die Tribüne verbannen.

Eine weitere schwierige Kommunikationsaufgabe: Von Beratern, Eltern, Frauen, Freundinnen oder den Medien wird permanent erwartet, dass man als Trainer den Spielern, die nicht anfangen, erklärt, warum man ihnen diese Rolle zugewiesen hat. Erinnern Sie sich mal, wie oft sich Pep Guardiola bei Bayern in den Pressekonferenzen die Frage gefallen lassen musste, warum er zum Beispiel nicht mit Thomas Müller angefangen habe.

Journalisten und Berater meinen immer, dass ein Trainer Woche für Woche den Spielern in persönlichen Gesprächen erklären müsse, warum sie nicht den Vorzug erhalten.

Doch wenn man sich ein bisschen intensiver damit auseinandersetzt, dann versteht man, dass das fatal wäre. Man kann einem Spieler nicht Woche für Woche erklären, warum er auf der Bank sitzt. Jedenfalls nicht, ohne ihn damit zu brechen!

Für mich als Trainer wäre es doch sogar viel leichter, wenn ich diese Gespräche suchen würde. Dann hätte ich meine Ruhe. Siebenmal fünf Minuten – dann hätte ich es nach knapp einer halben Stunde geschafft.

Aber versetzen wir uns mal in den Menschen hinein, dem man nun erklärt, dass er nicht spielt. Der Grund ist zumeist, dass der Spieler leistungstechnisch momentan nicht gut genug ist. Oder zumindest dass es einen im Team gibt, der aktuell besser ist.

Wenn ich nun einem Menschen Woche für Woche vorhalte, welche Schwächen er hat, dann raube ich ihm doch komplett jegliches Selbstvertrauen und verstärke seine Defizite. Irgendwann wird er aufhören, an sich zu glauben. Und er wird auch denken, dass ich als Trainer nicht mehr an ihn glaube. Dann hätte ich zwar Berater und Umfeld des Spielers zufriedengestellt, aber ich hätte ihm als Fußballer auch den Glauben an sich selbst genommen.

Zum situativen Führen gehört es auch, dass man ein Gespür dafür entwickelt, wann, wie oft und wie lange man mit Spielern spricht.

Wir bewegen uns im Hochleistungssport, in dem es vor allen Dingen um die Stärksten und Besten geht, um die Elite. Das hört sich grausam an, so ein klein wenig nach »survival of the fittest«, ist aber so.

Trotzdem musst du allen das Gefühl geben, dass sie wichtig sind. Der Grat, auf dem Trainer wandeln, ist schmal: die Elitespieler maximal zu fördern und für die anderen auch der beste Coach zu sein, der du sein kannst.

In der Ausbildung sollten immer die Stärken des Spielers im Vordergrund stehen. Deine Stärken machen dich besonders. Zuerst die Stärken stärken und dann die Schwächen schwächen.

Ganz wichtig ist in diesem Zusammenhang auch der Umgang mit Kritik.

Ich vermeide allein schon das Wort, weil ich glaube, dass wir Menschen, wenn wir das Wort »Kritik« hören, sofort zumachen. Stattdessen gibt es bei uns nur Feedback, das heißt Rückmeldung zur Leistungsverbesserung. Zuerst, auch um sie zu öffnen, sage ich ihnen, was sie gut gemacht haben, und erst dann, was suboptimal war. Das ist die sogenannte Sandwichtechnik. Situativ formuliere ich meine Kritik auch mal deutlich schärfer. Manchmal muss es im Training oder während des Spiels auch mal richtig rappeln. Profifußball ist nun mal kein Ponyhof. Trotzdem glaube ich, dass Lob beim Führen von Menschen unglaublich wichtig ist. Jeder Mensch braucht Lob. Ein Mensch, der über einen längeren Zeitraum nicht gelobt wird, geht ein wie eine Blume ohne Wasser.

Es bringt aber nichts, Spielern unbegründet Honig ums Maul zu schmieren. Lob muss begründet sein und darf nicht zu verschwenderisch eingesetzt werden. Wenn ein Spieler jeden Tag nur hört, wie toll er ist, erreicht dieses Lob den Spieler irgendwann nicht mehr. Lob muss gezielt einsetzt werden. Nur dann erzielt es die gewünschte Wirkung.

Das geht mir persönlich nicht anders.

Im Profisport dreht sich vieles um Geld, Macht und Anerkennung. Das Streben nach Macht ist bei mir gering ausgeprägt. Aber ohne Geld und Anerkennung kann auch ich nicht überleben.

Wobei es bei den meisten Nachwuchstrainern tatsächlich so eine Sache ist mit der Anerkennung und Wertschätzung. Auf verschiedenen Ebenen.

Nehmen wir zum Beispiel die Kommunikation und den Austausch mit den Cheftrainern. Es gab und gibt viele Phasen, in denen ich mich darüber geärgert habe und immer noch ärgere.

Anfang Mai 2009 wurde bekannt, dass Felix Magath zum FC Schalke 04 kommt. Er stand noch bei Wolfsburg unter Vertrag, führte den Verein gerade zur Meisterschaft. Ab dem 1. Juli war er offiziell in Diensten von Königsblau.

Da wir in vielerlei Ansichten ziemlich verschieden waren, zumindest wenn das, was man über ihn lesen konnte, wahr war, freute ich mich, ihn zu treffen und kennenzulernen.

Bis es dazu kam, sollte allerdings ein Jahr vergehen.

Selbst als Magath Julian Draxler im Herbst 2010 zweimal ins Training der Profis holte, kam es nicht zum direkten Austausch zwischen uns. Ich hatte zwar mein Okay dafür gegeben, den damals 17-Jährigen mittrainieren zu lassen. Weitere Informationen bekam ich aber wie so häufig nicht.

Anfangs hatte ich schon Bedenken, wie Julian aus den Trainingseinheiten zurückkommen würde. Schließlich war er ein dürrer Kerl, kaum muskelbepackt. Und Magath war zusammen mit seinem Drill-Instructor Werner Leuthard für sein Zirkeltraining berühmt und gefürchtet. »Härter als Felix Magath«, so schrieb es die *Welt* einmal etwas süffisant, sei »nur noch die Armee«.[28] Er wurde als »Quälix aus Schmerzlake« bezeichnet und als »Zuchtmeister«.

Ich habe wirklich gedacht, dass Julian das Training nicht übersteht. Oder dass er da oben bei den Profis rücksichtslos verheizt würde.

Nichts davon war der Fall. Als wir uns kurze Zeit später trafen, sagte Julian nur: »Trainer, kein Problem. Sie haben mich gut vorbereitet.« Was uns in der Knappenschmiede natürlich extrem stolz gemacht hat, dass unsere Jungs selbst den Magath-Schliff durchstehen konnten.

Am 4. Januar, einen Tag vor dem Türkei-Trainingslager, klingelte bei Draxler das Handy. Die Sekretärin von Felix Magath teilte ihm mit, er solle die Schule informieren, dass er in der nächsten Woche fürs Lernen keine Zeit habe. Weil er mit der ersten Mannschaft im Trainingslager in der Türkei sei.

Nur kurze Zeit später warf Draxler, der bei den Profis überzeugen konnte, die Schule in der elften Klasse des Heisenberg-Gymnasiums in Gladbeck hin. »Ich habe ihm geraten, sich von der Schule beurlauben zu lassen«, soll Felix Magath gesagt haben.

Im Januar 2011 absolvierte Julian sein erstes Bundesligaspiel für Schalke 04. Sieben Minuten vor dem Ende wechselte ihn Magath gegen den Hamburger SV für Ivan Rakitić ein. Gegen Hannover kam er schon auf 58 Spielminuten.

Und dann kam sein erstes Tor. Im Pokal-Viertelfinale brachte Magath ihn vier Minuten vor Ende der Nachspielzeit beim Stand von 2:2 gegen Nürnberg. Draxler war gerade einmal zwei Minuten auf dem Platz, als er nach exakt 118 Minuten und 32 Sekunden den Ball bekam. Er machte einen Übersteiger, eine Körpertäuschung und zog nach nur drei Sekunden Ballbesitz aus 22 Metern ab. Tor! Halbfinale!

Kyriakos Papadopoulos trug Draxler auf den Schultern durch die Arena. Daneben klatschte Superstar Raúl.

»Ich habe das aus der Intuition gemacht, was ich auch in der A-Jugend gemacht habe«, sagte Draxler hinterher.

BILD kürte ihn anschließend zum »neuen Märchenprinzen«. Magath schwärmt, Julian sei jemand, dem »die Zukunft« gehöre. »Ein Fußballer, der Karriere machen wird. Er ist klar im Kopf, hat Herz und Mut. Er traut sich was, will immer den Ball haben, versteckt sich nicht. Er spielt einfach so, wie er es von der Jugend her gewohnt ist.«

Wenig später bestellte Magath mich zu sich. Nach über einem Jahr des Wartens. »Vielleicht«, sagte ich zu meiner Frau Conny, »will er mir mitteilen, dass er nicht mehr mit mir arbeiten will.«

Ich bereitete mich auf eine unschöne Begegnung vor. Legte mir Sätze zurecht, die ich ihm im Falle eines Rausschmisses erwidern würde.

Außerdem las ich noch einmal viele Geschichten und Porträts über ihn, um mich bestmöglich auf ihn einzustellen. In einem Bericht der Zeit von Stefan Willeke stand: »Seltsam. Magath redet die ganze Zeit mit einer Straßenbahnhaltestelle draußen vor dem Fenster. Er fixiert die Haltestelle, damit er einen nicht anschauen muss. Er lächelt in die weite, leere Runde des Speisesaals. Felix Magath kann einen Stuhl anlächeln, einen Blumenkübel, aber sobald man sein Lächeln erwidert, schaut er weg. Die Gefühle der

Menschen erreichen Felix Magath nicht, und wenn sie ihn doch erreichen sollten, dann berühren sie ihn nicht.«[29]

Als ich zu ihm ins Büro kam, war alles ganz anders als erwartet. Er war nett und freundlich, ließ für uns beide grünen Tee kommen und wir rührten zunächst mit den Löffeln in unseren Tassen.

Dann ergriff ich das Wort: »Ich möchte, dass Sie eines von vornherein wissen. Wenn Sie nicht mehr mit mir arbeiten wollen, finden wir einen Weg. Ich bitte nur um Fairness.«

Verdutzt sah er mich an. Dann sagte er: »Nein, um Gottes willen. Das habe ich doch gar nicht vor.«

Dann lächelte er und hielt den Blickkontakt.

»Ich habe viel Gutes von Ihnen gehört. Sie sollen sehr schwierig sein, aber auch sehr gut. Aber das sagt man von mir auch.« Somit hatten wir neben unserer Vorliebe für grünen Tee noch weitere Gemeinsamkeiten.

Dann fragte er mich, ob ich noch einen Julian Draxler habe.

Hatte ich in dem Moment mal eben nicht. Unser Gespräch war auf jeden Fall von gegenseitigem Respekt geprägt. Den habe ich auch vor seinen Leistungen und Erfolgen.

Keine zwei Monate nach unserem Gespräch wurde Felix Magath entlassen. Seppo Eichkorn übernahm als Trainer. Dann Ralf Rangnick. Dann wieder Seppo Eichkorn. Schließlich Huub Stevens. Und dann Jens Keller.

Manager war Horst Heldt, der auf Schalke einen tollen Job gemacht hat. Wir schätzen uns gegenseitig sehr, dafür brauchten wir allerdings auch eine längere Anlaufzeit.

Und mit mir redete mal wieder eine ganze Zeit lang keiner mehr. Selbst nicht, ehe Schalke mit einem Riesentamtam den Vertrag von Julian Draxler verlängerte.

Acht Kleinlaster mit überdimensionalen Plakaten verkündeten im Ruhrgebiet die Botschaft, dass Julian mit »Stolz und Leidenschaft bis 2018« bleiben werde. Selbst in Dortmund, in der Stadt des Ruhrpottrivalen, wo Mario Götze von den Bayern weggekauft worden war, fuhren die Werbewagen.

Hätte mich jemand gefragt, wie ich die Idee finde, dann hätte ich ziemlichen Klartext geredet. Weil ich es für extrem schwierig halte, jungen Menschen so etwas aufzubürden. Schalke hat Julian Draxler in dieser Situation zur Identifikationsfigur gemacht. Sie haben den Jungen, gerade mal 21 Jahre alt, auf einen Sockel gehoben, der extrem wackelig ist.

Zutreffend finde ich den Spruch »Wen die Götter zerstören wollen, den erklären sie zum Jahrhunderttalent«. Ich wiederhole mich da gern, weil es so extrem wichtig ist zu verstehen: Zu früh in den Himmel gehoben werden und zu viel Hype um junge Spieler kann Karrieren zerstören. Wie gesagt, Anerkennung braucht jeder Mensch, aber zu früh und zu viel davon kann auch süchtig machen und Motivation rauben.

Ein Fußballer sollte niemals mit der Absicht auf den Fußballplatz gehen, dass mal wieder über ihn berichtet wird. Ziel sollte es vielmehr sein, auf dem Platz in jeder Sekunde sein Bestes zu geben. Daraus ergibt sich dann alles andere.

Gerade hochtalentierte Fußballer sind es in ihrem Leben von klein auf gewohnt, ein Übermaß an Honig ums Maul geschmiert zu bekommen. Schon in den frühesten Jugendmannschaften stechen sie hervor. Sie gehören zu den Besten und werden entsprechend behandelt.

Ich habe es ja in Westerkappeln als 13-Jähriger selbst erfahren, als ich das bereits erwähnte Interview für die Rubrik »Begegnung mit jedermann« gegeben habe. Irgendwann lechzt man nach permanenter Anerkennung. Und wenn dann plötzlich medial mehr Kritik als Lob kommt, kommen viele damit nicht klar.

Wenn man auf dieses Übermaß an Aufmerksamkeit nicht vorbereitet ist, nicht das richtige Umfeld genießt, kann daraus schnell eine unbewusste Abhängigkeit werden.

Es gibt so viele Fußballer, die es nicht ertragen, wenn ihr Name mal zwei Wochen nicht in den Medien erscheint. Die dann anfangen, selber Geschichten auf ihren Social-Media-Kanälen zu inszenieren, in der Hoffnung, dass die Presse darauf anspringt.

Bei Julian Draxler, ein sehr bodenständiger Junge, ist es zum Glück gut gegangen. Er hat nicht viel später selber erkannt, dass die Werbekampagne nicht sonderlich hilfreich war. Insbesondere, weil er Schalke vor 2018 dank einer festgeschriebenen Ausstiegsklausel verlassen hat.

»GEschmiedet in der Knappenschmiede.
GEreift in der Arena.
GEfeiert von der Nordkurve.
GEliebt von allen Schalkern.
GEblendet vom Geld.
GEkauft von einem Söldnerclub.«

So hieß es dann vorwurfsvoll in den sozialen Netzwerken, nachdem er zu Wolfsburg gewechselt war.

Wir als Verein müssen junge Männer in solchen Situationen noch mehr schützen und stützen.

Das Menschliche kommt im Profifußball leider häufig zu kurz, wobei ich keiner bin, der im Glashaus sitzt und mit Steinen wirft.

Vor allen Dingen wegen seiner Eltern und auch, weil wir ihn in der Knappenschmiede auf das Profi-Sein mit all seinen Vor- und Nachteilen ganz gut vorbereitet haben. Er ist nicht durchgedreht und immer auf dem Teppich geblieben.

Wie groß die Gefahren von Über-Hype sind, zeigt die Geschichte von Mario Götze.

Als ich gehört habe, dass er sich sieben Monate lang von einem Kamerateam hat begleiten lassen, hatte ich das Gefühl, dass er sportlich, und nur darum geht es mir, immer noch nicht auf dem richtigen Weg ist. Auch wenn die Dokumentation *Being Mario Götze* kein Hochglanz-Imagefilm ist und auch einen selbstkritischen Mario Götze zeigt. Obgleich sie viel gelobt wurde, als »brillantes Projekt« mit »Tiefgang«.

Ich halte es aber für deutlich sinnvoller, sich als Leistungssportler zu 100 Prozent auf seinen Job zu konzentrieren. Das heißt nicht, dass man keine eigene Meinung hat und nicht auch mal etwas Kritisches über die Branche raushaut. Ich empfehle Sportlern aber immer wieder, sich durch nichts und niemanden von ihrem Traumjob ablenken zu lassen. Stattdessen totaler Fokus darauf, jeden Tag besser zu werden. Trainieren – trainieren – trainieren. Genie ist Fleiß. Jedes Talent entfaltet sich nur durch Betätigung. Ein Durchschnittstalent mit maximaler Einstellung wird auf Dauer immer ein Supertalent mit schwacher Einstellung überholen.

ALFRED DRAXLER

Elgert, der elektrische Hase

Es ist eine spannende Frage, wie Norbert Elgert, heute der vielleicht beste Nachwuchstrainer Deutschlands, den jungen Fußballer Norbert Elgert bewerten würde, der mit 18 Jahren zum großen FC Schalke 04 kam.

Am 1. Juli 1975 war für ihn Trainingsbeginn auf Schalke. Der eher schmächtige Stürmer war von Westfalia Westerkappeln direkt in die Bundesliga gewechselt. Sein Geburtsort ist zwar Gelsenkirchen, im Stadtteil Ückendorf hat er zum ersten Mal gegen einen Ball getreten. »Ich bin auf Kohle geboren und mit Emscherwasser getauft« sollte für immer seine Visitenkarte bleiben. Aber weil sein Vater als Schornsteinfegermeister nach Westerkappeln versetzt wurde, hatte es ihn zu dem kleinen Club an den nördlichsten Rand von Nordrhein-Westfalen verschlagen. Hier und in den westfälischen Auswahlmannschaften spielte er so gut, dass schließlich die Schalker auf ihn aufmerksam wurden.

Es war also eine echte Heimkehr, als Norbert Elgert an diesem 1. Juli nach Gelsenkirchen zurückkam. Wahrscheinlich stand er etwas verschüchtert auf dem Trainingsplatz in der alten Glückauf-Kampfbahn.

Trainer war Max Merkel, der berüchtigte Sprücheklopfer (»Das Runde da drüben ist übrigens der Ball!«). In der Kabine saßen Fußballgrößen wie Klaus Fichtel, Rolf Rüssmann, Hannes Bongartz, Rüdiger Abramczik, Klaus Fischer und die berühmten Fußballzwillinge Helmut und Erwin Kremers. Sogar der legendäre »Stan« Libuda, der ganz am Ende seiner Karriere stand, gehörte noch zum Kader.

Vor Ehrfurcht versunken ist der junge Norbert Elgert auf jeden Fall nicht. Im Gegenteil! Er legte einen Traumstart hin, bei dem selbst der Trainer Elgert noch heute anerkennend nicken würde. Im Testspiel gegen Slavia Prag machte er gleich zwei Tore, und die *BILD*-Zeitung fragte am nächsten Tag in der Überschrift Trainer Merkel: »Max, wo hast du denn den Jungen her?« Und am ersten Bundesliga-Spieltag, im Spiel beim HSV, stand er vor 43 000 Zuschauern auf seiner Stammposition als Rechtsaußen gleich auf dem Rasen. In der 70. Minute wechselte Merkel den 18-Jährigen ein.

Und der lernte zwei Dinge. Erstens: Die Bundesliga ist kein Zuckerschlecken. Schalke verlor in einer unglaublichen Hitzeschlacht mit 1:4. Und zweitens: Du musst dich hinten anstellen. Als sich Elgert mutig den Ball schnappte und nur knapp neben das Tor schoss, stand plötzlich Helmut Kremers neben ihm: »Junge, wenn du das noch einmal machst und meinen Bruder Erwin übersiehst, der völlig frei war – dann spielst du hier nie mehr!«

Allzu viele Spiele wurden es dann leider wirklich nicht. Wegen eines Nierenleidens, das ihn oft müde und kraftlos machte, brachte es Norbert Elgert in seiner ersten Saison nur auf drei Einsätze. »Eigentlich war meine Zeit schon vorbei«, sagte er später. Und das mit erst 18 Jahren.

Schon im November wechselte er zu Westfalia Herne in die damalige 2. Liga Nord, wo er noch 14 Spiele bestritt und drei Tore schoss. Aber die Krankheit blieb sein unerbittlicher Gegenspieler, der ihn immer wieder stoppte.

Hier aber zeigte sich die größte Stärke des Fußballers Norbert Elgert. Das Wort »aufgeben« kommt in seinem Wortschatz nicht vor. Er kämpfte unverdrossen weiter. Immer weiter! Gegen die Krankheit! Für das Bundesliga-Comeback!

Und er hat es geschafft. Zwei Jahre später meldete sich Norbert Elgert auf Schalke zurück. Der Weg blieb trotzdem ein schwerer. In der Comeback-Saison 1978/79 kam er auf zwölf Einsätze. Im folgenden Jahr waren es dann schon 19 Spiele und zwei Tore.

Spektakulär war dann die Saison 1980/81, als Elgert mit zehn Treffern bei 23 Einsätzen Schalkes erfolgreichster Torschütze wurde. Er schoss genauso viele Tore wie Dieter Hoeneß (Bayern), Felix Magath (HSV) oder Lothar Matthäus (Gladbach). Sogar mehr als Rudi Völler (1860 München) oder Pierre Littbarski (1. FC Köln).

Für Norbert Elgert mit seiner Vorgeschichte war dies eine Genugtuung. Grund zum Feiern gab es trotzdem nicht. Denn am Ende dieser Saison stand der Abstieg mit Schalke.

Klaus Fischer fehlte monatelang wegen eines komplizierten Beinbruchs. Die Mannschaft brach auseinander. Der Jugoslawe Fahrudin Jusufi war ein glückloser Trainer, der neue Manager Rudi Assauer begann bereits mit den Aufräumarbeiten: »Entweder ich schaffe Schalke, oder Schalke schafft mich.« Der Sturz in die 2. Liga war für den Traditionsclub Schalke mehr als bitter. An Norbert Elgert mit seinen zehn Saisontoren lag es am allerwenigsten.

Was war er denn nun für ein Fußballer, der heutige Startrainer der Schalker »Knappenschmiede«? Drahtig war er, dribbelstark. Er kam gern über rechts, konnte aber auch in der Spitze spielen. Und er ging gern »eins gegen eins«, also direkt auf den Verteidiger zu, was man heutzutage bei jungen Fußballern oft vermisst.

»Er hatte einen Übersteiger drauf, den sonst kein anderer konnte«, erinnert sich Helmut Kremers. »Ich hab's mal versucht, aber ich hätte mir fast die Beine gebrochen.« Manchmal war er allerdings schneller als der Ball. Einer seiner Trainer nannte ihn »meinen elektrischen Hasen« – was durchaus als Kompliment gemeint war.

Klaus Fischer schätzt Elgert bis heute als Mannschaftskollegen. »Er hat sich nie in den Vordergrund gestellt, war immer hilfsbereit und kollegial.« Was Elgerts Motto bis heute entspricht: »Du hast einfach keinen Grund, ein Arschloch zu sein, nur weil du besser Fußball spielst als andere.«

Norbert Elgert war eher einer von den Ruhigen in der Mannschaft. Aber wenn er etwas sagte, dann hatte es Gewicht. Und bei den legendären Feiern im Partykeller von Rolf Rüssmann war er mittendrin statt nur dabei.

In der 2. Liga sorgte er in der Saison 1981/82 kräftig mit dafür, dass Schalke den direkten Wiederaufstieg schaffte. Er absolvierte 20 Spiele und machte fünf Tore. Hat ihn danach die Kraft verlassen?

Norbert Elgert hätte seinen Vertrag auf Schalke noch einmal verlängern können, tat es aber nicht. Er wechselte in die 2. Liga, spielte kurz für Osnabrück, dann für Wattenscheid. Insgesamt machte er in der 2. Liga 21 Tore in 81 Spielen. 1985 beendete er seine aktive Profikarriere. Da war er erst 27 Jahre alt.

Jahre später hat Norbert Elgert einmal gesagt: »Ich war nie so gesund wie andere. Aber durch Einstellung und viel Willen kann man vieles schaffen.«

Der erfolgreiche Trainer Norbert Elgert würde dem jungen Spieler Norbert Elgert wahrscheinlich auf die Schulter klopfen und sagen: »Gut gemacht, Junge!«

Alfred Draxler war viele Jahre als Reporter auf Schalke tätig. Hier lernte er Norbert Elgert kennen. Im Stadion, aber auch im Partykeller. Er ist heute Chefkolumnist bei *BILD*.

JULIAN DRAXLER

Die Sache mit den zwei jämmerlichen Klimmzügen

Jeder auf Schalke kennt Norbert Elgert, den Profi-Macher mit Stirnband und Regenjacke. Und jeder, der schon mal unter ihm trainiert hat, kennt seine Vorliebe für Kraftzirkel. Natürlich bekam auch ich das im Laufe meiner vielen Jahre auf Schalke mit, und so versuchte ich, mich noch vor dem eigentlichen Trainingsstart bestmöglich darauf vorzubereiten. Schließlich wollte ich beim ersten Training einen möglichst guten ersten Eindruck vermitteln.

»Versuchte«, »wollte« … Wörter, die darauf schließen lassen, dass dieser Plan nicht wirklich aufging. Einige Stationen im Zirkel gelangen mir tatsächlich besser, als ich es selber erwartet hatte. Mit schwindenden Kräften jedoch wurde jede Station anstrengender und fordernder. Ausgerechnet meine »Paradedisziplin« Klimmzüge hob ich mir bis fast zum Schluss auf – rückblickend nicht die beste Entscheidung! Ich hasste Klimmzüge seit jeher, und nun musste ich sie auch noch im ausgepowerten Zustand machen. Noch ehe ich überhaupt die Stange berührt hatte, schlotterten mir bereits die Ärmchen.

Entsprechend demotiviert schwang ich mich hoch,

nachdem das Startsignal ertönt war. Einmal gelang es mir, meine Nasenspitze über die Metallstange zu heben. Mit Abstrichen auch noch ein zweites Mal. Aber als ich dann wieder mit gestreckten Armen so dahing, war es vorbei. Ganz gleich, wie sehr ich auch wollte, ich konnte nicht mehr, sodass ich diese Station für mich ziemlich schnell beendete.

Blöd war nur, dass hinter mir Norbert Elgert stand, mein Trainer, und mich ziemlich dafür anfauchte, dass ich nicht mal mehr an der Stange hängen würde.

»Das ist doch nicht dein Ernst!«, sagte er laut und klar. »Das habe ich ja noch nie erlebt. Du machst nach zwei jämmerlichen Klimmzügen schlapp und versuchst nicht wenigstens einen dritten? Ich habe nicht gesehen, dass du dich quälst und unbedingt noch einen weiteren machen willst. Willst du mir sagen, dass das wirklich alles war?« Nicht gerade der erste Eindruck, auf den ich doch so hart hingearbeitet hatte.

Schon als ich noch bei Schalkes U14 spielte, war mir Norbert Elgert ein Begriff gewesen. Mein Vater hatte ihm oft beim Training zugeschaut, während ich nach meiner Einheit unter der Dusche stand und er auf mich wartete.

»Der Elgert, der bereitet alle aufs Profileben vor«, sagte er mehr als einmal. Und: »Er bringt sie alle raus.«

Ihn faszinierte es, dass Norbert Elgert bereits eine Stunde vor dem eigentlichen Beginn des Trainings auf dem Feld stand, um Hütchen und Stangen aufzubauen. Wie er die Abstände zwischen den Pylonen veränderte, wenn er nicht ganz akkurat war.

»Bei dem herrscht richtig Zucht und Ordnung«, sagte mein Papa auch. Und ich weiß noch, dass ich als kleiner Knirps großen Respekt vor diesem Mann hatte, der mich wegen der Erzählungen meines Vaters gleichzeitig faszinierte und irgendwie erschreckte.

Dennoch freute ich mich schon als 14-Jähriger darauf, irgendwann einmal unter ihm, dem Profi-Macher, trainieren zu dürfen.

Als ich dann in der U17 ankam, begann er langsam, ein paar

meiner Mitspieler immer wieder zu sich hochzuziehen und in sein Training und einige sogar in sein Spiel einzubauen. Nur mir gab er lange Zeit keine Chance. Zu lange nach meinem Empfinden. Das sollte der Profi-Macher sein, von dem alle redeten? Mich frustrierte er zu diesem Zeitpunkt eher, als dass er mir das Profidasein schmackhaft machte.

Dennoch kam es einer Erlösung gleich, als er mich endlich zu sich holte, und entsprechend motiviert ging ich in meine persönliche Vor-Vorbereitung.

Nun wollte ich ihm zeigen, dass er mich hätte viel früher hochziehen müssen, und zudem unbedingt verhindern, dass er von mir ein falsches Bild bekam und mich nur für einen guten Techniker hielt, der keinen Biss hatte.

Doch genau das, meine schlimmste Befürchtung, wurde nun wahr. Weil ich nach zwei Klimmzügen aufgegeben hatte und dachte, ich könnte nicht mehr, anstatt richtig zu beißen.

Ich wusste genau, wie sehr Norbert Elgert es verachtete, wenn Leute ihr Talent verschwendeten und nicht jeden Tag die beste Version von sich selbst waren.

Und nun machte ich mich selbst zur Zielscheibe?

»Das Beste, was du im Leben tun kannst, ist, immer dein Bestes zu geben«, sagte er mir, als er noch einmal zu mir und meiner Reckstange zurückkam. »Wenn du das nicht tust, ist alles andere Zeitverschwendung.«

Ab dem Moment trainierte ich jeden Tag noch intensiver, als ich es mir vorgenommen hatte. Sein Training machte mir trotz aller Härte unheimlich Spaß. Es war abwechslungsreich, man musste seinen Kopf einschalten und war ständig gefordert, wachsam zu sein. Ich entwickelte mich unter ihm sehr schnell weiter, und es lief so, wie ich es mir erhofft hatte. So gelang es, dass ich nach nur einem halben Jahr schließlich zu den Profis hochdurfte. Was Norbert Elgert aber nicht so richtig gefiel, wie man merkte. Er hätte mich lieber noch länger in seiner Obhut gehabt.

Er hatte auch, wie er mir verriet, ein paar Sorgen, dass ich das harte

Training unter dem Schleifer Felix Magath vielleicht nicht durchstehen könnte. Aber ich konnte ihn beruhigen. Wer es lernt, sich im Elgert-Zirkel durchzubeißen, der schafft auch den Magath-Schliff.

Als ich später bei Wolfsburg spielte und in turbulente Zeiten geriet, von den Medien als »Söldner« oder »Abzocker« bezeichnet worden bin, da war es Norbert Elgert, der sich umgehend bei mir meldete. Er wollte mal nachhören, was denn los sei, sagte er. Er wollte sich selbst ein Bild machen, nicht nur nachlesen, was in den Medien stand.

»Jule, wenn alles gut ist, brauche ich mich nicht zu melden. Dann hast du tausend Freunde. Aber in schlechten Zeiten möchte ich euch zur Seite stehen und helfen. Wie jetzt.«

Also erzählte ich Norbert Elgert meine Sicht der Dinge. Und er erinnerte mich ganz am Ende unseres Gesprächs nur: »Jule, vergiss nie, warum du mal angefangen hast, Fußball zu spielen.« Norbert Elgert hat mir viele Werte vermittelt. Oft hat er uns allen eingetrichtert, dass es im Leben wichtigere Dinge gibt als Fußball, Geld und Ruhm. Er sagte auch stets, dass ein Mensch, der viel Geld hat und ein teures Auto fährt, nicht mehr wert ist als jemand, der gar nichts besitzt. Es sei schön, schöne Dinge zu besitzen. Aber darauf käme es im Leben nicht an. Entscheidend sei es, Höflichkeit, Hilfsbereitschaft und Glaubwürdigkeit zu verkörpern. Ich glaube, dass diese Dinge, die er uns immer wieder vermittelt hat, der Grund sind, warum ich mich heute für UNICEF engagiere.

Norbert Elgert ist ein Typ mit Ecken und Kanten, mit dem man durchaus mal aneinandergeraten kann. Aber ich habe bisher nur wenige Menschen im Haifischbecken Fußball kennengelernt, die so ehrlich und fair mit sich selbst und anderen umgehen wie er.

Daher ist es mir umso mehr eine Ehre, dass er mich gebeten hat, einige Zeilen für sein Buch zu schreiben.

Ich hoffe sehr, dass ich irgendwann noch einmal unter ihm trainieren darf. Vielleicht, wenn er Cheftrainer der Schalker Profis ist – und all diejenigen um sich versammelt, die er ausgebildet hat.

Kapitel 6: Co-Trainer? Bin ich nicht!

Als die Cessna Citation durch die Wolkendecke bricht, ruckelt es ganz sanft. Nichts scheint Schalke 04 und uns derzeit erschüttern zu können.

Es ist mein erster Flug mit einem Privatflugzeug. Außer mir und den Piloten sind noch Rudi Assauer und Bodo Menze mit an Bord.

Wobei ich Rudi, unseren Manager, kaum sehen kann, so sehr hat er mit seiner Davidoff Grand Cru No. 3, seiner Lieblingszigarrenmarke, die Kabine vollgequalmt.

Die Laune ist bestens. Schalke, deren Trainer Frank Neubarth ist, hat von neun Pflichtspielen lediglich eines verloren, das Ligapokal-Finale gegen Hertha BSC Berlin.

Wir haben die erste Runde im DFB-Pokal überstanden und im UEFA-Cup Gomel besiegt. In der Bundesliga stehen wir auf Rang 4.

Kein Wunder also, dass wir, Manager Assauer, Trainer Neubarth und ich – in meiner neuen Funktion als Co-Trainer der Profis –, zufrieden sind.

Nach sechs Jahren als U19-Trainer war ich im Winter 2001 zu Assauer gegangen und hatte ihm vorgeschlagen, mich bei nächster Gelegenheit doch einmal zum Co-Trainer zu machen. Zu der Zeit hatte sich bereits angedeutet, dass Huub Stevens Schalke verlassen würde. Anfang 2002 einigte er sich mit Berlin.

Ich hatte einfach große Lust auf diese Aufgabe. Hatte das Gefühl, dass ich diese Erfahrung machen müsste. Rudi war gesprächsbereit, und wir wurden uns schließlich einig.

Wir kannten uns mittlerweile seit 20 Jahren und hatten ein großes Vertrauensverhältnis.

Er hatte mich kurz trainiert. 180 Minuten stand ich unter seiner Leitung auf dem Platz. Leider verloren wir in der Saison 1980/81 die beiden Spiele, aber immerhin konnte ich ein Tor erzielen. Er war mein Manager. Und er war es auch, der mich mit zum Jugendtrainer auf Schalke machte.

Rudi qualmte nicht nur im Flugzeug wie ein Schlot, sondern auch in der Sauna. Da hatte er seine kreativsten Momente. Mit dem Handtuch um die Lenden, 90 Grad Hitze und seiner Davidoff. Da sprudelte er nur so vor Ideen.

Bei ihm zählte noch ein Wort und ein Handschlag. Auf diese Art und Weise verlängerte ich einmal einen meiner Verträge mit ihm im Hotel Maritim Gelsenkirchen auf einem Bierdeckel.

Wir hatten durchaus Gemeinsamkeiten. Er hatte als kleiner Kerl ebenso wie ich heiße Straßenduelle gespielt.

An seinem heimischen Sportplatz Katzenbusch stand am Eingang, was er verinnerlichte: »Betretet die Kampfbahn und werdet Männer, die zu siegen verstehen.«[30]

Er hat dem Fußball genauso wie ich alles zu verdanken.

Auch Assauer nahm sich wie ich zwischenzeitlich einmal eine kurze Auszeit vom Fußball, probierte sich in der Immobilienbranche aus und kehrte zum Glück zurück.

Assauer war ein charismatischer Anführer, der mit seinen Worten zu überzeugen wusste. Ihm gelang es, kritische Fans, ganz gleich, wie groß ihre Skepsis war, dank seiner Klarheit auf seine Seite zu holen. Zum Beispiel all diejenigen, die ihm fast die Geschäftsstelle niedergerissen hätten, weil er den Abstiegsverhinderer Jörg Berger feuerte, als er auf Platz 12 stand, und stattdessen den späteren Jahrhunderttrainer Huub Stevens aus

Kerkrade holte. Schon vor dessen erstem Spiel skandierten die königsblauen Anhänger ausschließlich den Namen von Jörg Berger. Nachdem die Stevens-Premiere auch noch mit 0:3 gegen Werder Bremen endete, wurde die Stimmung hitzig. Hunderte Fans belagerten die Geschäftsstelle, einige schlugen sogar gegen die Scheiben. Und was machte Rudi? Er ging einfach mitten in die Gruppe von aufgebrachten Fans und ertrug zunächst stillschweigend ihre Pfiffe, Buhrufe und Beschimpfungen. Erst dann fragte er lautstark, und sogleich war Ruhe: »Darf ich jetzt mal?« Dann erklärte er ihnen, warum ein Trainerwechsel unabdingbar gewesen war. Auf welcher Grundlage er seine Entscheidung getroffen hatte. Und warum er diesen Huub Stevens geholt hatte. Als er fertig war, sagte er nur: »Und jetzt geht nach Hause, bevor die aufgeschreckten Hühner«, er meinte die Sekretärinnen und Assistentinnen auf der Geschäftsstelle, »die Blauen anrufen, die haben nämlich Angst vor euch.«

Rudi traf bei den Leuten einfach den richtigen Ton. Er hatte genau gespürt, dass in dieser Situation keine staatstragende Rhetorik vonnöten war. Er wusste aber, dass er reden musste und dass es ein fatales Signal gewesen wäre, dem Dialog aus dem Weg zu gehen.

Man denkt immer, dass Reden lang sein müssen. Ausführlich. Umfangreich. Aber das ist nicht so, wie ich praktisch und theoretisch erfuhr.

In seinem Buch *Der Minuten Manager* hat Kenneth Blanchard ausführlich darüber geschrieben. Allein die Einführung seines Buches hat schon Wucht, wenn man sich die Worte wirklich vergegenwärtigt.

»Die Ein-Minuten-Anzeige einer modernen Digitaluhr soll uns daran erinnern, dass wir uns jeden Tag eine Minute die Zeit nehmen, um unseren Mitarbeitern ins Gesicht zu schauen und uns bewusst zu machen, dass sie das Wertvollste sind, was wir haben.«

Rudi Assauer hat nicht nur den Mitarbeitern von Schalke in

die Augen geschaut. Sondern auch immer wieder den Fans, die in diesem speziellen Fußballgebilde genauso wichtig sind wie die Mitarbeiter. Er hat ihre Gefühlslage immer sehr ernst genommen, sie niemals ignoriert, und ist dann entsprechend darauf eingegangen.

So auch zu Beginn der neuen Stadionpläne, als die Fans mal wieder anfingen, Zweifel an Assauer zu bekommen. Sie liebten ihr Parkstadion, diese Betonschüssel, obwohl wegen der Leichtathletikbahn die Entfernung zwischen den Fans und den Spielern viel zu groß war. Nicht wenige wehrten sich gegen die Modernisierung. Doch Rudi schenkte ihnen bei seinen Fanclubbesuchen zunächst Gehör und weihte sie anschließend in seine Überlegungen ein.

Beeindruckend fand ich auch, wie er die Fans nach Schalkes inzwischen weltberühmter Vier-Minuten-Meisterschaft wieder einfing. An diesem 19. Mai 2001 spielte der Verein nach 43 Jahren wieder um die deutsche Meisterschaft.

Bayern war als Tabellenführer in diesen letzten Spieltag gegangen – mit drei Zählern mehr als Schalke. Die Münchner spielten in Hamburg, Schalke zum letzten Mal daheim im Parkstadion gegen Unterhaching. Eigentlich war die Stimmung bombastisch.

Blau-weiße Ballons wurden steigen gelassen. Der FDP-Politiker Jürgen Wilhelm Möllemann, der damals im Aufsichtsrat des Vereins war, schwebte an einem Fallschirm mit dem Ball ins Stadion ein. Die Sonne strahlte, alles schien bestens.

Doch bereits nach drei Minuten lag Schalke mit 0:1 hinten. In der 26. Minute fiel das 2:0 für Unterhaching.

Irgendwie gelang es Schalke dann allerdings, das Spiel noch einmal komplett zu drehen. Zur Pause stand es wieder 2:2. Und selbst einen erneuten Rückstand steckte die Mannschaft weg und gewann letztlich mit 5:3.

Nett und schön, aber quasi wertlos, solange Bayern einen Punkt in Hamburg holte. Doch dann flankte der HSV-Spieler Marek Heinz in der 90. Minute von links in den Strafraum,

Sergej Barbarez entwischte seinem Bewacher Patrik Andersson und köpfte zur Hamburger Führung ein. »Der Deutsche Meister«, brüllte Premiere-Kommentator Hansi Küpper, heute heißt der Sender Sky, »heißt Schalke 04«.

In Gelsenkirchen schlug die Nachricht vom Tor ein wie eine Bombe. Das Wunder von der Meisterschaft schien tatsächlich doch noch möglich.

Auf Schalke hatte Schiedsrichter Hartmut Strampe pünktlich abgepfiffen, die Stadiontore waren geöffnet worden und die Zuschauer auf den Rasen geströmt, als sich die frohe Kunde aus Hamburg wie ein Lauffeuer verbreitete. Doch niemand wusste so richtig, weil die Videoleinwand schwarz blieb, es noch keine Smartphones mit entsprechenden Apps gab, was in Hamburg los war.

Rolf Fuhrmann hatte sich währenddessen Schalkes Teammanager Andreas Müller geschnappt. »Ich habe im Übertragungswagen nachgefragt, ob das Bayern-Spiel schon abgepfiffen sei, bekam aber keine Antwort. Um mich herum feierten die Fans wie verrückt, ein Feuerwerk ging los, ich hatte keinen Monitor mehr vor mir. ›Das Spiel in Hamburg ist aus‹, hieß es überall.« Also ging der Reporter live auf Sendung und sagte die verhängnisvollen Sätze: »Es ist zu Ende in Hamburg. Schalke ist Meister.«

»Danke, danke. HSV, ich liebe euch«, stammelte Müller angesichts der falschen Nachricht.

Kaum war das Kurzinterview beendet, geschah etwas, das sich für immer in die Schalker Seele brannte. Die Videotafel sprang an, und die Menge erstarrte. Ein Livebild aus Hamburg flackerte ins Parkstadion. Das Spiel war mitnichten beendet. Im Gegenteil: Soeben hatte HSV-Torwart Mathias Schober einen Rückpass von Tomáš Ujfaluši aufgenommen, Schiedsrichter Markus Merk entschied auf indirekten Freistoß für die Bayern, zehn Meter vor dem Tor der Hamburger. Schalke war live am TV dabei.

Und dann brachen sie zusammen. Denn der Münchner Patrik Andersson, der zuvor noch den Hamburger Führungstreffer mit ermöglicht hatte, hatte die Gelegenheit genutzt und in der vierten Minute der Nachspielzeit den Freistoß zum 1:1 versenkt. Live mussten die Schalker mit ansehen, wie Bayern-Trainer Ottmar Hitzfeld vor Glück tanzte, Präsident Franz Beckenbauer auf der Tribüne auf und nieder sprang und Oliver Kahn wie ein Berserker über das Spielfeld rannte und die Eckfahne herausrupfte.

»Ich wusste sofort, was los war. Ich war einer der Hauptbeteiligten. Und weil ich im Liveinterview mit Andi Müller gesagt hatte, dass das Spiel aus war, war ich in gewisser Weise das Gesicht dieser Fußballtragödie«, sagte Fuhrmann Jahre später der *Welt*.

Assauer sprach auch an jenem höchst schmerzhaften Tag zu den Schalke-Anhängern. Er brüllte seine Worte in die Menge. Dabei warf er seinen Körper regelrecht nach vorne, so in etwa wie ein Rockstar, der sich von der Bühne auf die ausgestreckten Arme seiner Fans wirft, mit dem klitzekleinen Unterschied, dass Assauer stehen blieb.

»Es gibt gewisse Dinge im Fußball, die sind nicht beeinflussbar. Wir haben alles dafür getan, um Deutscher Meister zu werden. Wir sind Gott sei Dank ein toller, zweiter, Vizemeister. Wisst ihr was? Wir sind stolz auf euch. Und ihr könnt stolz auf die Mannschaft sein. Und jetzt wird gefeiert.«

Assauer baute die Fans wieder auf. Und die Mannschaft. Sodass es der Truppe gelang, 172 Stunden später nach einem 2:0-Sieg gegen Union Berlin den DFB-Pokal zu gewinnen.

Ich habe dieses Kurzzeit-Meisterschaftsdrama übrigens im Parkstadion miterlebt. Und ich musste während der gesamten Zeit an etwas denken, das ich ein paar Jahre zuvor mit dem SV Schermbeck erlebt hatte.

Es war meine erste Trainerstation im Herrenbereich. Wir spielten in der Kreisliga um den Aufstieg in die Bezirksklasse mit. Ich wollte diesen Aufstieg unbedingt, auch für mein Selbstvertrauen als Coach.

Daher erklärte ich mich sofort bereit mitzuspielen, als mich die

Mannschaft zwei Spieltage vor dem Ende darum bat, mir noch einmal das Trikot anzuziehen.

Wir spielten gegen den VfL Ramsdorf, die zwei Punkte vor uns standen, damals gab es die Drei-Punkte-Regelung noch nicht.

Mehr als 1000 Zuschauer waren gekommen, ein absoluter Wahnsinn für ein Kreisligaspiel. Als ich mit meinen 35 Jahren auflief, acht Jahre nach meinem letzten Profispiel, fühlte es sich irgendwie an wie Bundesliga.

Conny war angesichts meiner Vorgeschichte komplett dagegen gewesen, dass ich noch einmal richtig spielen würde. Aber ich wollte mir nicht vorwerfen lassen, nicht alles Mögliche getan zu haben. Meine Schermbecker Jungs hätten das damals aber auch ohne mich geschafft.

Irgendwann sah ich, wie sich mein Mitspieler Thomas Gerner auf dem rechten Flügel durchtankte und den Ball in den Strafraum flankte. Ich sprintete herbei, hob ab und köpfte aus 14 Metern ins Tor. Wir gewannen 1:0 und hatten uns damit punktgleich an Ramsdorf herangeschoben.

Auch am letzten Spieltag lief ich wieder auf. Wir mussten gegen den TSV Raesfeld ran. Ramsdorf gegen den FC Rade II.

Wir gewannen 4:2, wussten aber nicht, ob wir damit die Meisterschaft gewonnen und den Aufstieg geschafft hatten oder nicht. Bei einem gleichzeitigen Sieg von Ramsdorf hätte es ein Entscheidungsspiel gegeben.

Damals gab es noch keine weitverbreitete Handynutzung. Und natürlich wurden Kreisliga-Spiele nicht im Radio übertragen. Also probierte einer unserer Betreuer, während wir hoffnungsfroh auf dem Rasen hockten, im Vereinsheim von Ramsdorf anzurufen, um deren Endstand zu erfragen.

Es dauerte und dauerte, da das Spiel dort ein paar Minuten später angefangen hatten.

Doch schließlich erhielten wir die frohe Kunde, dass wir anders als Jahre später Schalke 04 tatsächlich Staffelmeister geworden waren und aufstiegen.

Auch ein Jahr später erreichte die Mannschaft von Huub Stevens erneut das Pokalfinale. Besiegte dieses Mal Leverkusen mit 4:2.

Das Besondere: Meine Mannschaft hatte am Tag zuvor ebenfalls in Berlin den DFB-Pokal der Junioren gewonnen. Im Stadion An der Alten Försterei, knapp 30 Kilometer vom Olympiastadion entfernt, vor sage und schreibe 10 000 Schalker Zuschauern.

Um meiner Mannschaft vor dem Spiel ein wenig den Druck zu nehmen, hatte ich ihnen im Spaß versprochen, dass ich »alle Hebel in Bewegung setzen würde, dass der Heino aus den Bergen« zu uns kommen würde, wenn wir dieses Finale gegen Stuttgart gewinnen würden. Wohl wissend, dass der Schlagersänger eigentlich Fortuna-Düsseldorf- und VfL-Wolfsburg-Fan ist, habe ich ihnen dieses Versprechen gegeben. Ich hatte Jahre zuvor auf der Meisterschaftsfeier in Schermbeck schon einmal Heino mehr oder weniger erfolgreich imitiert.

Einige Tage später bei unserer Pokalfeier setzte ich mir eine Perücke auf, schnappte mir ein Mikro und startete mit Heinos »Karneval in Rio«. Auch der Enziansong gehörte wieder zu meinem Repertoire.

Bei der Siegerfeier der Profis lag auch ein klein wenig Wehmut in der Luft. Der Abend wurde fast von der Nachdenklichkeit über das Ende einer Ära erdrückt.

Nach sechs Jahren und 241 Pflichtspielen verließ Huub Stevens den Club. Zweimal hatte er die Mannschaft auf Platz 5 geführt, einmal auf Rang zwei. Drei Titel hatte Schalke mit Stevens gewonnen, den größten dabei im UEFA-Pokal gegen Inter Mailand.

»Mach deine Arbeit so weiter, aber du wirst es nie schaffen, vor Schalke 04 zu stehen«, sagte Assauer ihm auf der Siegesfeier.

Neben Stevens verließen auch Oliver Reck, Jiří Némec, Mike Büskens, Yves Eigenrauch und Youri Mulder den Club.

»Es tut sehr weh, Leute zu verabschieden, an die ich mich

gewöhnt habe, die für mich Weltklasse waren. Ich bin stolz auf euch«, sagte Assauer.

Am nächsten Tag durften wir dann zusammen mit den Profis durch Gelsenkirchen fahren. Der Verein hatte uns gefragt, ob wir dabei sein wollten. Und natürlich lehnten wir nicht ab. Die Profis vorne auf einem Truck. Wir dahinter.

Das klingt grundsätzlich alles immer toll. Wir feiern mit den Profis. Aber auch auf so ein Event muss man seine Spieler vorbereiten. Damit sie das nicht falsch verstehen. Wenn man durch die Stadt Gelsenkirchen fährt, die ganz in Blau und Weiß gefärbt ist, man von morgens bis abends Queens »We Are The Champions« hört und das Schalke-Lied, wenn man von Beifall und Jubel getragen wird, kann einem das schon zu Kopf steigen. Vor allem, wenn einem das Bewusstsein fehlt, dass man eigentlich gar nicht Hauptadressat dieser ganzen Bekundungen ist.

Daher schnappte ich mir meine Jungs und sagte vor den Feierlichkeiten zu ihnen: »Männer. Euch muss klar sein: Wir sind hier eigentlich nur Statisten. Es geht um die Profis. Das ist 99 Prozent. Wir sind ein Prozent. Es war auch nicht meine Initiative, dass wir hier stehen. Das wollte der Verein. Ihr dürft es genießen. Aber versteht es bitte nicht falsch.«

Die Jungs haben es verstanden und werden dieses Erlebnis niemals vergessen. Vor allem, weil an diesem Tag auch noch etwas Historisches passiert ist. Erstmals nach 38 Jahren ist während des Schalker Umzuges der DFB-Pokal kaputtgegangen. Verzogen, verbogen und verbeult lag die Trophäe mit einem Mal auf der Straße, nachdem sie Rudi Assauer aus der Hand gerutscht war.

Ein Aufruhr war das damals. Erst 2011 widerholte sich bei Real Madrid etwas Ähnliches, als Sergio Ramos der spanische Pokal entglitt.

Wilhelm Nagel, der Macher der Trophäe, war fassungslos und schimpfte in mehreren Interviews anschließend: »Der Pott war total demoliert. Ich musste die verbogenen oberen Ringe austauschen, den krummen Sockel entbeulen, die Seiten entdellen, Bergkristalle und Turmaline neu einsetzen. Ich saß fast vier Monate vor dem Pokal. 700 Arbeitsstunden hat die Reparatur verbraucht. Die Fußballer wissen gar nicht, was sie in der Hand halten. Für die ist das nur ein Gegenstand, der dann weitergereicht wird. Assauer hat jedenfalls bewiesen, dass auch er gar keinen Sinn für den Pokal als wertiges Objekt hat.«[31]

Dem widerspreche ich mal ganz vehement, weil ich mehrfach die Gelegenheit hatte, Assauer in die Augen zu schauen, als er den Pokal hielt. Er wusste genau, wie viel Arbeit dahintersteckte. Er hatte als Macher von Schalke mindestens genauso viele Stunden investiert, damit man diesen 52 Zentimeter großen, 6,25 Kilogramm schweren und mit 210 Gramm Feingold veredelten Pokal mit den zwölf Turmalinen, zwölf Bergkristallen und 18 Nephriten auf Schalke präsentieren konnte. Es kann nicht sein, dass ein Fußballer eine gewonnene Trophäe nur als irgendeinen beliebigen Gegenstand sieht, den er bald weitergeben muss. Jede Trainingseinheit, jeden Pass, jede gelaufene Blase, jeden Zweikampf, jedes Foul, jede Auswechslung, jedes gestemmte Gewicht, alles investiert jeder Fußballer über Jahrzehnte, um einmal einen Pokal in der Hand zu halten. Gleiches gilt für die Trainer und Manager.

Mit mir als Heino und dem zerstörten DFB-Pokal endete also eine Ära. Und eine neue sollte beginnen. Eine, in die ich total optimistisch starte, auch angesichts meiner positiven Verbindung zu Assauer.

Ich wusste genau, wie sehr man sich auf das Wort von Assauer verlassen konnte. Dass er gar nicht so sehr Macho war, wie er es öffentlich gerne demonstrierte. Er war viel sensibler, als viele dachten. Er hat diesen Obermacho auch gespielt, um die Branche zu überstehen. Diese Rolle war ein wenig wie eine Ritterrüstung für ihn.

Und als er nun, nach dem Ende von Huub Stevens, auf die Idee kam, Frank Neubarth zum Cheftrainer zu machen, erfüllte er mir meinen Wunsch.

Ich hatte Frank noch nie zuvor getroffen. Ich wusste lediglich, dass Rudi ihn bereits 1994 versucht hatte, als Spieler von Werder Bremen nach Gelsenkirchen zu holen. Nun wagte er das Experiment, einen unerfahrenen Trainer – Neubarth hatte bis dato nur die U17 und die Regionalliga-Mannschaft des SV Werder gecoacht – zum Chef zu ernennen, mit mir an seiner Seite.

Rudi hatte uns beide in die Geschäftsstelle bestellt, wo wir uns kennenlernten und uns beidseitig versicherten, es miteinander versuchen zu wollen.

Und es schien zu klappen. Wir schlugen Wolfsburg. Anschließend Kaiserslautern mit Miroslav Klose. Immerhin der erste Sieg seit 26 Jahren auf dem Betzenberg. Gegen Berlin, Stuttgart und Dortmund gab es jeweils ein Unentschieden.

»Auf Schalke brutzelt sich«, so hieß es in den Medien, »Gutes zusammen«. Und: »Neubarth reformiert die Schalker leise.«

SPORT BILD bezeichnete ihn als den »Unterschätzten« und beschrieb dann: »Wer ist dieser Mann, der letzte Woche den Rekord von Georg Gawliczek knackte? Kein Trainerneuling ist erfolgreicher. Manager Assauer schwärmt in höchsten Tönen, bei den Fans ist der junge Trainer bereits Kult. Nach jedem Heimspiel heißt es: ›Wir wollen den Trainer sehen.‹ Wie hat dieser kühle Norddeutsche das hingekriegt, ohne seinen Weg mit Leichen zu pflastern?

Neubarth gefällt schon die Frage nicht. Nichts hätte er bislang erreicht, es wäre ›viel zu früh für Jubelgeschichten‹. Das Ziel heiße weiter ›Platz 5‹, er sei kein Mann für ›starke Worte‹, seine Besprechungen dauern höchstens 30 Minuten, und wenn *SPORT BILD* unbedingt nach einer Besonderheit suche, könne man allenfalls seine stoische Ruhe als ungewöhnlich betrachten: ›Ich bin kein Typ, der sofort drauflosplappert – ich analysiere die Dinge lieber in Ruhe und treffe dann eine Entscheidung.‹«

Das Fachmagazin *Kicker* kürte Neubarth zum »Aufsteiger« und zitierte Assauer mit den Worten: »Bis jetzt ist Frank ein Volltreffer. Der Lange ist kein Dummschwätzer und Dampfplauderer, sondern bringt die Dinge in kurzen, knappen Sätzen auf den Punkt.«

Die *Süddeutsche Zeitung* kam zum Zwischenfazit, dass im Verein einige froh seien, »dass der cholerische Huub Stevens einen gelassenen und sachlichen Nachfolger gefunden hat, und in der Mannschaft scheint Neubarth ebenfalls akzeptiert zu sein. Knapp und klar soll es auch im Umgang mit den Spielern zugehen«.

Nach weniger als einer Stunde Flugzeit setzten wir auf dem Aéroport de Bordeaux-Mérignac auf. Die Sonne schien. Perfektes Wetter auf unserer Geheimmission. Am nächsten Tag mussten wir wieder zurück sein, schließlich spielten wir zu Hause gegen Gladbach. Doch weil wir unbedingt einen Linksverteidiger suchten, schauten wir FC Girondins Bordeaux gegen den RC Lens, um uns vor allem den damals 28 Jahre alten Jérôme Bonnissel anzuschauen.

Es war ein durchschnittliches Spiel von ihm, sodass wir anschließend von einer Verpflichtung Abstand nahmen.

Nach unserer Rückkehr bereiteten wir die Mannschaft auf das nächste Spiel vor, das wir mit 2:1 gewannen. Doch dann, eine Woche später, folgte die erste Pleite in der Bundesliga gegen das Team aus Bielefeld, das über weite Strecken der zweiten Halbzeit sogar nur mit zehn Mann spielte.

Mitte Oktober verloren wir 0:3 gegen 1860 München. Anfang November schließlich 0:1 gegen Leverkusen. Anfang Dezember schieden wir nach einer Topleistung im DFB-Pokal im Elfmeterschießen gegen Bayern München aus.

All unsere Schützen trafen. Andreas Möller, Sven Vermant, Tomasz Hajto und Marc Wilmots. Nur Ebbe Sand verfehlte, sodass wir rausflogen.

Weil wir wenige Tage später auch noch gegen Wisła Krakau aus dem UEFA-Cup flogen, kippte die Stimmung zusehends.

Klaus Fischer, die Stürmerlegende, äußerte sich anfangs in einem von ihm verfassten Gastbeitrag noch dezidiert und ausgewogen. Er sprach von einem »komischen Jahr« und befand: »In der Liga ist Schalke im Soll, hat alle Chancen auf Platz 2! Schalke kommt spielerisch immer näher an Bayern und

Dortmund heran, weil Rudi Assauer hier eine richtig gute Truppe zusammengestellt hat. Aber – und damit zur Kehrseite der Medaille: Schalke ist in sich nicht gefestigt. Bei Bayern im DFB-Pokal auszuscheiden kann ja noch passieren. Aber es ist nicht nachvollziehbar, wie man zu Hause mit 1:4 gegen Krakau aus dem UEFA-Cup fliegt. Das ist einfach nur peinlich und unentschuldbar.«

Schließlich kam der entscheidende Punkt seiner Bewertung: »Indianer gibt es auf Schalke genug, vielleicht fehlt einfach ein Häuptling. (…) Natürlich könnte man sagen, dass Frank Neubarth verantwortlich ist, diesen Häuptling zu finden. Doch das braucht Zeit. So einen Führungsspieler kannst du dir nicht schnitzen, das muss auch wachsen. Ganz davon abgesehen hat Neubarth in den ersten Monaten auf Schalke schon sehr viel erreicht: Er hat sich in den Machtkämpfen mit Möller, Böhme und Wilmots durchgesetzt. Die Mannschaft trägt seine Handschrift, spielt oft offensiven, attraktiven Fußball.«

Doch es dauerte nicht lange, und es ging nicht mehr um Fußball und ob dieser offensiv und attraktiv sei. Wir bekamen zunehmend zu spüren, in was für ein hoch kompliziertes Gebilde wir geraten waren. Schalke war – schon zu Saisonbeginn, als wir aber dachten, wir würden damit umgehen können – eine Truppe von vielen, vielen Spielern, deren Karriere dem Ende zuging. Großartige Spieler, von denen aber viele verletzungsanfällig und weit über ihren Zenit hinaus waren. Wegen ihrer vergangenen Erfolge hatten sie eine wahnsinnig große Macht im Club und auch entsprechenden Einfluss auf Rudi Assauer.

Schließlich kam, was kommen musste. Offene Machtkämpfe brachen aus.

Frank war aber auch alles andere als ein bequemer Trainer. Er stellte nach Leistung auf, traf auch Entscheidungen, die sich nicht jeder Trainer trauen würde.

Und damit gingen die Probleme los. Jeder Spieler, der kurz vor seinem Karriereende steht, denkt natürlich an sich. Weil es auch um verdammt viel Geld geht. Es ist doch sogar höchst logisch, dass ein 32-Jähriger alles probiert, um noch einen weiteren Dreijahresvertrag abzuschließen, der ihm insgesamt noch mal sechs, sieben oder noch mehr Millionen Gehalt beschert. Wenn der Spieler aber nicht mehr zu den Leistungsträgern gehört, muss der Trainer auf andere setzen und gefährdet nun einmal damit die letzten ganz dicken Verträge.

Das ist ein schwieriger Interessenkonflikt und wird auch immer einer sein. Kaum ein Spieler will sich damit abfinden, dass seine beste Zeit vorbei ist, und dann auch noch freiwillig auf Geld verzichten. Und für keinen Trainer der Welt ist es einfach, altgediente Spieler, die den ersten Rost angesetzt haben, einfach so auf die Bank zu setzen. Vor allem junge Trainer scheuen oft den Konflikt mit den etablierten Platzhirschen.

So kam es, dass in den kommenden Wochen plötzlich alles, was bei uns innerhalb der Mannschaft passierte, nach außen drang.

So warf etwa Torwart Frank Rost, mit dem Neubarth von 1992 bis 1996 zusammengespielt hatte, dem Trainer vor versammelter Mannschaft vor: »Seitdem du hier bist, macht mir Fußball keinen Spaß mehr. Du sprichst nicht mit mir, rufst mich nicht an, bindest mich überhaupt nicht ein.«

Der Vorgang drang an die *BILD*-Zeitung und sorgte für erhebliche Unruhe. Jörg Böhme, Nationalspieler und ein begnadeter Linksfuß, geriet in den Verdacht, unsere Mannschaftsaufstellung vorab an Leverkusen verraten zu haben, mit denen er über einen Wechsel diskutierte. »Das wäre Landesverrat!«, polterte Assauer, ohnehin stinkig auf Böhme, der in der Saison mehrfach zu spät zum Training erschien. Dieser Verdacht wurde übrigens nie bestätigt.

Die Mannschaft hielt ohne unser Wissen einen Teamabend ab, zu dem Frank Neubarth und ich ganz bewusst nicht eingeladen wurden, Manager Assauer und Sportdirektor Andreas Müller sollen aber dabei gewesen sein.

Andreas Möller bezeichnete unsere Truppe als »Schülermannschaft«, die zuletzt nicht einmal mehr wie eine Mannschaft aufgetreten sei. Er beklagte: »Es fehlt die Geduld für das Miteinander, unser Wir-Gefühl ist auf der Strecke geblieben. Bei vielen ist der Hunger auf Erfolg einfach nicht spürbar. Dieser unbedingte Siegeswille, der Schalke in den letzten Jahren ausgezeichnet hat. Es kann nicht angehen, dass wir nach jedem kassierten Tor regelmäßig in unsere Einzelteile auseinanderbrechen.«

Manager Assauer pflichtete ihm bei, indem er bestätigte: »Einige machen hier die Drecksarbeit. Aber es sind nicht alle gewillt, für den anderen zu laufen.«

Unser Torwart Frank Rost, ein nicht ganz einfacher Heißsporn, wurde als »Amok-Keeper« bezeichnet, nachdem er nach der Roten Karte Linienrichter Perl und Schiedsrichter Wack angebrüllt, seine Handschuhe gegen eine Werbeband gefeuert und einen Kameramann angepöbelt hatte.

In der Zeitung war von einem »schwer gestörten Betriebsklima« auf Schalke die Rede. Es wurde die Frage aufgeworfen, »wie groß die Kluft« zwischen Mannschaft und Trainer sei. Schließlich wurden wir als »Chaosclub« hingestellt, als »FC Frust 04«, bei dem es Explosionen in der Kabine gegeben habe.

Anfangs versuchte Assauer, sich noch öffentlich vor uns zu stellen, verteidigte: »Es ist absolut aberwitzig, die augenblickliche Situation an Frank aufzuhängen. Die Verantwortung ist nicht ihm, sondern zum Großteil der Mannschaft zuzuschreiben. Und einen Trainer zu stützen, auch wenn er in der Schusslinie steht, hat sich bislang immer ausgezahlt.«

Doch die aufgeheizte Stimmung führte schließlich auch dazu, dass die Fans gegen uns brüllten. Nach einem 1 : 1 gegen Bielefeld hallte es aus der Nordkurve: »Neubarth raus!«

Das hat auch mir sehr wehgetan. In dem Moment haben die Fans schließlich genauso auch »Elgert raus« gerufen – indirekt jedenfalls.

Es hat mir aber geholfen, dass ich zuvor schon *Psychologie der*

Massen von Gustave Le Bon gelesen und daher verstanden hatte: Zehn fangen an zu schreien. Ganz schnell sind es 100 und dann irgendwann 1000 und so weiter. Dann ist es irgendwann nicht mehr aufzuhalten. Wenn sie erst einmal deinen Kopf als Trainer fordern, hast du keine Chance mehr. Die Fans sind nun einmal das höchste Gut eines Clubs. Deswegen musst du als Trainer damit klarkommen, was menschlich gesehen natürlich alles andere als einfach ist. Auch ich hatte als aktiver Profi schon sowohl »Elgert raus« ebenso wie »Elgert rein« von den Fans gehört.

Letztendlich, egal, wie vorbereitet man auch ist, es verletzt einen trotzdem: Kein Mensch mag es, nicht gemocht zu werden. Vor allem, wenn der Protest auch noch unmittelbar mit deinem Namen in Verbindung steht.

Schließlich ist der eigene Name das wichtigste Wort im Leben. Jeder Mensch identifiziert sich mit seinem Namen. Man reagiert sofort darauf. Und wenn dann etwas Negatives im Zusammenhang mit dem Namen kommt, kann einen das nicht kaltlassen.

Ich habe bei den Rufen gegen Frank Neubarth mich immer mit kritisiert gefühlt. Vor allem habe ich aber versucht, nach dem Prinzip »mitfühlen ja, mitleiden nein« zu reagieren.

Nach dem 1 : 1 gegen Bielefeld folgten ein 1 : 3 gegen Hamburg und ein 1 : 1 gegen 1860 München. Mittlerweile waren die Blicke fast mehr auf die Reaktionen auf der Trainerbank gerichtet als auf die Leistungen auf dem Spielfeld.

Jede noch so kleine Geste wurde gedeutet, interpretiert und ausgeschlachtet. Frank habe, so schilderte die *Süddeutsche Zeitung,* »das Geschehen regungslos wie in Stein erstarrt verfolgt. Das Coaching übernahm umso wilder sein Nebenmann und Schutzpatron Rudi Assauer, der seine Zigarre kreisen ließ, als ob sie ein Taktstock wäre«.

Allein solche Beschreibungen sind Grund genug für mich, wäre ich Cheftrainer gewesen, dass ich weder einen Präsidenten noch einen Manager auf der Bank hätte sitzen haben wollen. Die Bank ist für Trainer, Ärzte, Physiotherapeuten und Ersatzspieler.

Sonst aber hat auf ihr niemand Platz zu nehmen und etwas zu suchen. Ein Sportdirektor oder Manager hat dort keine Aufgaben. Es gibt dort auch nichts mit ihm zu besprechen.

Ich sehe sogar eine gewisse Gefahr für die Spieler, wenn man Manager und Sportdirektoren so nah während eines Spieles an sie heranlässt.

Spieler sind doch auch nur Menschen. Die nehmen doch auch die Regungen und Reaktionen dieser Entscheider wahr. Und sei es auch noch so unbewusst. Aber was bringt es, wenn sich Spieler möglicherweise ihr Gehirn zerbrechen, warum ein Manager nach einem Fehler so zerknautscht geschaut hat?

Diese Ablenkung, und sei sie auch noch so minimal oder theoretisch, ist unnötig.

Ich bin übrigens auch kein Freund davon, Sportdirektoren oder Clubpräsidenten vor besonderen Spielen zur Mannschaft sprechen zu lassen. Trotzdem kann man das punktuell mal machen.

Die Akteure wissen schon ganz genau, welche Bedeutung ein Bundesligaspiel hat.

Jeder Verantwortliche eines Fußballvereins hat seinen eigenen Bereich. Und für Manager und Sportdirektoren ist der meines Erachtens weder auf der Bank noch in der Kabine.

Als Trainer neigt man dazu – das ist mir selbst mehrere Male passiert –, besondere Spiele zu überhöhen. Man läuft häufig Gefahr, zu viel zu wollen, und erhöht dadurch den Druck ins Unermessliche. Man greift zu Extremmaßnahmen, die letztlich die Beine der Spieler lähmen. Oder ihnen die Lockerheit rauben. Oder sie verkrampfen lassen.

Als ich in Wattenscheid Chef-Jugend- und U19-Trainer war – es war ganz am Anfang –, wollte ich unbedingt den Westfalenpokal mit der A-Jugend gewinnen.

Hermann Heroven, von 1982 bis 2000 Leiter der Jugendabteilung und ein ganz wichtiger Mann im Verein, ermöglichte uns damals, einen Tag vor dem Spiel zusammen in einer Jugendherberge zu übernachten.

Nie zuvor hatten wir mit der Mannschaft etwas Ähnliches gemacht. Man kam am Spieltag zum vereinbarten Treffpunkt. Besprach sich, spielte Fußball, fertig.

Nun also holten wir die Jungs einen Tag zuvor zusammen, schliefen in dieser einfachen Unterkunft und lenkten die volle Konzentration aufs Spiel. Statt mit ihren Familien Zeit zu verbringen und ihrem gewohnten Rhythmus nachzugehen, lenkten wir ihren Fokus durch diese natürlich gut gemeinte Aktion schon 24 Stunden zuvor auf das Spiel.

Ich bin mir absolut sicher, dass viele Spieler in der ungewohnten Umgebung und vor lauter Nervosität viel schlechter geschlafen haben als in ihrem eigenen Bett zu Hause.

Am nächsten Tag ging der Wahnsinn dann weiter. Meine Spielvorbereitung war intensiver als normal. Ich wollte meine Jungs in der Vorbesprechung auf jedes mögliche Szenario vorbereiten und filetierte den Gegner regelrecht.

Dass ich dabei zu viele Informationen weitergab, obwohl ich streng genommen wusste, dass die Aufnahmebereitschaft von Spielern vor einer Begegnung begrenzt ist, vergaß ich in diesem Moment.

Kurz vor dem Anpfiff dann machte ich den wohl alles entscheidenden Fehler. Ich wollte meiner Mannschaft das an sich starke Motto von Hermann Rauhe, einem Musikprofessor, das da lautet: »Nur wer selbst brennt, kann andere entzünden«, vermitteln. Also verteilte ich jedem meiner Spieler in der Kabine eine Kerze. Ich selbst hatte eine brennende in der Hand, mit der ich dann die unseres Torhüters entzündete. Der sollte die seines Sitznachbarn anzünden. Und so weiter. Bis alle Kerzen brannten.

Es kam, wie es kommen musste: Wir verkrampften und verloren. Und ich war wieder um eine weitere Lektion reicher.

Wobei es nicht das erste Mal war, dass ich wegen Übermotivation verloren hatte. Als ich selbst, ich habe davon schon berichtet, im Squash aktiv war, habe ich einmal um die Dorstener Stadtmeisterschaft gespielt. Ich führte damals mit zwei Gewinnsätzen und hatte mir im entscheidenden dritten Satz bereits ein 8 : 0 herausgespielt. Da ich sogar eigenen Aufschlag hatte, fehlte mir bei der damaligen Zählweise nur noch ein einziger Punkt.

Schon während ich den Ball aufhob, um zum finalen Punkt aufzuschlagen, hatte ich das Match im Kopf gewonnen. Aber wie sagt Yogi Berra so treffend: Es ist erst vorbei, wenn es vorbei ist.

Am liebsten wollte ich ein Ass servieren. Entsprechend irritiert war ich, als mein Aufschlag retourniert wurde. Dann fing ich an, mich massiv über Schiedsrichterentscheidungen aufzuregen, und verlor vollkommen meine Linie und die emotionale Kontrolle. Ich geriet in die Defensive und reagierte nur noch auf die Schläge meines Gegners, rannte seinen Bällen hinterher, anstatt selber das Heft des Handelns in der Hand zu haben. So verlor ich zunächst das Aufschlagrecht, schließlich einen Punkt nach dem anderen.

Ich hatte völlig meinen Fokus verloren und kämpfte nun gegen meine eigenen Negativ-Gedanken an. Mein Kopf verstand es überhaupt nicht, warum mein Gegner plötzlich Punkt um Punkt sammelte. Und warum ich nicht schon als Stadtmeister unter der Dusche stand.

»Jetzt machst du es aber«, schwor ich mir. Und schlug den Ball wie ein Kanonengeschoss unters Tin, also unterhalb der Auslinie an die Stirnwand.

Ich kämpfte nur noch mit mir und dem Schiedsrichter statt gegen meinen Gegner. Ich dachte nicht mehr an den Schlag, sondern an den nächsten Punkt. Ich machte alles falsch, was man falsch machen konnte – und verlor schließlich das Match. Nach dem Spiel gab ich ausschließlich dem Schiedsrichter die Schuld. Aus Niederlagen kann man sehr viel lernen. Meine Lektion war: »Lass dich durch nichts und niemanden von deinem Spiel ablenken. Fokussiere dich auf die nächste Situation, die nächste Aktion, den nächsten Ball und nicht auf das Endergebnis.« Das ist im Fußball genauso wie beim Squash.

Gegen 1860 München verloren wir zwar nicht. Aber wir holten wieder nur ein Unentschieden. In fünf Spielen war uns damit kein einziger Sieg gelungen. Im Jahr 2003 hatten wir bis Ende März nur zwei Siege geholt, gegen Wolfsburg und Stuttgart. Zweimal hatten wir verloren, den Rest unentschieden gespielt.

Die Schlussvermutung von Philipp Selldorf, dem Redakteur der *Süddeutschen Zeitung*, lautete jedenfalls: »Womöglich schwingt also der Manager die Zigarre bald an der Taktiktafel.«

Er sollte fast recht behalten.

Am Mittwoch bereiteten Frank Neubarth und ich das Training wie immer vor, als plötzlich das Kabinentelefon klingelte und Rudi Assauer uns beide zu sich ins Büro bestellte. Kaum hatte Frank den Hörer eingehängt und mich über den Wunsch des Managers informiert, da war uns beiden auch schon klar, was gleich kommen würde.

Eigentlich waren es nur 150 Meter von unserer Umkleide bis ins Büro von Rudi Assauer. Also vielleicht 200 Schritte. Dennoch kam mir die Strecke wie eine Ewigkeit vor. Frank und ich sprachen kaum ein Wort miteinander. Es war, als würde ich wie von einer Fernsteuerung dorthin gelenkt.

Bei Assauer angekommen, bewahrheitete sich unsere Annahme. Wir wurden freigestellt.

Bereits am Montag hatte Rudi mit Marc Wilmots gesprochen, ob er, und nicht so wie von der SZ vermutet Rudi selbst, als Retter einspringen könne. Am Dienstagabend setzte er sich mit dem Spielerrat, also Frank Rost, Thomasz Wałdoch und Andreas Möller zusammen und stimmte sich mit ihnen ab.

Nun wurden wir informiert. Nach nur 268 Tagen, also einer gefühlten Schwangerschaft, endete damit auch mein Abenteuer als Co-Trainer.

»Das war«, sagte Assauer, »die schwerste Entlassung meines Lebens. Es tut unheimlich weh, einem jungen Mann dadurch vielleicht die Karriere zu verbauen. Doch die Kiste war eingebaggert, wir mussten einfach ein Zeichen setzen.«

Natürlich habe ich mich anschließend intensiv mit diesen neun Monaten auseinandergesetzt. Schließlich war es die einzige »Entlassung« meiner Karriere. Und natürlich habe ich auch mit Rudi Assauer gesprochen, was schiefgelaufen ist.

Die Zeit war kein Misserfolg. Es war eine wahnsinnig große Lernchance, ohne die ich nie zu dem Trainer geworden wäre, der ich heute bin.

Grundsätzlich finde ich es wichtig, dass jeder Trainer einmal Assistent gewesen sein sollte. Weil man plötzlich aus einem ganz anderen Blickwinkel auf eine Mannschaft schaut. Man lernt zu dienen, sich zurückzunehmen, Entscheidungen mit zu verantworten, die von anderen getroffen worden sind.

Ich hätte zum Beispiel, und das habe ich auch Frank Neubarth geraten, an seiner Stelle viel intensiver den Austausch mit Rudi Assauer gepflegt. Der war von Huub Stevens permanenten Austausch gewöhnt. Jeden Morgen um acht Uhr war Huub bei ihm und hat seine Sicht der Dinge an den Manager weitergegeben. Natürlich immer einseitig gefärbt.

Frank Neubarth, ein wirklich erstklassiger Trainer, hat mit seiner kühlen, norddeutschen Art die Notwendigkeit dieser Gespräche nicht wahrhaben wollen. Er wollte nicht jeden Morgen Bericht erstatten. Dabei wäre es so wichtig gewesen, dass Frank mit Rudi gesprochen hätte. Aber Frank, mit dem ich auch menschlich sehr gut klarkam, war nun mal ein sturer Bock.

Da er aber nur selten kam, erhielt Assauer immer nur die Berichte der Spieler, mit der entsprechenden Färbung natürlich. Heißt: Sie waren an gewissen Situationen nicht schuld, sondern das Trainerteam.

Eine Fußballmannschaft ist nun einmal ein komplexes Gebilde, ein Instrument, in dem Machtspiele gespielt werden.

Wir haben es komplett versäumt, da noch stärker gegenzusteuern.

Das war übrigens auch der größte Vorwurf, den Rudi mir machte. Er meinte, ich hätte viel häufiger kommen müssen, um ihn über die Stimmung und die Situation in der Kabine zu informieren.

Das habe ich damals aber nicht so gesehen. Weil es einfach illoyal gegenüber Frank gewesen wäre. Frank nicht in den Rücken zu fallen hatte einfach nicht nur mit Loyalität, sondern auch mit Integrität zu tun. Integrität heißt für mich das Richtige zu tun, egal, wer dir dabei zuschaut und welche Konsequenzen dein Handeln hat. Oder auch »Tu das Richtige und unterlasse das Falsche«. Ich hätte immer das Gefühl gehabt, ihn zu verraten, wäre ich regelmäßig zu unserem Manager gegangen und hätte mit ihm über Kabinen-Interna gesprochen.

Im Nachhinein sehe ich: Wir hätten viel früher gegensteuern und die Spieler massiv auf ihre Mitverantwortung hinweisen müssen.

Wenn ein Topspieler wie Andreas Möller Interviews gibt, in denen er das fehlende Miteinander und den fehlenden Siegeswillen beklagt, gesteht er streng genommen eine Mitschuld ein. Als Führungsspieler hätte auch er dabei helfen können, das Wir-Gefühl wieder zu stärken.

Ich glaube nicht, dass ich als Cheftrainer erfolgreicher gewesen wäre als Frank Neubarth. Wahrscheinlich wäre ich sogar noch viel früher entlassen worden, weil ich zu der Zeit viel härter und massiver gegen die Machenschaften einiger Spieler vorgegangen wäre. Aber das ist sowieso alles hypothetisch.

Ich habe in dieser Zeit wieder einmal gelernt, wie wichtig es ist, das Maul aufzumachen. Dass meine Zurückhaltung innerhalb der Mannschaft, die sie mir übrigens auch in einer Krisensitzung einmal vorgeworfen hat, ein Fehler war.

Damals habe ich gelernt, dass ich kein Mann für die zweite Reihe bin. Dass ich vorweggehen möchte, nicht für den Assistentenjob gemacht bin.

Ich habe erkannt, dass ich lieber selbst das letzte Wort habe und gerne Entscheidungen treffe.

Cheftrainer in der Bundesliga und speziell auf Schalke ist ein toller, aber definitiv kein einfacher Job. Schalke ist ein Club mit extremen Strömungen. Darauf musst du dich als Cheftrainer einstellen und gut vorbereiten. Zum einen gibt es die Mannschaft und das Verhältnis zwischen dem Trainer und ihr, das für den gemeinsamen Erfolg von größter Bedeutung ist. Dann sind da die Medien. Sie sind tagtäglich da, prägen die öffentliche Meinung und haben dadurch einen unglaublichen Einfluss. Deswegen muss man mit ihnen können und konstruktiv zusammenarbeiten. Dabei muss der Trainer eine gute Balance finden zwischen Mannschaft, Verein und Medien.

Und dann gibt es da noch die großartigen Schalker Fans, die Basis des Clubs.

Ein Bundesligatrainer muss extrem belastbar sein, körperlich, aber auch mental. Im Erfolg bist du der Heilsbringer, der Messias, im Misserfolg der Depp und Dorftrottel, der überhaupt keine Ahnung hat. Heute gefeiert und morgen schon gefeuert. Nur im Erfolg hast du Ruhe im Profifußball. Wenn du gewinnst, hast du eine schöne Woche. Sonst nicht. In der Niederlage ist alles anders. Es geht nur ums Gewinnen. Aber es wird ja keiner dazu gezwungen, Bundesligatrainer zu werden. Für viele ist es ein super bezahlter Traumjob, für mich war es das nie. Aber das sieht natürlich jeder anders.

Als ich als Nachwuchstrainer auf Schalke angefangen habe, waren die ersten Wochen nicht sonderlich erfolgreich. Wir verloren gleich die ersten beiden Spiele. Meine Tochter Jenny war damals gerade einmal zehn Jahre alt. Sie saß hinten im Auto, als wir nach einer Klatsche nach Hause fuhren. Conny und ich sprachen kaum und fuhren los. Mit einem Mal fragte dieses kleine Mädchen völlig aus dem Nichts heraus: »Papa, wirst du jetzt entlassen?«

Ich fuhr bei nächster Gelegenheit rechts ran, schnallte sie ab und drückte Jenny ganz fest an mich. »Du brauchst dir keine Sorgen zu machen«, sagte ich ihr. »Das wird so schnell nicht passieren.«

Natürlich war ich mir darüber nicht so sicher. Conny und ich wussten schon, dass die Branche wie ein Rosenstrauch war. Schön, aber auch nicht ohne Dornen. Wobei die Anzahl der an der Rose vorhandenen Dornen im Nachwuchsbereich noch mal deutlich geringer sind als im Profibereich. Du kannst ja nicht erwarten, dass in einer Branche, in der es um so viel geht, jeden Tag die Sonne scheint.

Auch darüber sprachen wir mit unserer Jenny.

Diese 90 Minuten in der höchsten Spielklasse sind schon brutal, hochintensiv. Viele können gar nicht verstehen, was da in den Menschen passiert. Dermaßen viele Stresshormone wurden sonst nur früher ausgeschüttet, wenn der Säbelzahntiger hinter einem her war.

Deshalb habe ich die Entlassung auch nicht nur negativ empfunden. Obwohl sie natürlich, auch wenn das widersprüchlich klingen mag, mein Selbstwertgefühl angekratzt hat. Natürlich habe ich mir tagelang die Frage gestellt, warum Rudi es uns nicht zugetraut hat, die Wende zu schaffen. Aber man sagt ja, dass man erst dann ein richtiger Trainer ist, wenn man mal gefeuert wurde.

PHILIPP MAX

Vom durchschnittlich trainierten Schachspieler zum Deutschen Meister

Norbert Elgert. Für mich ein Experte des Fußballs und der Teamführung. Ein wahrer Häuptling mit großem Herzen. Wenn ich an meine Zeit zurückdenke, die ich zwischen 2010 und 2012 unter seiner Regie verbringen durfte, denke ich nicht ausschließlich an die sportliche Entwicklung und den großen Erfolg der deutschen A-Jugend-Meisterschaft zurück, sondern vor allem an die Entwicklung des Menschen Philipp Max.

Unsere erste Begegnung werde ich nie vergessen. Damals war ich Spieler in der U17 des FC Bayern München. Mein Vater, der zwischen 1995 und 1999 für Schalke spielte und mit ihnen UEFA-Pokal-Sieger wurde, erzählte mir von der Möglichkeit eines Probetrainings bei der Schalker U19, da wir vorhatten, mit der Familie zurück nach Nordrhein-Westfalen zu ziehen.

Grundsätzlich fand ich es überhaupt nicht schlimm, München den Rücken zu kehren. So richtig heimisch hatte ich mich dort nie gefühlt.

Auf dem Weg von München nach Gelsenkirchen war

ich selbstverständlich sehr nervös und zweifelte an mir, vor allem, weil der Wechsel bedeuten würde, plötzlich mit den Älteren zu trainieren. Gleichzeitig machte ich mir aber Gedanken, wie ich es schaffen könnte, den Trainer davon zu überzeugen, mich für die kommende Spielzeit zu verpflichten. Außer seinem Namen und seinen Erfolgen wusste ich nicht viel über Norbert Elgert. Ich beließ es dabei und wollte einfach nur mein bestes Gesicht zeigen.

Als ich dann zeitig am nächsten Tag zum Training erschien, sah ich den »Coach«, wie ich ihn bis heute immer bezeichne, das erste Mal. Da stand er nun mit seinen fußballtypischen O-Beinen, der schulterlangen Mähne, Stirnband und Trillerpfeife. Von seiner Art, eine Mannschaft zu führen, bekam ich von der ersten Sekunde an eine Kostprobe, als er einem »Altjahrgang« die Aufgabe zuteilte, sich um mich zu kümmern und mir auf Schritt und Tritt zur Seite zu stehen. Im ersten Moment denkt man nicht so weit, doch mit ein wenig Zeit wurde mir klar, dass bei Spielern selbst mit solch kleinen Dingen ein großer Effekt erzielt werden kann.

Der Coach ist für mich ein Meister der Psychologie. Es gelingt ihm, Spieler so zu polen, dass sie stets ihr bestes Gesicht zeigen und ihr volles Potenzial ausschöpfen. In der Nachbetrachtung und Analyse finde ich es deshalb sehr interessant, wie der Coach mit unseren individuellen Stärken und Schwächen vor dem Team umgegangen ist. Jeder wusste über die körperlichen Zustände eines jeden Bescheid. So konnte sich niemand verstecken und jeder konnte seine persönlichen Erfolge mit jedem teilen.

Einige Beispiele dafür, die sich auf mich beziehen: Ich kam nach einer Bänderverletzung im Sprunggelenk zum ersten Trainingstag und brachte die Fitness eines »durchschnittlich trainierten Schachspielers« mit, wie der Coach mir mitteilte. Tief in meinem Inneren wusste ich das natürlich, doch es laut vor einer Gruppe zu hören, tat im ersten Moment weh. Gleichzeitig entfachte es in mir aber einen ersten Funken: Dem werde ich es zeigen, ich werde es euch allen zeigen!

Man redete untereinander auch über Laktatwerte, Sprintwerte

oder Sprungwerte. So kam ein Mannschaftsklima zustande, in dem man Kritik und Lob auf eine angenehme Art teilen konnte, auch ohne dass der Trainer dabei war. Ich bekam oft Lob für meine Schnelligkeit, hörte aber auch allerlei Sprüche über meinen Fitnesszustand. Vor allem Philipp Hofmann, unser Mittelstürmer, trieb mich an, indem er mich immer wieder mit Sprüchen wie »Komm, gib Gas, Schachspieler« anstachelte.

Dadurch wurde ich hungrig, fit zu werden. Ich entwickelte immer mehr einen gewissen Biss und Willen. Ich wollte unbedingt in diesem Bereich besser werden und empfand das »Laufen« (das im Fußball immer unbeliebt ist) als nicht mehr schlimm, sondern eher als Aufgabe, die ich bewältigen muss, um meinem Traum Bundesliga näher zu kommen.

Trotzdem durfte ich die ersten Läufe in der Torhütergruppe absolvieren. Dort war das Tempo etwas niedriger.

Während der Läufe fragte der Trainer stets den Pulswert ab, sodass alle ihre Aufgabe richtig erfüllten. Er legte großen Wert auf die Fitness. Unter Norbert Elgert merkte ich erst, was es heißt, hart an sich zu arbeiten, und wie wichtig es war, fit in eine Saison zu gehen, um Verletzungen vorzubeugen und der Mannschaft wie auch sich selbst bestmöglich zu helfen.

Im Trainingslager vor der Saison streuten wir immer wieder Wettbewerbe ein, beispielweise Tauziehen. Hier ging es logischerweise um Kraft, aber auch um Konzentration und Teamwork. Hier wollte jeder gewinnen, sich vor dem anderen Team und dem Trainer keine Blöße geben. Ich versuchte oft, irgendwie in die Gruppe von Sead Kolašinac zu kommen. Dieser Bulle gehörte nämlich meist zu den Gewinnern.

Doch es soll kein falscher Eindruck entstehen. Man bekam vor dem Team auch immer die eigenen Stärken vor Augen geführt. »Philipp, du bist ein Topathlet mit einer außergewöhnlichen Sprungkraft und einem hohen Tempo!« Solche Aussagen taten gut, gerade in einem Alter der Selbstfindung. So etwas stärkt das Selbstvertrauen und das Selbstbewusstsein. Gerade diese Dinge musste ich erst wieder neu für mich entdecken. Das wusste der »Coach« genau, er redete oft mit mir, fragte, wie es mir geht, ob ich alles gut packe, und deutete dabei auch des Öfteren auf die VELTINS-Arena. Er wusste, dass ich behütet aufgewachsen bin, dass ich nicht der Typ war, auch mal, in Fußballerdeutsch, »Gras zu fressen«.

Bei Bayern war zuvor viel Wert darauf gelegt worden, das meiste spielerisch zu lösen, die fußballerische Qualität war größer.

Entsprechend bestand sein Hauptziel darin, mich so hinzubekommen, dass ich auf dem Platz kämpfte, den Schweinehund besiegte und den letzten Sprint, selbst wenn der Körper streikt, hinbekam. Norbert Elgert wusste, wie er welchen Spieler anfassen musste. Das Schöne ist, dass mich genau diese Tugenden heute auszeichnen und zu dem Spieler und Menschen gemacht haben, der ich heute bin.

Totaler Einsatz Aller Mitspieler. Abkürzung: TEAM. Für den Trainer zählten Dinge wie Zusammenhalt, Einstellung, Verantwortung, Respekt und Ehrlichkeit zu den Grundtugenden eines erfolgreichen Mannschaftsgebildes. Diese Dinge füllten wir mit Leben und lernten so, uns gegenseitig mehr zu unterstützen und das Team als Familie zu sehen. Er impfte uns ein, Verantwortung für das Ganze zu tragen und nicht nur für uns selbst und das eigene Spiel. Das half uns gerade in engen Spielen am Ende der Meistersaison, qualitativ wahrscheinlich bessere Teams zu schlagen und letzten Endes die Meisterschale in Händen zu halten. Das Schöne ist, zu sehen, wie alle Spieler, die damals unter Norbert Elgert spielten, die Regeln und Werte des »Teamcredo« auch mit in ihr Leben genommen haben, egal, ob es schlussendlich zum Fußballprofi gereicht hat oder nicht. Sich durchzusetzen, anzupassen und die beste Version seiner selbst zu sein, Tag für Tag, darum geht es, im Platz wie auch im Leben.

Wenn ich mich auf die fußball- und trainingsspezifische Ausbildung beziehe, war der »Coach« ein Glücksfall für mich. Durch seine natürliche Autorität erreichte er uns und schuf in uns den Willen, uns jeden Tag zu verbessern. Ich entwickelte ein Verständnis für jede Position auf dem Feld, lernte diese zu schätzen und empfand erstmals das Gefühl, Fußball zu spüren und zu verstehen. Da ich in meiner Anfangszeit viel mit mir selbst zu kämpfen hatte, setzte der Trainer mich erstmals in einer offensiveren Rolle ein, damit ich zu mehr Selbstvertrauen und Erfolgserlebnissen gelangte. So übertrug er mir mehr Verantwortung und setzte mich im zweiten Jahr als Vizekapitän, Elfmeterschütze und Teil des Mannschaftsrates ein.

An eine Szene werde ich mich noch lange erinnern. Wir spielten in der Rückrunde der Meistersaison unser Rückspiel gegen den Zweitplatzierten Leverkusen. Wir verloren 0:2, und der Gesamtauftritt passte ihm gar nicht. Wir hatten zehn Punkte Vorsprung auf unseren Verfolger und präsentierten uns im Allgemeinen ein wenig zu selbstsicher. Der Trainer war immer sehr allergisch gegen Gestik und Mimik gegen das eigene Team. Das bringe einen selbst vom eigenen Spiel ab und ins Team eine gewisse Negativität, die so nicht zu akzeptieren war. Das war korrekt und das wusste ich auch. Trotzdem hatte auch ich mich in dem Spiel zu abfälligen Handbewegungen gegen meine eigenen Mitspieler hinreißen lassen, weil ich den Eindruck hatte, zu wenig Zuspiele zu bekommen. Also wurde ich am Folgetag zum Gespräch gebeten. Hier zeigte sich erneut, wie Norbert Elgert psychologisch versuchte, das Optimum aus dem Geschehen herauszuholen. Er fand das richtige Maß zwischen Zuckerbrot und Peitsche, machte mich auf meine Respektlosigkeit dem Team gegenüber aufmerksam, erklärte mir aber zugleich, wie wichtig meine persönliche Körpersprache für unser Spiel sei. Er nannte das Feedback immer »das Frühstück der Champions« und stellte mich im Zuge dieses Gesprächs vor die Wahl: »Philipp, willst du Kapitän und Führungsspieler dieser Mannschaft bleiben?« Meine Antwort war natürlich »Ja«, und seine Aussage »Dann zeig es« war wie ein morgendliches Klingeln des Weckers in meinen Ohren. Spätestens an diesem Tag habe ich begriffen, dass die Teamleistung wichtiger ist als die Einzelleistung.

Wenn ich weiter ins Detail der täglichen Trainingsarbeit gehe, haben wir als Team immer die Möglichkeit bekommen, uns individuell weiterzuentwickeln. Uns wurden durch viele Ballbesitz- und Positionsspielformen grundlegende Dinge eingeimpft, die uns für den Moment weiterhalfen, uns aber auch, unter hohem Gegnerdruck, an das Tempo der Bundesliga gewöhnen sollten. Da waren Dinge wie eine offene Körperposition, ein guter erster Kontakt und den Schulterblick zur Vororientierung einzusetzen, die Grundbasis, um überhaupt mithalten zu können. Genauso wie das Spiel eins gegen eins. Dies war für Norbert Elgert die Königsdisziplin.

Vor jeder Trainingsform, in der es um Zweikampfführung ging, streute er ein Brainstorming ein. Er ließ uns aktiv werden und forderte laute Antworten über die Verhaltensweisen in Offensive und Defensive. Durch ständiges Wiederholen hatten wir am Saisonende die meisten Tore und zudem die wenigsten Gegentore aller Teams. Es ist zu einem Automatismus geworden und bis heute Teil meiner Gedanken.

Ein lustiges Beispiel seiner Autorität war auch, dass der »Coach« uns manchmal vor dem Training die Option bot, das Kopfballpendel zu benutzen. Stets mit der Aussage: »Ihr könnt es benutzen, müsst aber nicht.« Ich habe in zwei Jahren nicht einen Spieler erlebt, der nicht am Kopfballpendel war.

Rückblickend auf die gesamte Zusammenarbeit finde ich viele lobende Worte und verspüre eine große Dankbarkeit Norbert Elgert gegenüber. Er ist ein Mann der ehrlichen Worte, was mir auf meinem Weg in die Bundesliga enorm geholfen hat. Durch seine Liebe zum Fußball und das Feuer, das in ihm brennt, habe ich unseren Sport in allen Details fast in Perfektion erlebt und verstehen gelernt. Ohne die vielen Gespräche, seine Empathie, aber auch die oft schmerzhafte konstruktive Kritik wäre ich wohl nicht im Profibereich gelandet. Ich habe in meiner bisherigen fußballerischen Laufbahn mit vielen Trainern, Spielern und Menschen zusammengearbeitet. Jedoch sind es die Werte von Norbert Elgert, die mich in guten Phasen auf dem Boden halten und in schlechten Phasen wieder neue Kraft und Motivation tanken lassen.

»Sei jeden Tag aufs Neue die beste Version von dir selbst, du musst es zumindest versuchen.«

»Sei heute besser als gestern und morgen besser als heute.«

Ich habe diese Werte verinnerlicht und bin stolz darauf, seine Ratschläge heute umsetzen zu können. Er erkundigte sich auch stets nach meiner Familie, Eltern, Großeltern. Diese Gespräche haben mir immer ein Gefühl der Sicherheit gegeben und mir vor Augen geführt, dass Norbert Elgert nicht nur ein fokussierter Trainer war, sondern vor allem ein Mann mit großem Herzen.

Danke für alles, »Coach«!

OLIVER RUHNERT

»Wer nicht mit der Zeit geht, der geht mit der Zeit«

»Du darfst nicht vergessen, mit Herrn Elgert hättest du einen der besten A-Jugendtrainer Deutschlands, vielleicht sogar in Europa«, sagte der wirklich renommierte und sonst Weltklassespieler betreuende Berater.

Er sprach zu einem Spieler, der gerade mal knapp 17 Jahre alt war und von verschiedenen Bundesligisten umworben wurde. Mit am Tisch saßen die Eltern des Spielers mit türkischen Wurzeln, nette, sehr freundliche Personen. Norbert Elgert und seine Frau hörten den Ausführungen zu.

Norbert schaute in seinen Kaffee, schwarz getrunken, manchmal mit ein wenig Stevia-Tabletten gesüßt, die ihm seine Frau Conny reichte. »Mag sein«, unterbrach Norbert Elgert. »Aber hier geht es nicht um mich, sondern nur um den Jungen.«

Dieser Trainer war bereits länger als Coach in diesem Altersbereich tätig, als der Spieler auf der Welt war. Und doch war es für ihn selbstverständlich, sein Interesse an dem Jungen zu zeigen, sein Interesse daran zu dokumentieren, ihn weiter ausbilden zu wollen –

möglicherweise den letzten Schritt –, um aus ihm einen Profispieler zu machen.

Wir unterhielten uns am Ende des Gesprächs noch zu dritt ein wenig. Norbert und Conny waren mir längst vertraut, und wir ließen den Termin noch einmal Revue passieren.

Es war eine der Begegnungen außerhalb des Berger Felds auf Schalke, die mir bis heute gegenwärtig sind. Ein Termin, der zeigt, wie überzeugt man von sich sein darf und vielleicht auch sein muss, um seinen eigenen Weg überhaupt gehen zu können und nicht davon abzuweichen.

Oft gab es solche Anlässe, Situationen einzuschätzen, abzuwägen, gemeinsam aufzutreten. Gemeinsames Reflektieren und auch gemütliche Unterhaltungen sind für diesen Mann nicht selbstverständlich, schon gar nicht mit jedem. Über die Jahre wusste ich längst, dass Norbert sehr wohl unterscheidet, Pflichttermine wahrnimmt, aber nicht mag, Small Talk führt, aber weiß, dass dieser nur oberflächlich ist.

Zum Glück schätzen wir uns. Norbert schätzt mich auch fachlich, was ich als großes Kompliment empfand. Fachgespräche und Kritik, Lob und Anregungen anderer interessieren ihn meist nur bedingt und beschäftigen ihn kaum.

Der Zugang zu Norbert führt am Ende immer über seine Frau Conny. Dies zu betonen mag ungewöhnlich sein, aber es ist eine der wesentlichen Stärken des Trainers Norbert Elgert. Er spürt ihre Unterstützung, sucht und findet den Halt bei ihr. Vor jedem Spiel der Blickkontakt: Ritual und wichtiger Support. Sein uneingeschränktes Vertrauen, seine Stärken und Schwächen und seine Lebensgeschichte an der Seite dieser Frau haben ihn geprägt. Soziale Kompetenz, der Glaube, der Berge versetzt, und die Überzeugung, Dinge bewegen und schaffen zu können, charakterisieren nicht nur die Einstellung der Eheleute, sie sind auch Antrieb auf dem Platz und im täglichen Handeln des Trainers Norbert Elgert.

Wir mussten uns nicht täglich sehen, um zu wissen, wie der andere funktioniert. Jeder von uns wusste aber auch, dass neben dem Sport noch Raum für Privates war. Gerne unterhielten wir uns nebenher auch einfach mal über das Leben: den Konsum, die Veränderungen in der Welt, über die unglaubliche Schönheit der Welt und Urlaube. Dann aber ging es doch wieder um Talente und Ziele im Fußball.

Zwei Alphatiere wie Norbert und ich könnten nicht dauerhaft miteinander klarkommen, hatte mir jemand zu Beginn meiner Tätigkeit als Verantwortlicher für die Knappenschmiede gesagt. Lange habe ich darüber nachgedacht, was wohl passieren würde, wenn ich und diese Schalker Ikone zusammenrauschen.

Und tatsächlich gab es auch Tage, an denen Norbert einfach nur genervt war. Wenn er zu Sitzungen ins Büro musste, wenn Personalentscheidungen zu erklären oder auch mal kontrovers zu diskutieren waren, wenn ich ein Spiel völlig anders wahrgenommen hatte als er. Manchmal schwieg dann das Telefon für ein paar Tage, und es war gut, etwas Abstand zu halten. Natürlich fragte ich mich dann: Ist das jetzt der Beginn einer Krise?

Schon einige Tage später standen wir längst wieder gemeinsam im Fokus neuer Dinge. Nachtragend waren wir beide nicht. Das zeigt vor allem auch, dass dieser Mann, erfolgreich, mehrfach ausgezeichnet und völlig zu Recht gefeiert, eines niemals verloren hat: den Sinn für konstruktive Diskussionen und das Zulassen anderer Meinungen.

Mir würden so viele interessante Episoden einfallen, sicher könnte man darüber allein schon ein Buch schreiben.

Gern erinnere ich mich an jeden Beginn einer neuen Spielzeit, die traditionell im Münsterland durchgeführten Trainingslager in der Weissenburg. Denn der Mensch Norbert Elgert ist sehr traditionell eingestellt. Dinge, die funktionieren und ihm vertraut sind, die ändert er nicht. Ein familiär geführtes Hotel, enge Kontakte über die Jahre hinweg entstanden, warum sollte man da wechseln? Das galt auch für das Ritteressen mit dem Team vor Weihnachten in einem netten Restaurant nahe seiner Heimat: über Jahre hinweg dieselbe Bedienung, alles vertraut und familiär.

So gelöst wie bei diesem Ritteressen hatte ich ihn selten erlebt. Er genießt es abzuschalten, die Dinge einfach mal laufen zu lassen und doch den Stil zu halten, obwohl – wie er selbst lachend feststellte – er meinte: »So haben die (seine Mannschaft) den Alten auch noch nie erlebt!«

Wie großartig dieser Mann unterhalten kann, erlebte ich nach der gewonnenen deutschen Meisterschaft 2013. Bei »Tage wie diese« von den Toten Hosen erreichten wir Höchststimmung auf der Bühne und der Tanzfläche, es war unser Song an diesem Tag, und Norbert genoss es, es wieder mal geschafft und allen gezeigt zu haben, welch unglaubliche Kraft und Leidenschaft er selbst noch besitzt und den Jungs mitgegeben hat.

Der Höhepunkt des Tages sollte aber noch folgen. Norbert hatte versprochen, dass Heino bereit sei, zum großen Erfolg der Jungs ein Gastspiel auf der Feier zu geben. Die Mannschaft forderte, von Conny nachhaltig aufgefordert, laut: »Heino, Heino!«

Und dann erschien er, Norbert Elgert als Heino! Blonde Perücke, dunkle Sonnenbrille und Mikrofon! Einmalig und unvergessen – filmreif! Seine Spieler konnten sich kaum noch halten, und auch ich werde diesen Anblick und diesen Tag ewig in Erinnerung behalten. Da stand er nun, ein Schalker Unikum, das kurze Zeit später in die Schalker Ehrenkabine aufgenommen werden würde und von Tausenden Fans gefeiert würde, und trällerte »Blau blüht der Enzian«. Nach einigen Zugaben war es geschafft, und Heino durfte zu seinen anderen Konzerten weiterreisen, bevor Norbert Elgert wieder auf der Feier erschien.

Die Jungs erlebten einen Trainer, den sie so nicht kannten. Diesen hochdisziplinierten, ihnen alles vorlebenden und abverlangenden Menschen, diesen sie herausfordernden, zu Höchstleistungen animierenden Mann hatten sie so noch nie gesehen.

Der ohnehin große Respekt bei den Jungs und den anwesenden Eltern wuchs damit nur noch mehr.

Viele solche Anekdoten machten die Zusammenarbeit einzigartig und erfolgreich. Es gelang ihm immer, das Wesentliche auf den Platz zu bringen. Während ich versuchte, Widerstände im privaten oder im schulischen Umfeld der Jungs wegzuräumen, hielt ihm Conny daheim im Administrativen den Rücken frei und Norbert fokussierte sich ganz auf das Wesentliche: Er lehrt und vermittelt Fußball. Traditionell vielleicht, weil er nicht jeden Trend mitgeht, aber mit klaren Prinzipien und Werten, für die er steht! Im Fußball und auch im Leben.

Und doch ist er immer auf der Höhe der neuesten Entwicklungen. »Wer nicht mit der Zeit geht, der geht mit der Zeit«, hat mir Norbert einmal geantwortet, als ich ihn fragte, warum er so viel Fußballliteratur mit in den Urlaub nehme. Ich stutzte und dachte mir nur: »Eigentlich unglaublich, wenn man weiß, was dieser Mann bereits alles erreicht hat, und das in einem Alter, wo andere an Neuerungen gar nicht mehr interessiert sind.«

Er brennt für diesen Sport, ist positiv besessen davon, jeden Tag wieder sein Wissen zu vermitteln. Fußball und seine Familie, das ist sein Leben.

Als ich vor einiger Zeit mit einem ausländischen Trainer zusammenkam, der bereits die Champions League gewonnen hatte und mehrfacher Meister war, fragte mich dieser, warum ich mich gerade für eine Fortbildung angemeldet hatte. Da fiel mir der Spruch von Norbert ein.

»Wer nicht mit der Zeit geht, der geht mit der Zeit«, antwortete ich ihm.

Der Trainer nickte zustimmend, kannte das Sprichwort nicht und fragte, von wem ich das habe. Ich überlegte kurz und musste ein wenig lachen, dann aber kam meine Antwort voller Überzeugung.

»Das habe ich von Norbert Elgert, einem der besten Trainer der Welt.«

Kapitel 7: Comeback

Meine Zeit als Co-Trainer auf Schalke war für mich persönlich wie ein 110-Meter-Hürdenlauf. Ich war nach einem guten Start plötzlich ins Straucheln geraten, aus dem Tritt gekommen, schließlich gestürzt und mit dem Gesicht aufgeschlagen. Zwar war ich nicht k. o. gegangen, aber ich hatte ein paar üble Kratzer erhalten, die auch wehtaten.

Mein Ende als Co-Trainer war mehr oder weniger nur ein Rückschlag. Aber Hinfallen ist keine Schande, nur liegen bleiben darfst du nicht. Immer wieder sofort aufstehen und weiter!

Weil es nur eine Freistellung war und ich weiterhin mein Geld bekam, war es auch finanziell nicht mit unserem Ausscheiden aus der Fitnessbranche vergleichbar, als wir anfangs wirklich vor einem wirtschaftlichen Trümmerhaufen standen.

Ich bin heute auch wirklich froh, 2003 diese Erfahrung gemacht zu haben. Diese – sinnbildlichen – Narben durch den Sturz bekommen zu haben.

Wer – und das ist wirklich unabhängig vom Fußball – erfolgreich sein will, muss lernen, Rückschläge, Hindernisse und Schwierigkeiten zu überwinden. Der muss begreifen, dass man zwangsläufig ganz oft hinfällt. Und dass man es nur schafft, wenn man die Bereitschaft entwickelt, noch häufiger aufzustehen.

Horst Heldt hat einmal über mich gesagt, was ich aber niemals selber über mich sagen würde: »Wir sind froh, mit Norbert Elgert den besten Jugendtrainer Europas und vielleicht der ganzen Welt in unseren Reihen zu haben.«

Ganz gleich, ob dieses Lob jetzt übertrieben ist oder nicht. Wahrscheinlich wäre ich ohne diesen Rausschmiss niemals der geworden, der ich heute bin.

Cristiano Ronaldo ist anfangs bei Real Madrid übrigens auch mehrfach gestolpert. Die erste Kritik musste er sich absurderweise damals bereits nach der Vorbereitung anhören, weil er in acht Partien nur drei Tore erzielt hatte. Die *Marca* kritisierte daraufhin, dass er noch nicht Fuß gefasst habe. Dass ihn der Druck und die Erwartungshaltung angesichts der 94 Millionen Euro, die Real Madrid an Manchester United bezahlt hatte, zerfressen würden.

Nachdem Ronaldo die zweite Rote Karte in seiner ersten Saison kassiert hatte, bei der letzten hatte er auch noch per Ellbogen-Schlag seinem Gegner Mtiliga die Nase gebrochen, behauptete wieder die *Marca,* er sei nicht zu bändigen und außer Kontrolle.

Nach dem Ausscheiden im Achtelfinale der Champions League gegen Lyon, bei dem Ronaldo in beiden Spielen über die gesamte Zeit auf dem Platz gestanden hatte, hieß es in der *El País:* »Fußball kann man nicht kaufen«, womit natürlich auch seine Verpflichtung infrage gestellt wurde.

Nach seiner ersten Saison hatten die Königlichen keinen einzigen Titel gewonnen. In seiner zweiten Saison lediglich den spanischen Pokal, die Copa del Rey. Ronaldo brauchte auch sechs Anläufe, um Real Madrid zu einem Sieg im Prestigeduell gegen den FC Barcelona zu führen. Erst im dritten Jahr wurde die Meisterschaft und erst im vierten Jahr die Champions League gewonnen.

Doch weil Ronaldo immer weiter- und weitergemacht hat und auch nach seinen Auszeichnungen und großen Titeln nach dem Prinzip »well done – next« gelebt hat, war seine Ära in Madrid einzigartig. Als R9 war er einst auf die Real-Erde hinabgestiegen. Als CR7 verließ er sie im Mai 2018 nach 438 Einsätzen wieder.

Viermal wurde er während seiner Zeit in Madrid jeweils Europas Fußballer des Jahres als auch Weltfußballer. Gleich elfmal holte er die Pichichi-Trophäe als Torschützenkönig der La Liga.

Er führte die Königlichen viermal zum Gewinn der Champions League, zweimal zur spanischen Meisterschaft und zweimal zum Pokalsieg. Niemand erzielte mehr Treffer für Real Madrid als er, unglaubliche 450.

Sodass letztlich auch die Presse mehr als versöhnlich berichtete und nach seinem Entschluss, Madrid zu verlassen, titelte: »Ciao Cristiano, es war schön, solange es gedauert hat. Und nach Ronaldo was …?« *(AS)*

Ronaldo hat sich, auch wenn er sich die ersten Jahre in Madrid vielleicht anders vorgestellt hätte, nie entmutigen lassen. Er hat im Laufe seiner Karriere eine Widerstandsfähigkeit entwickelt, die beeindruckend ist.

Und selbst als die Titel wie am Fließband kamen, hatte er immer weiter einen unbändigen Hunger nach mehr. Er war nicht zufrieden, als er zum ersten Mal Weltfußballer war. Er war nicht satt, als er zum zweiten Mal der Beste der Welt war. Er hat es vor allem auch verstanden, dass es niemals reicht, nur das zu wiederholen, was einen zum ersten Titel gebracht hat. Mit dem gleichen Engagement würde man nämlich scheitern. Einen Leistungsstand zu erhalten ist immer schwerer, als erstmals dorthin zu kommen. Mit dem gleichen Einsatz, den man auf dem Weg zum ersten Titel investiert hat, wird man ihn nicht verteidigen. Man muss heute immer besser sein als gestern. Und morgen besser als heute. Wenn man nicht nach diesem Motto lebt, ist man verdammt schnell weg.

Ronaldo ist das Paradebeispiel eines Profis, der verstanden hat: Jede Trainingseinheit, in der du nicht dein Bestes gegeben hast, hat dich nicht besser gemacht. Jede halbherzige Trainingseinheit ist verschenkt. Eine verschenkte Einheit kannst du auch durch doppelten Einsatz am nächsten Tag nicht wieder aufholen.

Nach meiner Freistellung auf Schalke stellte ich mir oft die Frage, ob ich als Co-Trainer der Beste gewesen bin, der ich hätte sein können. Und ich musste mir leider die Frage mit einem klaren Nein beantworten. Ich habe gegenüber der Mannschaft nicht die Rolle eingenommen, die sie von mir erwartet hat. Ich war einfach nicht nah genug an der Truppe.

Ich war dementsprechend nicht das ideale Bindeglied zwischen Frank Neubarth und dem Team. Ich war auch nicht, zumindest aus Sicht von Rudi Assauer, der ideale Vermittler zwischen ihm und dem Trainer. Ich hatte ein paar Dinge ganz gut gemacht, aber eben ein paar auch nicht.

Für Conny und mich war ziemlich schnell klar, dass wir uns nach dem Aus auf Schalke jetzt nicht in einen langen Urlaub verabschieden würden können. Oder uns zu Hause verkriechen. Stattdessen schauten wir gemeinsam zwei, drei Fußballspiele pro Woche, um einfach drinzubleiben und Kontakte zu knüpfen und zu pflegen.

Wir sahen uns die Jugendmannschaften von Düsseldorf, Dortmund oder Essen an. Mal die U17, mal die U19, manchmal auch die Profis von verschiedensten Teams aus der Region. Wir wollten einfach auf dem Laufenden bleiben und Präsenz zeigen.

Es wird schon wieder etwas kommen, sagten wir uns, während wir, ohne uns anzubiedern, auch Netzwerkpflege betrieben.

Nach zwei Monaten und 20 bis 30 geschauten Spielen meldete sich plötzlich wieder Helmut Schulte, der damalige sportliche Leiter der Knappenschmiede, und bat um ein Gespräch. Mit ihm hatte ich vorher schon lange und erfolgreich zusammengearbeitet. Er wollte mich wieder als U19-Trainer zurückhaben. Rudi Assauer war einverstanden, aber nur zu reduzierten Bezügen. »Niemals«, sagte ich ihm und erklärte ihm den Grund meiner strikten Haltung. »Rudi, ich habe einen Vertrag mit euch. Der weiterhin läuft. Ihr wolltet, dass Frank Neubarth und ich nicht mehr die Profis führen. Das haben wir zähneknirschend akzeptiert. Aber ich werde es nicht akzeptieren, freiwillig auf Geld zu verzichten, das mir zusteht. Wenn ich wieder die U19 trainieren soll, mache ich das gerne, aber ich bekomme weiterhin das Geld, das mir als Co-Trainer noch zusteht. Zumindest solange der Vertrag noch läuft. Danach können wir gerne über eine Anpassung sprechen.«

Grummelnd stimmte Assauer zu. Sodass ich 162 Tage nach meinem letzten Spiel als Co-Trainer der Profis nun wieder als Nachwuchstrainer der U19 auf der Bank saß.

Unser erstes Spiel hatten wir im Stadion im Sportpark Höhenberg gegen Viktoria Köln. 350 Zuschauer kamen. Bei meinem letzten Spiel waren auf Schalke 174-mal so viele Besucher dagewesen. Also über 60 000 Fans.

Die Trainerbank in der VELTINS-Arena war natürlich viel bequemer. Königsblau gepolsterte Sitze, sogar mit Kopfstütze. Nun hockten wir auf einer harten Holzbank.

Ich war fortan wieder dem Wetter schutzlos ausgeliefert. In der Arena auf Schalke kann das Dach geschlossen werden, sodass man vor Wind und Regen geschützt sein kann.

Der Gang aus der Kabine war nicht mit dem spektakulären Einmarsch, den ich bei jedem Heimspiel neun Monate lang erlebt habe, zu vergleichen. Im Profifußball ist alles wegen der Fernsehübertragung sekundengenau abgestimmt. Das ist eine perfekte Inszenierung. Nun war wieder alles einige Nummern kleiner, was mir aber nichts ausmachte.

Meine Anspannung war deswegen aber nicht anders. Ich fühlte mich nicht wichtiger oder unwichtiger wegen meiner neuen alten Rolle.

Meine Vorbereitung war genauso intensiv wie zuvor bei den Profis. Der einzige wirkliche Unterschied war, dass ich nun wieder vollständig das Sagen hatte. Außerdem bin ich Ausbilder, Lehrer und Coach mit Leib und Seele.

Ich hatte so oft die Chance, wieder zurück in den Profifußball zu kehren. Zweimal als Cheftrainer auf Schalke, bei einem österreichischen Spitzenclub und mehrfach in der deutschen

2. Liga. Aber es kam für mich nicht infrage, weil ich meine Erfüllung als Ausbilder gefunden hatte.

Einmal kam ein Headhunter auf mich zu, der im Auftrag von Arsenal London nachfragte, ob ich mir einen Wechsel nach England, wo ich dann auch für den Nachwuchs hätte verantwortlich sein sollen, vorstellen könnte. Doch das konnte ich nicht.

Der einzige Moment, in dem ich anfällig für einen Wechsel gewesen bin, war Anfang 2016. Mich nervte damals extrem, dass wieder einmal ein neuer Manager nach Gelsenkirchen kommen sollte. Wobei meine Haltung überhaupt nichts mit Christian Heidel zu tun hatte, den ich gar nicht kannte.

Mich störte lediglich, dass mit dem Weggang von Horst Heldt wieder ein neuer Ansprechpartner kommen würde. Und dann geht das ganze Spiel wieder von vorne los.

Jeder Neue stellt erst einmal, so ist es im Fußball und in jeder anderen Branche auch, alles auf den Prüfstand. Er bringt neue Ideen mit und will seine eigenen Vorstellungen umsetzen.

Jeder neue Manager nimmt, was ich ja verstehe, kleinere und größere Veränderungen in einem Verein vor. Tauscht Personal aus. Ändert Kommunikationswege.

Er soll ja auch gar nicht kommen und alles beim Alten belassen. Sonst hätte man schließlich gar keinen neuen Manager holen müssen. Für mich in meiner Funktion ist es trotzdem überaus anstrengend, weil ich bei aller Demut glaube, dass es kaum jemanden gibt, der mir in meinem Bereich etwas vormachen kann. Das habe ich mir schließlich über 30 Jahre lang hart erarbeitet.

Irgendwann hatte ich einfach keine Lust mehr, mich ständig neu positionieren zu müssen. Das kostet unglaublich viel Kraft und vergeudet Energien, die du eigentlich für deine Aufgabe brauchst.

Und noch schlimmer kann es manchmal mit den Cheftrainern sein, die ja noch häufiger auf Schalke wechselten als die Verantwortlichen.

Häufig bekam ich, ohne dass ich vorher um meine Meinung gefragt wurde, einfach die Information, dass der oder jener Spieler zum Profitraining kommen sollte. Diese Entscheidungen fielen ganz oft einfach so über meinen Kopf hinweg. Das fand ich jedes Mal unglaublich respektlos und falsch. Ich bin der Meinung, dass sich ein Jugendspieler ein Training bei den Profis erst verdienen muss. Und zwar durch herausragende Trainings- und Spielleistungen über einen sehr langen Zeitraum. Zusätzlich muss natürlich der verantwortliche U19-Trainer, in dem Falle ich, eine Empfehlung aussprechen.

Also äußerte ich öffentlich indirekt meinen Unmut, indem ich Anfang März nach einem unserer Spiele klarstellte: »Ich muss einfach mal was Neues machen. So etwas Ähnliches wie jetzt kann ich mir gut vorstellen. Nur eben woanders.«

Ich hatte wirklich schlicht und ergreifend nicht mehr die Muße, jedem Neuen meine Philosophie von Nachwuchsarbeit zu erklären. Und mich für Abläufe zu rechtfertigen. Auch hatte ich überhaupt keine Lust mehr auf die ewigen Machtkämpfe, Spielchen, Neid und Eifersucht.

Die Medien überschlugen sich regelrecht. So schrieb die *Welt:* »Dieser Mann wird Schalkes größter Verlust«,[32] was natürlich gut tat.

Und kaum hatte ich meinem Unmut Luft gemacht, klingelte auch schon mein Handy und der Name »Michael Reschke« erschien im Display.

Wir kennen und schätzen uns schon lange, schließlich war er selber lange Zeit Jugendtrainer bei Leverkusen und später sogar sechs Jahre lang Nachwuchsleiter, sodass wir immer wieder aufeinandergetroffen waren.

Michael war gerade damit beschäftigt, beim FC Bayern das Projekt Campus maßgeblich zu gestalten und voranzutreiben. Michael sagte mir, dass Uli Hoeneß mich gerne kennenlernen würde. Das hörte sich schon nach starkem Interesse an.

Als ich Conny abends von Reschkes Anruf berichtete, war sie

sofort Feuer und Flamme. Sie ist, was private Veränderungen angeht, ohnehin die Beweglichere von uns beiden. Und natürlich hatte sie auch mitbekommen, dass ich, obwohl Schalker durch und durch, inzwischen bereit war, mal was ganz Neues zu machen.

Doch ehe es zu weiteren Verhandlungen oder zum Beispiel auch zu einem Kennenlernen von Uli Hoeneß oder Karl-Heinz Rummenigge hätte kommen können, meldete sich Clemens Tönnies und bestellte mich zu sich nach Hause.

Clemens, den ich als Mensch und Freund sehr schätze und auf Schalke für unersetzlich halte, schenkte mir große Wertschätzung und Vertrauen. Er überzeugte mich davon, dass ich auf Schalke noch gebraucht werde. Bei einem weiteren Gespräch mit Clemens Tönnies war auch der neue Manager Christian Heidel dabei. Auch Christian wollte, dass ich bleibe.

Ganz entscheidend für meinen Verbleib damals waren aber auch die vielen Fans, die sich bei mir meldeten. Christian Heidel und mein Berater Markus Peter einigten sich schließlich auf einen unbefristeten Vertrag.

Grundsätzlich bin ich davon überzeugt, dass der Stellenwert von Jugendtrainern in Deutschland zu gering ist. Dass sie nicht die Wertschätzung bekommen, die sie verdienen. Sie arbeiten im Hintergrund, leisten großartige Arbeit, sind aber häufig unterbezahlt.

Das ist meines Erachtens der falsche Ansatz.

Wenn die Entlohnung nicht wirklich stimmt und man wenig Wertschätzung bekommt, beginnt man als Jugendtrainer doch, nach schnellen Aufstiegsmöglichkeiten Ausschau zu halten.

Also will der U15-Trainer schnell die U16 übernehmen. Der U17-Trainer will in die U19 hochschießen. Und alle haben das Ziel, so schnell wie möglich im Profibereich zu landen.

Dementsprechend stehen ganz schnell nicht mehr die Talente, die es zu entwickeln gilt, im Vordergrund, sondern die Ergebnisse der Trainer. Denn nur wenn sie durch Ergebnisse und Titel auf sich aufmerksam machen, empfehlen sie sich für höhere Aufgaben.

Man muss es irgendwie schaffen, durch angemessene Bezahlung und entsprechende Wertschätzung den Anreiz für Jugendtrainer zu erhöhen, in der Ausbildung zu bleiben und sich dort für einen längeren Zeitraum auf die Entwicklung von Talenten zu konzentrieren.

Im Fußball wird nun einmal viel Geld verdient. Da ist es doch total menschlich, dass jeder, der im Fußball arbeitet, von dem großen Kuchen etwas mehr abhaben möchte.

Um schnell nach oben zu kommen, stehen im Kinder- und Jugendfußball häufig auch Spielidee, Taktik und Matchplan zu sehr im Vordergrund. Vernachlässigt werden dadurch Technik, Kreativität und Spielfreude. Dazu später mehr.

Wir spielten in unserem ersten Spiel gegen Viktoria Köln unentschieden und wurden am Ende der Saison Vierter.

Ich nutzte mein bei den Profis neu erworbenes Wissen fortan noch intensiver, um meine Spieler, zu denen in meiner ersten Saison nach der Rückkehr zum Beispiel Tim Hoogland gehörte, noch besser auf ihre Profizeit vorzubereiten.

So sprach ich mit ihnen zum Beispiel, was ich natürlich zuvor auch schon gemacht habe, über die Benotung durch Sportjournalisten. Nahezu jede Zeitung bewertet die Spieler ja, sobald sie Profis sind. Egal, ob es die *Süddeutsche Zeitung* ist oder die *Westdeutsche Allgemeine*. Es ist auch egal, ob eine vermeintliche Edelfeder die Beurteilung schreibt oder ein Boulevardjournalist. Am Ende steht da eine Beurteilung, die in die meisten Fällen einen Einfluss auf den Spieler hat.

Ich sage dann immer, und das ist bewusst total überzogen, denn mein Großvater war selbst blind, nur zum besseren Verständnis für meine Spieler: »Wenn ein Sportreporter dir eine Note gibt, dann ist das so, als wenn jemand, der nicht sehen kann, über Farben spricht.«

Natürlich weiß ich, dass es gute Sportjournalisten gibt, die Leistungen fair und mit hohem Sachverstand beurteilen können. Es gibt aber auch genügend Journalisten, denen zum Beispiel das taktische Verständnis fehlt. Die auch nicht den Matchplan eines Trainers kennen und dementsprechend auch nicht informiert sind, ob ein Spieler vielleicht Anweisung hatte, sich nur, ganz vereinfacht gesagt, auf Defensivarbeit zu konzentrieren und seinen offensiven Part hintanzustellen.

Noten zu geben ist alles andere als einfach und absolut subjektiv. Wichtig ist, das Profifußballspieler die Noten nicht so ernst nehmen.

Sie sollen sich über gute Noten freuen, aber gelassen bleiben, wenn sie schlecht ausfallen, sich auf keinen Fall davon abhängig machen oder sich runterziehen lassen.

Es gab tatsächlich mal ein Spiel in meiner Karriere, bei dem ich vom *Kicker* die Note 1 und von der *BILD* die Note 6 bekommen habe. Wie kann es ein, dass ein Redakteur meine Leistung als »sehr gut« und ein anderer als »ungenügend« bewertet hat – in ein und demselben Spiel? In so eine Bewertung fließen immer jede Menge subjektive Einflüsse ein. Sympathie und Antipathie, wie gut oder schlecht das Verhältnis zwischen Spieler und Journalist ist und umgekehrt.

Wir reden natürlich in der Ausbildung auch über den Umgang mit Medien und Schlagzeilen. Zeitungen und Fernsehen, ohne die der Profifußball gar nicht existieren würde, können dich schnell groß machen, aber genauso schnell wieder vernichten.

Schon mit 16 Jahren wurde Donis Avdijai von den Medien als »Megatalent« hochgejubelt. Er hatte in der B- und A-Jugend in 73 Spielen insgesamt 76 Tore geschossen. Die *Süddeutsche Zeitung* bezeichnete ihn in einer Bildunterschrift als »neuen Mesut Özil«. In der *BILD* lächelte er plötzlich im Januar 2014 über eine halbe Seite hinweg über der plakativen Headline »Avdijai ist Schalkes neues Super-Bubi«. Gleich im ersten Absatz stand, dass er schon »ganz bald die nächste königsblaue Rakete« werden könne.

Gepaart mit seinem großen Selbstvertrauen, war das alles eine gefährliche Mischung. Er nannte Lionel Messi und Cristiano Ronaldo seine Vorbilder. Und er fand bei den Medien Anklang, weil er auf Fragen, warum ihn Trainer Jens Keller auf die Bank setzte, Dinge antwortete wie etwa: »Der will vielleicht die Gegner schonen.«

Leider war Donis nicht sehr lange bei mir. Deswegen war mein Einfluss auf ihn damals nicht allzu groß. Von allen Seiten hochgejubelt, sah er sich schon längst bei den Profis und wollte eigentlich gar nicht mehr in der U19 spielen. Damals prallte vieles von dem, was ich sagte, an ihm ab. Er war einfach Spielball zu vieler verschiedener Interessen. Ein Riesenfehler war natürlich auch die festgeschriebene Ablösesumme in schier unglaublicher Höhe von fast 50 Millionen Euro. Wie soll ein junger Mensch damit klarkommen? Du bist doch kein Held, nur weil du als Teenager Autogramme schreiben darfst.

Mario Götze hatte eine Ausstiegsklausel über 37 Millionen, die Bayern auch nutzte, um ihn aus Dortmund zu holen. Julian Draxler, damals schon Nationalspieler, hatte eine von über 45,5 Millionen.

Und nun überbot Donis sie alle. »Er ist erst 17 Jahre alt. Er hat noch keine Minute Bundesliga gespielt. UND TROTZDEM IST ER AUF DEM PAPIER JETZT SCHON SCHALKES WERTVOLLSTER SPIELER!«, hieß es in den Medien.

Kaum war er 18 Jahre und hatte einen Führerschein, fuhr er einen weißen Mercedes SL 63 AMG für knapp 160 000 Euro. 564 PS. Wohlgemerkt bevor er überhaupt ein Bundesligaspiel absolviert hatte. Er fiel damals mehr durch Eskapaden auf als auf dem Fußballplatz. Was die Medien aus ihrer Sicht verständlicherweise dann auch gehörig ausschlachteten. Inzwischen haben Donis und ich ein sehr gutes Verhältnis. Noch vor Kurzem sagte er zu mir: »Trainer, ich hätte damals mehr auf Sie hören sollen«.

Ein weiterer Schützling aus der Knappenschmiede, Thilo Kehrer, hatte auch eine Phase in seiner Karriere, die ihn hätte beschädigen können. Im Sommer 2015 rückte er medial in den Fokus. Mir geht es gar nicht darum, die damaligen Vorkommnisse zu bewerten. Ich kannte damals die Sichtweise des Vereins, aber auch die Sichtweise von Thilo und seinem damaligen Berater. Mir geht es hier nicht um meine persönliche Meinung, sondern nur darum aufzuzeigen, wie schnell du als junger Spieler öffentlich abgestempelt werden kannst, ob es selbst verschuldet ist oder nicht. So hieß es in der *Welt:* »Versucht dieser 18-Jährige, Schalke zu erpressen?«

Dieser Vorwurf an einen so jungen Mann ist verdammt starker Tobak, egal, ob er jetzt wahr oder unwahr, richtig oder falsch ist. Wenn ein 18-Jähriger einem Erpressungsvorwurf ausgesetzt ist, kann ihn das kaputt machen. Sein Umfeld liest diese Zeilen. Seine Eltern und Großeltern. Seine Freunde und Verwandten. Erklärungen und Rechtfertigungen werden von ihm verlangt. Möglicherweise wird er in eine Rolle gedrängt, die ihm gar nicht gerecht wird.

Man vergisst oft, wie viele Fehler und Dummheiten Jugendliche machen dürfen, die nicht in der Öffentlichkeit aufwachsen. Auch sie treffen manchmal Entscheidungen, die unklug sind. Aber sie können in Ruhe daraus lernen.

Grund für die Schlagzeile war, dass Thilo laut Vereinsauskunft unentschuldigt beim Training fehlte.

Eigentlich hätte er nach der U19-EM wieder auf Schalke einsteigen sollen. Doch möglicherweise, so hieß es im Text, wolle er »einen Wechsel nach Italien erpressen. Dabei besitzt Kehrer in Gelsenkirchen noch einen Vertrag bis Juni 2016. So sehen es zumindest die Schalker. Der Club hatte Kehrer im Frühjahr einen Profivertrag angeboten, den dieser ablehnte. Daraufhin verlängerten die Schalker das Papier per Option um ein Jahr. Kehrers Agent bestreitet die Gültigkeit dieser Klausel. Heldt sieht das anders: ›Wir haben mit ihm einen gültigen Vertrag‹«.

Thilo stand eine Zeit lang also zwischen zwei Vereinen. Ihm fehlte die Wertschätzung von Schalke, die er wiederum von Roberto Mancini, dem Mailand-Trainer, erhalten hatte.

Damals empfand ich es als wichtig, Thilo, ein Junge mit einem reinen Charakter, persönliche und öffentliche seelische Rückendeckung und Unterstützung zu geben. Ich freue mich sehr über seine Entwicklung und seinen erfolgreichen Weg.

Es können genau diese Geschichten sein, die junge Talente möglicherweise sogar zerstören. Manchmal reichen aber auch Listen, die fatale Wirkung haben. Die britische Zeitung *The Guardian* etwa hat im vergangenen Jahr eine Liste mit den weltweit größten Talenten des Fußballs herausgebracht. »The next generation« hieß diese Liste, in der auch Spieler aus der Bundesliga aufgeführt waren wie zum Beispiel Flavius Daniliuc und Oliver Batista Meier von Bayern München. Oder Luca Unbehaun von Dortmund. Sowie Kölns Noah Katterbach. Alles wirklich gute Jungs. Aber man muss sich mal in Ruhe darüber Gedanken machen, was solche Auflistungen mit der Selbstwahrnehmung von jungen Menschen machen können. Zu früher Ruhm kann Eigenmotivation töten. Ich betone »kann«, es muss nicht so sein. Denn hat der Spieler ein stabiles Fundament und ist durch Eltern, Trainer oder auch Berater auf all diese Dinge gut vorbereitet, dann kann so eine Liste auch positiv motivieren.

In Deutschland wurden 2001 734475 Kinder geboren. Ich habe keine Ahnung, wie viele es in Europa, geschweige denn auf der Welt waren. Ich kann auch nicht mal ansatzweise beziffern, wie viel Prozent davon Fußball spielen. Doch ich weiß, dass der *Guardian* diese zweifellos großen Talente damit auf ein Podest stellt, von dem sie ganz schnell abstürzen können.

Zumal ja auch niemand weiß, wie diese 60 Namen auf die Liste gekommen sind. Anhand welcher Kriterien wurden sie ausgewählt? Wer hat das bestimmt?

Die *Guardian*-Liste hat dazu geführt, dass *BILD* sie sofort thematisierte. »Diese Talente haben das Zeug zum Superstar« hieß die Zeile. Und der erste Satz: »Es ist eine Art Ritterschlag für die ganz große Karriere!«

Letztendlich machen Journalisten auch nur ihren Job, und die meisten auch richtig gut. Ohne die permanente Berichterstattung wären die Stadien nicht voll. Fußballer, Trainer und Medien dürfen nie vergessen, dass sie alle im gleichen Boot sitzen. Dass man dabei nicht immer in die gleiche Richtung rudert, liegt in der Natur der Sache. Wichtig ist auf jeden Fall, dass alle partnerschaftlich und fair miteinander umgehen und sich keiner über den anderen erhebt. Profisport ist Vermarktung. Profisport ist Öffentlichkeit.

Dazu gehört inzwischen auch der Umgang mit Social Media. Ein Thema, mit dem wir uns allgemein und speziell in der Ausbildung von Jugendlichen immer stärker auseinandersetzen müssen.

Ich bin überhaupt nicht dagegen. Das wäre auch weltfremd, schließlich kann man das Rad nicht mehr zurückdrehen. Du wirst keinem jungen Menschen heute noch sagen können: »Lass die Finger vom Handy.« Oder: »Geh nicht ins Internet.«

Wir müssen ihnen vielmehr dabei helfen, klug mit den sozialen Medien umzugehen. Welche Möglichkeiten bieten sie? Und wo liegen die Gefahren?

Und dass »face to face« immer noch wichtiger ist als Facebook.

Der Kontakt von Mensch zu Mensch muss ganz einfach wichtiger bleiben als von Mensch zu Maschine.

Kommen wir zu einem anderen wichtigen Thema. Aufgrund meiner eigenen Erfahrung als Profi weiß ich natürlich, wie weh Pfiffe tun können, und bereite die Spieler entsprechend darauf vor. Sie müssen lernen, einstecken zu können und Pfiffe nicht zu persönlich zu nehmen. Egal, ob die Pfiffe berechtigt oder unberechtigt sind, du musst weiter dein Spiel machen. Sie dürfen deine Leistung in keinster Weise negativ beeinflussen. Was menschlich und emotional gesehen alles andere als einfach ist. Emotionen gehören im Sport natürlich auch dazu. Aber als Profi must du lernen, sie zu kontrollieren, sonst kontrollieren sie dich.

Die emotionale Kontrolle ist im Fußball genauso wichtig wie im Tennis oder Boxen.

Wenn man sich anschaut, dass Bayerns Weltstar Franck Ribéry im November 2018, im Alter von 35 Jahren, zu einer Zeit, als er bereits 402 Pflichtspiele für die Münchner absolviert hatte, einen TV-Experten ohrfeigte, weil der laut Meinung seiner Frau zu kritisch in seiner Beurteilung war, zeigt es doch, wie schwer sich selbst gestandene Profis damit tun.

Alles andere als klug auch die Geschichte mit dem vergoldeten Steak und seine anschließend extrem heftige verbale Reaktion auf die öffentliche Kritik.

Ich maße mir nicht an, einen großartigen Sportler wie Frank Ribéry zu kritisieren oder zu verurteilen. Er hat sich von ganz unten nach ganz oben gearbeitet. Das verdient allergrößten Respekt.

Man könnte aber denken, dass diese erwachsenen Männer, die mittlerweile selber Familienväter sind und ihren Kindern Werte vermitteln, darüberstehen und sich im Griff haben. Aber manchmal ist das wohl einfacher gesagt als getan.

Trotzdem sollten wir Spieler und Trainer uns immer wieder, ob wir es wollen oder nicht, unserer Vorbildfunktion bewusst sein. Jeder, der in der Öffentlichkeit steht, sollte eines stets bedenken: Jedes deiner Worte wird auf die Goldwaage gelegt. Wie du in den Wald hineinrufst, so schallt es heraus. Keiner muss Everybody's Darling sein, denn Everybody's Darling ist auch Everybody's Depp. Aber es macht schon Sinn, erst zu denken und dann zu sprechen und so in den Wald hineinzurufen, dass einem das Echo angenehm ist.

Roger Federer, für mich einer der größten Sportler aller Zeiten, hat als Kind und Heranwachsender Dutzende Schläger zerstört. Er war ein solcher Heißsporn, dass es regelmäßig bei ihm zu unglaublichen Aussetzern kam.

Das hat ihn wertvolle Konzentration gekostet. Er hat sein Spiel und den nächsten Punkt aus dem Blick verloren und stattdessen mit sich und der Welt und manchmal auch mit den Schiedsrichtern gehadert, so intensiv, dass er eine Weile brauchte, um wieder zu sich zu finden.

Zum Glück für die Tenniswelt hat er irgendwann verstanden, dass solche Ausbrüche nichts bringen. Dass er dadurch wichtige Punkte verliert. Und dass er darüber hinaus auch noch ein katastrophales Bild in der Öffentlichkeit präsentiert, wie er selbst einmal zugab: »Irgendwann spielte ich live im Fernsehen, vor Tausenden von Zuschauern auf dem Centre Court. Da kam die Erkenntnis: ›Mach mal ruhiger.‹ Ich wollte später im Fernsehen nicht sehen, dass ich mich aufgeführt hatte wie im Zoo. Plötzlich gab es eine Hemmschwelle.«

20 Grand-Slam-Titel hat Roger Federer mit dem entsprechenden Fokus gewonnen. 310 Wochen stand er an der Spitze der Tennisweltrangliste.

Natürlich ist es verdammt harte Arbeit, bis man seine Emotionen einigermaßen unter Kontrolle hat. Das schaffst du nie ganz. Wir sind immer noch Menschen und keine Automaten.

Federer selbst gibt zu, dass er bei aller Beherrschtheit trotzdem immer noch Momente habe, »in denen ich am liebsten die Bank zusammenschlagen würde. Vielleicht zehnmal im Jahr. Im Training natürlich häufiger. Da ist die Hemmschwelle auszuflippen auch nicht so hoch. Da fliegt mal der Schläger, und der alte Roger bricht heraus«.

Mir ist es selbst schon öfter passiert, wohl wissend, dass es meinem Team schaden und unseren Erfolg gefährden kann, wenn ich die Kontrolle und damit den Fokus auf das Coaching verliere.

Obwohl in unserem Teamcredo Fairness und Respekt auch gegenüber Schiedsrichtern fest verankert ist. Wir betonen immer wieder die Forderung, den Schiedsrichter grundsätzlich in Ruhe zu lassen. Weisen immer wieder darauf hin, wie wichtig es ist, im Hier und Jetzt zu bleiben.

Trotz all dieses Wissens hat mich im Oktober 2014 der Schweizer Schiedsrichter Nikolaj Hänni auf die Tribüne verbannt. In einem Youth-League-Spiel gegen Sporting Lissabon wurden meine Spieler ständig brutal getreten, ohne dass er eingriff. Die Jungs von Sporting gingen so sehr auf die Knochen, dass ich

Sorge um die Gesundheit meiner Spieler hatte. Nachdem Hänni nicht entsprechend durchgriff, schimpfte ich zunächst wie ein Rohrspatz in seine Richtung. Um letztlich als negativer Höhepunkt mit einem Stuhl um mich zu werfen, was natürlich gar nicht geht und all meinen Überzeugungen widerspricht.

Auch bei Bayerns Präsident Uli Hoeneß hat man gesehen, welche Auswirkungen es haben kann, wenn man die emotionale Kontrolle verliert. Hoeneß ist an sich ein wortgewandter Mann. Rhetorisch super. Schlagfertig. Er ist sich, als jemand, der seit Jahrzehnten Schlagzeilen macht, total darüber bewusst, welche Konsequenzen und welche Macht seine Worte und seine Wortwahl haben.

Doch im Oktober 2018 bei der inzwischen legendären Pressekonferenz, die er gemeinsam mit Karl-Heinz Rummenigge und Hasan Salihamidžić hielt, um mehr Respekt in der Berichterstattung vonseiten der Medien einzufordern, redete er sich in Rage und verlor phasenweise seine Linie.

Nachdem er zunächst verkündete, man werde »keine respektlose Berichterstattung akzeptieren«, bezeichnete er wenig später die Leistung des früheren Bayern-Spielers Juan Bernat als »Scheißdreck« und sagte: »Als wir in Sevilla gespielt haben, war Juan Bernat fast allein dafür verantwortlich, dass wir aus der Champions League beinahe ausgeschieden sind. Und da wurde entschieden, dass er verkauft wird.«

Karl-Heinz Rummenigge sagte wenige Tage später zu dieser Äußerung: »Ich glaube, der Uli weiß, dass er zumindest mit dem einen Wort nicht sehr glücklich gelegen ist.«

Und Hoeneß selbst ruderte zurück, indem er noch etwas später zugab: »Ich würde die Pressekonferenz im Wesentlichen wieder so machen. Das eine oder andere Wort, das ich gebraucht habe, würde ich nicht noch mal sagen. Es hat mir sehr leidgetan, Juan Bernat beleidigt zu haben.« Es zeugt wiederum von seiner menschlichen Größe, solche Fehler öffentlich zugeben zu können.

Fußballer, Trainer und auch Funktionäre stehen nun einmal unter ständiger Beobachtung in der Öffentlichkeit. Und haben deswegen auch eine gewisse Vorbildfunktion. Alles wird gesehen, seziert und bewertet. So zum Beispiel auch die Reaktion von Bayern-Stürmer Sandro Wagner nach dem verlorenen Pokalfinale der Bayern 2018 in Berlin gegen Eintracht Frankfurt. Nach der Verleihung der Silbermedaille durch Bundespräsident Frank-Walter Steinmeier warf er diese in die Ränge – wobei es völlig unbedeutend ist, ob er sie einem Bekannten, Freund oder nur einem x-beliebigen Fan zuwarf. Das war wenig respektvoll vor allen Dingen dem Sieger gegenüber. Ich weiß aber aus eigener Erfahrung, wie schwer es ist, nach Endspielniederlagen Größe zu zeigen. Du fühlst dich einfach nur beschissen. Ich bin sicher, dass Sandro Wagner, der im Januar 2019 nach China wechselte, genauso daraus lernen wird, wie ich selbst aus früherem Fehlverhalten gelernt habe.

Ein positives Beispiel für den Umgang mit Niederlagen und Enttäuschungen ist Jürgen Klopp nach der Final-Pleite mit Liverpool gegen Real Madrid. Seinem Torwart Loris Karius unterliefen im Champions-League-Finale in Kiew gegen die Königlichen zwei so kapitale Fehler, dass er allein, für den Großteil der Weltpresse jedenfalls, das Finale verlor.

Nichts war entschieden, die Partie stand torlos auf des Messers Schneide, da servierte Karius beim Abwurf Karim Benzema den Ball auf den Fuß.

Dann, sieben Minuten vor Schluss, als für die Reds immer noch nicht alles verloren war, segelte ein Flatterball von Gareth Bale auf Karius zu, den der an normalen Tagen ohne Probleme fängt. Doch nun schlug er mit den Fäusten ein Loch in die Luft.

Am Ende lag er heulend am Boden, den Kopf nach unten. Als er aufstand, zerrte er sich das Trikot über die Augen. Er wollte nichts hören, nichts sehen, sich nur noch verstecken – oder sich noch besser in Luft auflösen, anstatt auf dieser perfekt ausgeleuchteten Fußballbühne zu stehen.

»So ein Abend kann eine Karriere zerstören«, befand Ex-Nationaltorhüter Oliver Kahn hinterher in seiner Funktion als TV-Experte. Und: »Ich habe aus Torwartsicht noch nie etwas Brutaleres gesehen.«

»Er fing«, urteilte die *Welt*, »am Samstag um 20.45 Uhr als Torwächter an, und als das Spiel vorbei war, war er der Nachtwächter.« Den Abend, so unkte das Blatt, werde er »für den Rest seines Leben nicht mehr vergessen – eher vergisst er einmal seinen Hochzeitstag, falls ihn überhaupt noch eine nimmt«.

Ich kann mir nur grob vorstellen, was nach diesen Fehlern von Karius im Kopf von Jürgen Klopp vorging. Wie er selbst mit seinem Schicksal zu hadern hatte. Wie frustriert er darüber gewesen sein muss, dass sein Team diese Titelchance nicht hatte nutzen können. Und dass er persönlich nun erneut mit einer weiteren Endspiel-Niederlage in Verbindung gebracht würde.

Schon vor dem Finale war Klopps »grausame Final-Bilanz« ein großes mediales Thema, weil er fünf Endspiele in Folge nicht gewinnen konnte. Vom »Final-Fluch« war die Rede.

2013 verlor er mit Dortmund das Champions-League-Finale gegen Bayern. Ein Jahr später das Pokalfinale gegen den gleichen Gegner. 2014 musste er sich mit dem BVB beim Endspiel in Berlin den Wolfsburgern geschlagen geben. Mit Liverpool scheiterte er im Ligapokal an Manchester City und in der Europa League an Sevilla.

Nun bescherte ihm Karius die sechste Endspiel-Pleite und damit weitere Fluch-Schlagzeilen.

Das sind Momente, in denen selbst die stärkste Persönlichkeit die Contenance verlieren kann. Wo einem die Kontrolle über die Emotionen entgleiten kann. Wo man aus der Enttäuschung heraus falsch handelt. Aber Jürgen Klopp ist trotzdem auf Karius zugegangen und hat ihm kurz auf die Schulter geklopft.

Er ist auf ihn zugegangen und hat ihm diesen kurzen, in dieser Situation bestmöglichen Zuspruch gewährt. Ich bin überzeugt, dass kaum jemand wirklich nachvollziehen kann, wie schwer es in einem solchen Moment fällt, dem vermeintlichen Verursacher der Niederlage entgegenzugehen. Bei jedem weiteren Schritt auf ihn zu sträubt sich wahrscheinlich irgendetwas in einem. Man merkt, wie Zorn in einem aufsteigt. Wie man sauer wird und mit der eigenen Enttäuschung kämpft. Die Wahrscheinlichkeit, in so einer Situation die emotionale Kontrolle zu verlieren, ist enorm hoch. Aber Klopp ist es nicht passiert. Er hatte sich im Griff.

Die *Süddeutsche Zeitung* hat Klopp für den Umgang mit Karius trotzdem und für mich völlig unverständlich hart kritisiert. Redakteurin Birgit Schönau schrieb etwas, dem ich total widerspreche. Sie meint: »Als Loris Karius einer der größten Unglücksraben der Europapokal-Geschichte wurde, fehlte es seinem Trainer an Solidarität und Empathie: Er ließ den Torwart alleine leiden. (…) Als sein Torwart sich nach dem Schlusspfiff vor Scham in den Rasen grub, blieb Klopp wie angewurzelt am Spielfeldrand stehen, den Blick ins Leere gerichtet, an Karius vorbei. Als der Schlussmann mit gesenktem Kopf unter die Fankurve lief, auf den Schultern alle Schuld der Welt, stand Klopp weiter auf seinem Posten. Erst nachdem die Real-Spieler Karius tröstend zu Hilfe eilten, bewegte sich auch der Manager.«

Jürgen Klopp habe, so behauptete sie weiter, jene eiserne Regel außer Kraft gesetzt, die besage, dass im Fußball immer eine ganze Mannschaft gewinne oder verliere. Dass im Falle des Triumphs alle jubeln und im Fall der Klatsche keiner allein in den Abgrund fallen müsse. »Dass, wie groß der Fehler auch sein mag, sein Trainer ihm öffentlich immer Absolution zu erteilen hat.«

Für Birgit Schönau ist Klopp zu sehr auf Distanz gegangen. Er habe Karius alleine die Verantwortung tragen lassen. »Erst viel später spendierte Klopp ein paar Verständnisfloskeln, doch da waren die Bilder vom Leid des Spielers und von der Kälte des Trainers schon um die Welt gegangen.«

Ich glaube, dass die Redakteurin sich bei ihrem Kommentar viel zu wenig in Jürgen Klopp hineinversetzt hat. Er musste ja auch erst einmal mit dieser Situation klarkommen. Er musste gegen seinen eigenen Frust und die eigene Enttäuschung ankämpfen.

Fatal wäre es gewesen, wäre Klopp gar nicht auf Karius zugegangen. Hätte er ihn vollkommen ignoriert. Aber er hat das emotional Maximale gemacht und ihm aufmunternd auf die Schulter geklopft. Er hat damit Größe, Charakter und auch seine Solidarität gezeigt. Auch wegen seiner Menschlichkeit ist er für mich einer der ganz großen Trainer in der Fußballbranche.

Die Geschichte zeigt aber wieder, was für ein schwieriges Thema der öffentliche Umgang zwischen Spielern und Trainern heute ist. Jede noch so kleine Geste wird analysiert und ausgeschlachtet. Sobald zum Beispiel ein Spieler vom Platz geholt wird, achten die Medien und Zuschauer darauf, wie sich der Spieler beim Gang zur Auswechselbank verhält. Ob er seinen Trainer abklatscht oder ob er ihn ignoriert und an ihm vorbeiläuft.

Trainer sollten sich meiner Meinung nach in diesen Situationen empathisch und situativ verhalten.

Warum riskieren sie es überhaupt, von ausgewechselten Spielern brüskiert zu werden? Man merkt doch am Verhalten, an Gestik und Mimik des Spielers, den man gerade vom Feld zitiert hat, in welcher Stimmung er ist. Natürlich hat das Abklatschen mit dem Chef etwas mit Respekt zu tun, aber ich glaube, dass vielen Trainern in diesen Situationen die Empathie fehlt. Das ist auch unter Stress absolut verständlich.

Warum strecken sie ihre Hand zum Abklatschen raus, wenn sie eigentlich merken müssten, dass der Spieler stinksauer ist? Warum verursachen sie ein mögliches Fehlverhalten, anstatt fokussiert beim Spiel zu bleiben?

Ich finde, dass Trainer in solchen Situationen weniger nach Schema F agieren sollten. Es gibt Situationen, in denen Herzlichkeit und Nähe wichtig sind. Es gibt aber auch Momente, in denen Spieler mit ihrer Wut und ihrem Frust allein sein wollen. Das muss man ihnen ganz einfach zugestehen. Es gibt Spieler, die wollen nach Niederlagen nicht umarmt werden. Die wollen nicht abklatschen. Das muss man ganz individuell entscheiden. Aber wenn man spürt, dass der Spieler eine Umarmung oder Aufmunterung braucht, dann muss man als Trainer auch in der Lage sein, seinen Spielern die richtige Dosis von Nähe und Herzlichkeit zu geben.

Ich arbeitete in meiner zweiten Amtszeit als U19-Trainer noch härter an mir und mit und für meine Jungs. Rief ihnen gemeinsam mit meinen Trainerkollegen dabei immer wieder in Erinnerung, worauf es ankommt.

Mal zitierte ich dafür Winston Churchill mit seinem Ausspruch »Erfolg ist nichts Endgültiges, Misserfolg nichts Fatales: Was zählt, ist der Mut, weiterzumachen«. Auf Churchill beziehen sich auch die folgenden Sätze, die der deutsche Rapper Kontra K in einem seiner Songs rüberbringt: »Erfolg ist kein Glück. Sondern nur das Ergebnis von Blut, Schweiß und Tränen. Das Leben zahlt alles mal zurück. Es kommt nur ganz darauf an, was du bist. Schatten oder Licht.«

Mal motivierten wir unsere Jungs mit Weisheiten der Boxlegende Muhammad Ali, der gesagt hat: »Der Kampf wird weit weg von Zuschauern und Medien gewonnen, nämlich in den unzähligen Trainingsstunden, im Gym, im Ring und auf der Laufstrecke lange vor dem Kampf.«

Dann bläuten wir ihnen ein: »Durch Nichtstun verbesserst du dich nur im Nichtstun. Durch Aufgeben verbesserst du dich nur im Aufgeben. Durch Auf-der-Couch-Liegen wirst du nur besser im Auf-der-Couch-Liegen. Das, was du heute tust, beeinflusst deine Zukunft. Das, was du nicht tust, allerdings auch.«

Immer wieder versuchen wir, ihnen zu vermitteln, wie wichtig Eigenmotivation ist. Für mich ist »Motivation« nur ein anderes Wort für Antrieb. Selbst das schwerste Flugzeug erhebt sich nur in die Luft, wenn der Antrieb stark genug ist. Natürlich müssen wir Coaches immer wieder eine Prise Motivation dazugeben. Aber wer keine starke Eigenmotivation hat, schafft es nie im Leben ins

Profiteam. Manchmal stelle ich Spielern leicht provozierend die Frage: »Warum stehst du eigentlich morgens auf? Weil du musst oder weil du es nicht mehr erwarten kannst?« Oder ich sage:

»Du hast drei Möglichkeiten im Leben. Erstens: aufgeben, zweitens: nachgeben, drittens: alles geben.«

ANDREAS MÜLLER

Ohne Conny wäre er nur zu 50 Prozent leistungsfähig

Eigentlich kann ich mich gar nicht mehr so genau daran erinnern, wann ich Nobert Elgert zum ersten Mal bewusst begegnet bin. Auf jeden Fall war es natürlich »auf Schalke«, und es war die Zeit, als ich mich in meiner neuen Funktion als Leiter der Lizenzspielerabteilung einarbeiten durfte, nachdem ich im Sommer 2000 meine Fußballschuhe an den berühmt-berüchtigten Nagel gehängt hatte. Täglich fanden Besprechungen statt, und in irgendeiner dieser Besprechungen mit Rudi Assauer, Helmut Schulte (damals sportlicher Leiter der Nachwuchsabteilung) und mir fiel von Rudi Assauer der Name »elektrischer Hase«. Schnell war klar: Er meinte damit Norbert Elgert, der als Spieler diese hakenartigen Bewegungen auf den Platz brachte und damit auffiel. Ein Schmunzeln in meinem Gesicht bei diesem Spitznamen für Nobert war bestimmt zu sehen, und damit prägte sich der Name Elgert früh in meinem Kopf ein.

Es hat jedoch einige Zeit gedauert, bis Kommunikation, Zutrauen und Wertschätzung am Ende in absolutes Vertrauen gemündet sind. Heute ist daraus noch viel mehr geworden. Ich kann mit Stolz sagen, dass wir Freunde sind.

Hinter einem erfolgreichen Mann steht immer eine starke Frau. Dies ist eines der Lieblingszitate von Nobert, und ich kann es gerade bei Norbert und seiner Frau zu hundert Prozent unterstreichen. Gerade zu Beginn meiner Managementtätigkeit auf Schalke musste ich mich damit erst mal anfreunden, dass eine Frau des Trainers so nah am Geschehen teilnimmt. Sicherlich etwas Außergewöhnliches, mag man denken, aber als erfolgreiches Vorbild kannte man ja auch schon Otto und Beate Rehhagel. Im Laufe der Zeit wurde mir dann immer klarer: Ohne seine Frau Conny an der Seite wäre Norberts Leistungsfähigkeit höchstens 50 Prozent (würde er jetzt neben mir sitzen, dann würde er sagen: »Schreib 49 Prozent, Conny hat 51«). Sehr viele Spiele habe ich von der Schalker U19 in der Junioren-Bundesliga gesehen, und es gab natürlich auch immer wieder mal kritische Phasen in den Spielen. Da gab es dann meistens diesen kurzen Blickkontakt zwischen Norbert (Trainerbank) und seiner Frau Conny (direkt hinter der Trainerbank), ein Gedankenaustausch ohne Worte, einfach auf der gleichen Wellenlänge zu funken, um Lösungen zu haben.

Ich denke, ich muss nicht extra an dieser Stelle erwähnen, welche großartigen Erfolge er als Trainer vorzuweisen hat.

Wie er es immer wieder Jahr für Jahr schafft, eine Mannschaft und einzelne Spieler zu formen, geprägt mit einer super Mentalität, einem starken Willen und einer sehr hohen Disziplin. Umso wichtiger ist es dann auch, ihm zuzuhören, gerade wenn es darum geht, Spieler in den Profibereich zu befördern.

Mesut Özil war schon mit 17 Jahren nicht mehr aufzuhalten, und wir (Assauer und Müller) haben ihn sehr schnell in den Profikader aufgenommen. Norbert war nicht gerade begeistert und wollte Mesut noch ein wenig länger bei sich in der U19 behalten. Trotzdem war es für mich auch in der Folgezeit immer wieder von großer Bedeutung, den Rat und die Einschätzung über seine U19-Spieler und die Mannschaft, aber auch darüber hinaus über den gesamten Fußball innerhalb des Clubs Schalke 04 zu erhalten.

In vielen Dingen war und ist unsere Sichtweise über den Fußball, und sicherlich nicht nur da, ein und dieselbe. Das zeigt sich auch daran, dass wir mit unseren Familien die Insel im Wind (Fuerteventura) so sehr lieben und uns regelmäßig dort unsere Energie zurückholen.

Gerne erinnere ich mich an unsere gemeinsamen Tanzeinlagen im Club auf das Lied der Toten Hosen »Tage wie diese«.

Norbert, auch im Feiern bist du ein Großer!

JOEL MATIP

Norbert Elgert und der Selbstvertrauens-Turbo-Booster

Dass ich jemals unter Norbert Elgert trainieren würde, stand lange auf der Kippe. Meine, wenn man es so bezeichnen will, Versetzung von der U17 in die U19 war stark gefährdet. In der Schule würde man sagen, dass ich mit einem blauen Brief verwarnt war.

Wobei es ganz allein meine Schuld war, dass es in der B-Jugend nicht so lief. Mein Trainer Manfred Dubski konnte nichts dafür. Auch sonst niemand. Der Hauptgrund dafür war, dass ich auf einen Schlag ziemlich heftig gewachsen bin, womit ich mehr zu kämpfen hatte, als ich erwartet hätte. Irgendwie war meine Koordination ein wenig ins Wanken geraten.

Ich konnte jedenfalls überhaupt keinen bleibenden Eindruck hinterlassen und wurde wirklich nur mit Ach und Krach in Elgerts A-Jugend aufgenommen. Dementsprechend gering war auch mein Selbstvertrauen.

Vor unserem ersten Bundesligaspiel absolvierten wir im Sommer 2008 einige Vorbereitungsmatches. Bei einem Auswärtsspiel zitierte mich der Trainer im Bus zu sich nach vorne. Sofort ging mein Herzschlag nach oben. So ganz allein plötzlich neben dem Coach zu sitzen, bereitete mir zunächst Unbehagen, weil ich überhaupt nicht absehen konnte, was er von mir wollte. Doch ehe tausend Fragen dazu durch meinen Kopf schießen konnten, begann er einfach, ganz locker mit mir zu plaudern. Er wollte mich einfach nur kennenlernen. Mehr über mich und meine Herkunft erfahren.

Wir hockten nebeneinander in der ersten Reihe, direkt hinter dem Busfahrer, und sprachen ganz locker miteinander. Er fragte mich, ohne dass es einem Ausfragen gleichgekommen wäre, nach meinen Eltern. Ich erzählte ihm von meiner Mama Eva-Maria, die nach ihrem Studium in den Fächern Heilpädagogik und Psychologie beim Deutschen Roten Kreuz die Alzheimer-Hilfe mit aufgebaut hatte. Und von meinen Papa Jean, der Chemie studiert hatte und beim DRK als Demenzbetreuer arbeitete.

Man spürte sofort, dass es ein ernsthaftes Interesse war, kein Abfragen, weil er es mal in einem Seminar für Führungskräfte eingetrichtert bekommen hatte. Wir sprachen auch über meine Schwester, und er erzählte mir dabei, dass auch er eine Tochter habe.

Nachdem ich ihm kurz über meine schulische Situation Auskunft erteilt hatte, sprachen wir über meine Wünsche und Träume als Fußballer.

Weil mein Selbstvertrauen ja nach wie vor (ich war schließlich erst ganz frisch bei ihm) noch ziemlich im Keller war, traute ich mich kaum, große Ziele zu äußern. Ich sprach weder davon, Profi werden zu wollen, und natürlich erst recht nicht, wie es andere in solchen Gesprächen durchaus gemacht haben, von konkreten Vereinen, bei denen ich spielen wollen würde.

Er hat meine Zurückhaltung damals deutlich gespürt. Und er hat für sich beschlossen, dass er bei mir, neben der fußballerischen Weiterbildung, vor allem auf den Selbstvertrauens-Turbo-Booster drücken muss.

Wir haben wirklich wahnsinnig viel miteinander gesprochen.

Aber jedes Mal, bevor er mich auf Fehler (die er so nicht nannte) hinwies, hat er mir eingebläut, dass »Feedback das Frühstück der Champions« sei.

Er hat mich ermutigt, im Training Entscheidungen zu treffen. Ich durfte aus der Innenverteidigung herausdribbeln und musste keine stumpf von ihm vorgegebenen Passwege einhalten. Er hat uns zwar eine Spielidee mit an die Hand gegeben, aber es war kein eng geschnürtes Korsett, in dem man Platzangst bekam.

Manchmal hat er mich auch als Stürmer eingesetzt, damit ich Erfolgserlebnisse bei Torerfolgen hatte. Innerhalb eines Jahres erzielte ich zehn Treffer und bereitete fünf vor. Gegen Bielefeld gelangen mir sogar drei in einem Spiel.

Mein Selbstvertrauen war in diesem einen Jahr dank Norbert Elgert so rasant gewachsen wie ich selbst in meinem schwierigen U17-Jahr. Es war teilweise, als hätte Elgert den Selbstvertrauens-Turbo-Booster-Knopf dauergedrückt, so gut fühlte ich mich.

Im November 2009 stand ich mit einem Mal in der Startformation von Schalke 04 in der Münchener Allianz Arena. Gegen den FC Bayern mit Bastian Schweinsteiger, Mark van Bommel und Miroslav Klose.

Daniel Van Buyten hatte die Gastgeber in Führung gebracht, ehe ich plötzlich das 1 : 1 per Kopf erzielte.

Es dauerte nicht lange, bis Norbert Elgert bei mir auf der Matte stand. Er schaute mich an und fragte nur: »Muss ich was sagen? Du weißt: ›Erst Lehrling, dann Geselle, dann Meister.‹ Das Tor ist schön. Aber deshalb nimmst du jetzt keine fünf Stufen auf der Erfolgsleiter auf einmal.«

Natürlich wusste ich sofort, was er wollte. Er hatte, obwohl er mir vor allem Selbstvertrauen eingeimpft hatte, uns allen trotzdem immer und immer wieder vor Augen gehalten, dass eine große Karriere ein stabiles Fundament braucht. Und er hatte uns immer davor gewarnt abzuheben, nur weil wir mal bei den Profis mittrainieren dürften oder mit ihnen zusammen in der echten Kabine hocken. Oder wenn wir, wie ich jetzt, ein Tor schießen.

Er hat uns alle quasi in Betonschuhe gesteckt, damit wir Bodenhaftung behalten – und gleichzeitig hat er uns geraten, aufrecht und mit gen Himmel gestreckten Armen durchs Leben zu gehen.

Er hatte es geschafft, uns Selbstvertrauen bei gleichzeitiger Demut zu lehren, so widersprüchlich das auch klingen mag.

Wenn wir früheren Ex-Elgerter heute über ihn sprechen, erklären uns wahrscheinlich viele Zuhörer für bescheuert, wie sehr wir noch von ihm schwärmen. Vielleicht gibt es auch den einen oder anderen, der es nicht mehr hören kann. Aber das ändert sich, sobald man Norbert Elgert persönlich erlebt hat.

Er war eine Erscheinung. Und er ist heute noch eine.

Kapitel 8:
Lasst Fummelköpfe zu!

Als Ausbilder trägt man vielschichtige Verantwortung. Neben der Arbeit mit den Jugendlichen gehört es auch dazu, sich mit den Eltern auseinanderzusetzen. Der Austausch und der Kontakt mit den Eltern müssen selbstverständlich sein. Die Eltern sind und bleiben nun mal die wichtigsten Bezugspersonen ihrer Kinder. Deswegen bin auch ich bereit, wenn Eltern es wünschen, mit ihnen über den aktuellen Ausbildungsstand unseres Schützlings zu sprechen.

Es gibt aber auch Eltern, die von Jugendtrainern Erklärungen erwarten, warum ihr Kind ausgewechselt worden ist oder nicht spielt. Darauf dürfen Trainer sich nicht einlassen. Ich kann die Wichtigkeit der Eltern gar nicht genug betonen. Aber jeder sollte seine Rolle kennen.

Eltern bringen im Jugendfußball über Jahre große Opfer für ihre Kinder. Und das ist wichtig. Sie sollen aufbauen, ermutigen und sich in aller Ruhe die Spiele anschauen. Aber sie sollen durch die eigene Erwartungshaltung keinen zusätzlichen negativen Druck aufbauen. Der Druck in den Leistungszentren ist schon groß genug. Sich jedes Jahr für die nächste Altersstufe zu qualifizieren und auch noch gute Leistungen in der Schule zu erbringen, ist insgesamt schon eine große Belastung. Deswegen sollten Eltern und Trainer immer wieder Druck rausnehmen. Fußball ist immer noch in erster Linie Spaß. Spielfreude und Spaß müssen immer größer sein als individuell empfundener Druck.

Ein Vater sagte einmal zu mir: »Das Kind ist meine Lebensversicherung.« Mit diesem einen Satz und dem daraus entstehenden Überdruck kann man Kinder zerbrechen. Unsere Kinder sind doch nicht dazu da, unsere Träume zu leben! Dafür sind wir selbst zuständig. Jedes Kind hat doch irgendwann mal angefangen, Fußball zu spielen, weil es das Spiel liebt und Freude daran hat. Wenn so einem Jungen nun dieser Rucksack auferlegt wird, dass er mit seinem Talent später mal die Familie absichern muss, dann kann das sogar dazu führen, dass dieses Kind irgendwann nicht mehr Fußball spielen will und aufhört. Wichtig ist einfach, dass wir Eltern – auch ich bin Vater – unsere Kinder bedingungslos lieben, unabhängig von ihren schulischen und sportlichen Leistungen. Wichtig ist, dass sie lernen, jeden Tag mit Spaß, Freude und Begeisterung ihr Allerbestes zu geben. Nur dann können sie sich optimal entwickeln, verbessern und vielleicht sogar einmal Profi werden.

Ich hatte einmal einen Vater bei mir sitzen, einen Chirurgen, der mit mir über die Zukunft seines Kindes sprechen wollte. Er hatte nicht sonderlich viel Ahnung von Fußball und war überhaupt nicht damit einverstanden, dass sein Sohn meistens auf der Reservebank saß.

Also fauchte er mich an und fühlte sich in seiner Ehre verletzt. Für ihn, den erfolgreichen Arzt, war es ein Ding der Unmöglichkeit, dass sein Sohn nicht regelmäßig spielte. Dabei ging er deutlich zu weit. Da sagte ich ihm, dass ich mir doch auch nicht anmaßen würde, mit ihm über die richtigen Handhaltung eines Skalpells zu sprechen oder über die Schnittrichtung.

Ich hatte auch schon mal einen Vater, der mich nachts um halb vier auf dem Festnetz zu Hause anrief, um seinen Sohn für das Training am nächsten Tag abzumelden. Als ich fragte, warum er mir das um diese Zeit mitteilen würde, sagte der Vater nur: »Mein Sohn hat gesagt, Sie seien Tag und Nacht für die Spieler da.« Im Nachhinein eine lustige Geschichte, aber als meine Frau und ich mitten in der Nacht senkrecht im Bett standen, fanden wir das gar nicht komisch.

Betonen möchte ich aber noch einmal die Bedeutung und den großen Stellenwert fürsorglicher und unterstützender Eltern. Ohne sie geht gar nichts.

Und wenn wir schon dabei sind, dann würde ich mir auch wünschen, dass diese Vereinheitlichung und Vermassung im Nachwuchsfußball aufhört. Die Zertifizierung, wie wir sie in den vergangenen Jahren erlebt haben, hat zu einem Einheitsbrei im deutschen Fußball geführt, der nicht gut ist.

Mir gefällt schon der Ablauf der Zertifizierung nicht. Warum wissen die Nachwuchszentren, wann die Prüfer kommen? Warum gibt man ihnen die Gelegenheit, ihr Zentrum darauf vorzubereiten?

Spiegelt das Vorgefundene denn wirklich ein realistisches Bild des NLZ wider, wenn alle Ecken blitzblank geputzt sind und alle Mitarbeiter ihr strahlendstes Lächeln aufsetzen, weil sie natürlich genau wissen, worauf es an diesem Tag ankommt?

Warum wird der Test nicht heimlich geführt, wie es beispielsweise die Inspektoren vom Guide Michelin machen, dem von Köchen gefürchteten Gourmetführer, der Sterne vergibt, sie manchmal aber auch wegnimmt?

Diese Tester gehen als normale Gäste essen, ohne bevorzugte Behandlung. Es heißt, dass die Michelin-Inspektoren wie Agenten mit Decknamen und wechselnden Kreditkartennummern auftreten. Natürlich ist diese Heimlichkeit in einem Restaurant mit öffentlichem Betrieb einfacher durchzuführen als in dem an sich abgeschotteten NLZ-System. Trotzdem finde ich, dass der Ablauf besser sein könnte.

Am meisten aber stört mich die bereits angerissene Vereinheitlichung. Jedes NLZ lechzt danach, mit drei Sternen bewertet zu werden. Dafür müssen entsprechende Kriterien erfüllt werden.

Heißt: Alle streben nur noch an, diesen Katalog zu erfüllen, und verlieren dadurch ihre Individualität und den persönlichen Charakter.

Ich habe überhaupt den Eindruck, dass es vor allem im Nachwuchsfußball seit ein paar Jahren nur noch um die Spielidee und den Matchplan geht. Zu früh geht es auch um Viererkette, Verschieben und zweite Bälle. Die Basics werden dabei aber leider viel zu oft vernachlässigt.

Natürlich ist die Spielidee wichtig. Aber wenn ich die ganze Woche nur am Matchplan arbeite, um dadurch das nächste Spiel zu gewinnen, vernachlässige ich zwangsläufig die Basisarbeit. Dadurch kommen Technik, Spielintelligenz und vor allen Dingen auch Kreativität häufig zu kurz.

Wichtiger als Spielidee und Matchplan ist es, Meister zu werden im Meistern der kleinen Dinge, der Basics eben. Um erfolgreich zu sein, musst du nichts Außergewöhnliches machen. Du musst einfach die gewöhnlichen Dinge außergewöhnlich gut machen. Meiner Meinung nach verbringen wir auch zu viel Zeit im Videoraum. Videoanalyse ist wichtig, sehr wichtig sogar, wird aber inzwischen maßlos übertrieben. Häufig führt das zu Paralyse durch zu viel Analyse.

Es gibt ein paar Dinge, auf die es im Nachwuchsfußball ankommt. Zum einen geht es darum, altersgerechtes Training anzubieten. Wir müssen den Kindern nicht bereits in der E- und D-Jugend, also zwischen acht und 13 Jahren, schon die Viererkette einbimsen. Wir müssen sie nicht mit Wissen überladen.

Dann sollte man sämtliche Eltern und Trainer einsperren, die während des Spiels von draußen reinrufen: »Spiel ab, du Fummelkopf.« Mit dieser negativen Kritik, die man wirklich häufig hört, unterdrückt man talentierte Dribbler. Wenn die Kleinsten Angst haben, dass der Trainer oder die Eltern ihnen Feuer geben, wenn sie zu viel fummeln und dabei auch mal den Ball verlieren, dann hören sie damit auf.

Ich habe schon oft Jugendtrainings gesehen, bei denen die Trainer Eins-gegen-eins-Duelle trainieren lassen, es aber dann in der anschließenden Spielform unterbinden, dass die Kinder sich genau darin ausprobieren.

Beim Aufwärmen kann es durchaus Sinn machen, Hütchen zu umspielen. Aber viel wichtiger ist es, das Dribbeln zum Beispiel beim Vier-gegen-Vier mit freien Kontakten auf Tore zu trainieren. Also bei einer Spielform, die das offensive Eins-gegen-Eins provoziert und verlangt.

Natürlich müssen die Kinder irgendwann lernen, wann es Sinn macht zu dribbeln. Und wann ein Pass mehr Vorteile hat. Aber letztlich braucht man im modernen Fußball gerade im letzten Drittel eines Fußballfeldes, also im Angriff, Leute, die dribbeln können, die mal ein Eins-gegen-Eins oder sogar ein Eins-gegen-Zwei auflösen können.

Eine Mannschaft darf nie nur von ihrem Kombinationsspiel abhängig sein. Sonst sieht es am Ende so aus wie bei der Fußballweltmeisterschaft 2018 in Russland. Da hätte uns der eine oder andere Spieler mehr gutgetan, der durch das Ausspielen von einem oder mehreren Gegnern neue Spielsituationen und Überzahl schaffen kann. Das Eins-gegen-Eins ist und bleibt die Keimzelle des Spiels.

In Ketten gelegt werden – ich überziehe hier leicht spaßig – sollten auch alle Jugendtrainer, die Kinder Runden laufen lassen. Als Fußballer brauchst du eine fußballspezifische Ausdauer, nicht die eines Leichtathleten. Vom Rundenlaufen wirst du nur besser im Rundenlaufen. Ein Billardspieler läuft im Training auch keine Runden um den Billardtisch.

Einige Punkte in der Ausbildung von Kindern und Jugendlichen liegen mir besonders am Herzen. Das Wichtigste ist nach wie vor die Ballbeherrschung unter Raum, Gegner und Zeitdruck. Wenn du den Ball nicht beherrschst, beherrscht er dich. Von großer Bedeutung ist auch der sogenannte erste Kontakt, sprich die

Ballkontrolle. Wenn du dabei mit dem Ball kämpfst, verlierst du viel Zeit für die Anschlussaktionen und die Übersicht.

Wer mit dem Ball kämpft, kann also nicht mit dem Gegner kämpfen.

Fußball spielen lernt man nur durch Fußball spielen, deswegen sollten Spielformen der Haupttrainingsinhalt sein. Nur dadurch entwickeln sich das nötige Spielverständnis und die Spielintelligenz.

Um das Spiel zu verstehen, müssen Spieler das Spielfeld ständig scannen und online sein. Ständig genau wissen: Wo sind meine Mitspieler, wo die Gegner und wo ist der Ball? Der moderne Fußball ist schneller geworden. Deswegen brauchst du auf dem Platz nicht nur schnelle Füße, sondern auch einen schnellen Kopf, die sogenannte mentale Geschwindigkeit.

Wir müssen in Deutschland aufhören, Spielsysteme schon in Kinder reinzuprügeln. Wir machen zu viele Vorgaben. »Wenn der Gegner dies macht, machen wir das.« Wir nehmen ihnen zu viele Entscheidungen ab und unterdrücken dadurch Kreativität und Intuition. Wir stecken sie zu früh und zu sehr in ein Korsett. Natürlich haben auch wir eine Idee, wie wir Fußball spielen wollen. Grundlegende Eckpfeiler und Prinzipien. Aber ich lasse meine Spieler selber Lösungen finden und Entscheidungen treffen. Nur das gemeinsame Verteidigen ist bei mir stark reglementiert. In der Offensive aber gebe ich viel mehr Freiheiten.

Ich bin kein Freund davon, im Training strikte Angriffsschemata zu üben. Weil jede Spielsituation einfach anders ist. Fußball ist kein Schach, beim Fußball sind die Figuren lebendig.

Gerd Kleppinger, der zwischen 2002 und 2005 unsere zweite Mannschaft trainiert hat, sagte einmal zu mir: »200 Dinge habe ich denen gesagt. Das 201. habe ich vergessen. Deshalb haben wir verloren.« Was von ihm natürlich scherzhaft gemeint war.

Genau darum geht es doch. Wir können nicht jeden Pass, nicht jeden Laufweg der Gegner vorhersehen. Wenn der Gegner sich anders verhält, als wir planen, kommen plötzlich die Spieler zu uns Trainern und sagen nach dem Spiel: »Dafür haben Sie uns aber keine Lösung präsentiert. Darüber haben wir gar nicht gesprochen.«

Fußball ist geordnetes Chaos, bei dem man nicht alles vorgeben kann. Das müssen wir wieder lernen zu verstehen.

Wenn wir zu viel vorgeben, ersticken wir Kreativität und unterdrücken Intuition!

Oder glauben Sie ernsthaft, dass ein Lionel Messi seine Dribblings plant? Nein, natürlich nicht.

Natürlich plant er das nicht. Er macht es einfach intuitiv und aus dem Bauch. Auch, weil er Vertrauen in seine Fähigkeiten als Dribbler hat. Weil er früher nicht als Fummelkopf zurechtgestutzt worden ist und weil er keine Angst vor Fehlern hat.

Der größte Fehler, den man auf dem Fußballplatz machen kann, ist die Angst vor Fehlern. Wer sich davor fürchtet, Fehler zu machen, macht doppelt so viele.

Im Sinne nicht nur der sportlichen Entwicklung der Kinder liegt mir noch etwas am Herzen.

Zum einen wünsche ich mir, dass junge Talente nicht mehr stundenlang in Autos sitzen, um zu den Trainings bei Proficlubs zu fahren. Es gibt Kinder, die jeden Tag zwei, drei oder auch vier, vereinzelt sogar noch mehr Stunden von einem Fahrservice von A nach B gebracht werden. Die von der Schule zum Fußball und vom Fußball nach Hause gefahren werden – und zwar über Gesamtstrecken von teilweise mehreren Hundert Kilometern täglich. Überlegen Sie sich das mal! Vier Stunden im Auto hocken, um eineinhalb Stunden zu trainieren. Das sind 80 Stunden Langeweile im Monat. Stunden, die diesen Kindern in ihrer Kindheit fehlen auch, um mit den Kindern aus der Nachbarschaft zu toben. Statt zu spielen, zu lesen, auf Bäume zu klettern, statt einfach nur Kind zu sein, hängen sie stundenlang auf der Autobahn.

Das ist alles ein Resultat daraus, dass die großen Vereine die Kinder viel zu früh aus ihren Heimatvereinen holen. Dass es bei den großen Clubs schon U9-Mannschaften gibt. Am besten wäre es (aber ich fürchte, dass diese Forderung weltfremd ist), wenn alle Vereine ein Agreement schließen, die Kinder länger in ihren Heimatclubs zu lassen. Hier müsste man neue Wege gehen. Aktuell widerspricht das aber leider Gottes nun mal komplett dem Wettbewerb um die Talente, dem alle Leistungszentren unterliegen.

In ihren Heimatvereinen würden die Kinder zudem auch viel eher Führungskompetenz lernen. Weil herausragende Talente in ihren jeweiligen Heimatvereinen schon jemand sind. Im NLZ sind sie plötzlich, ohne dass sie Führungsverantwortung richtig erlernt haben, nur noch ein Talent unter vielen. Um diesen Weg wirklich gehen zu können, wäre es natürlich von größter Wichtigkeit, noch mehr Toptrainer in den kleinen Vereinen zu haben.

Der Pulitzerpreisträger Tracy Kidder sagte einmal: »Ein guter Coach verändert über die Jahre viele Hunderte Leben zum Positiven.«

Wir Trainer und Coaches im Fußball sollten auch in Zukunft mehr sein als nur Vermittler von Technik, Taktik und Kondition. Mehr denn je und gerade in der heutigen Zeit sollten wir verstärkt wichtige Grundwerte vermitteln und jungen Menschen dabei helfen, Führungsqualitäten zu entwickeln. Wir sollten auf unserem Planeten in schwierigen Zeiten wieder mehr nach Gemeinsamkeiten suchen und nicht nach Gegensätzen. Auf das achten, was uns Menschen verbindet, und nicht auf das, was uns trennt.

Als Optimist glaube ich an großartige Möglichkeiten für unsere Kinder und Jugendlichen in der Zukunft. Dafür brauchen wir aber auch einen gesunden blauen Planeten Erde.

In diesem Zusammenhang einer meiner Lieblingswitze:

»Treffen sich zwei Planeten. Sagt der eine zum anderen: ›Mensch, siehst du schlecht aus.‹

Antwortet der andere: ›Mir geht's auch total dreckig.‹

›Was hast du denn?‹

›Oh, was ganz Schlimmes: Ich habe Homo sapiens!!‹

Antwortet der andere Planet: ›Mach dir keine Sorgen. Auch das geht vorüber.‹«

Zum Schluss noch einmal mein Motto: Gib alles, aber nie auf.

Setz dich durch, im Leben wie auch im Leistungssport. Setz auch mal deine Ellbogen ein, aber ohne Rasierklingen daran. Geh deinen Weg, aber nie über Leichen.

Ich persönlich habe mir ganz fest vorgenommen, auch in Zukunft für meine Jungs jeden Tag ein noch besserer Coach und Trainer zu sein.

Nur das Allerbeste wünscht

COACH N. E.

CHARLES TAKYI

Du willst wirklich Profi werden?

Als ich mir Gedanken gemacht habe, welche Tätigkeit ich nach meiner aktiven Zeit als Fußballspieler ausüben möchte, entschied ich mich, Trainer zu werden. Meine Frau fragte mich daher, ob es einen Trainer gab, der mich als Spieler besonders geprägt und beeindruckt hat. Ich hatte mittlerweile schon einige Stationen hinter mir und somit auch einige Trainer und Vereine kennengelernt.

»Ein Trainer, der mich fasziniert hat? Norbert Elgert!«, sagte ich spontan.

Die zwei Jahre, die ich mit dem Coach erleben durfte, haben mich als Mensch und Spieler sehr geprägt und mir in jungen Jahren den Weg ins Leben und in den Profifußball geebnet. Ich war erst 15 Jahre alt, als ich mein Elternhaus verließ, um beim FC Schalke 04 meinen Traum als Profifußballer zu verwirklichen. In dem damals neu erbauten NLZ des S04 war ich einer von acht Spielern.

Bevor ich Norbert Elgert das erste Mal persönlich traf, wurde er mir als sehr autoritär und verrückt (im positiven Sinne) von einigen Spielern beschrieben. Was ich letztlich erleben durfte, war ein Mensch, ein Trainer, ein Lehrer und eine Vaterfigur in einem.

Und so ergab es sich, dass ich einige einprägsame Erlebnisse und Erinnerungen mit ihm habe, die mir sicherlich bei meiner Laufbahn als Spieler sehr hilfreich waren. Zum Beispiel 2001. Nachdem ich als Spieler zur Mannschaft stieß, lernte ich erstmals seine Werte und Prinzipien kennen. Schon am ersten Trainingstag konnte ich die Sorgfalt erleben, mit der er das Training vorbereitet hatte. Auf dem Weg zum Platz war schon von Weitem zu sehen, wie bereits alles aufgebaut war. Wenn man bedenkt, dass es zu der damaligen Zeit (2001) für eine Juniorenmannschaft nicht üblich war, kann man heute sagen, dass der Trainer seiner Zeit voraus war.

Die Saisonvorbereitung war gut und ich hatte mich für die Startelf empfohlen. Meine Leistung ließ allerdings langsam nach. Nach einer Trainingseinheit packten wir die Trainingsmaterialien noch zusammen und der Coach fragte mich im Vorbeigehen: »Du willst wirklich Profi werden?« Ich schaute mich sofort um, die Worte galten mir, denn es war niemand in der Nähe. Auf dem Weg nach Hause dachte ich noch intensiv über die Worte des Trainers nach. Er hatte mich mit seiner Frage ganz schön ins Grübeln gebracht. So ging ich am nächsten Tag auf ihn zu und fragte, was ich machen kann, um bessere Leistungen zu bringen. »Charles, die Einstellung ist es, die einen Profi ausmacht. Den Wunsch, jeden Tag besser werden zu wollen. Heute besser sein als gestern.« Dieses Bewusstsein half mir durch meine Fußballkarriere und ist zu meinem persönlichen Lebensmotto geworden.

Auch beim Einzug in meine erste Wohnung in Gelsenkirchen hinterließ er einen bleibenden Eindruck. Neben seinen positiven und aufmunternden Worten und seiner Beglückwünschung zu meiner ersten Wohnung brachte er mir auch ein Geschenk mit.

Ein Bild! Auf ihm ist eine Straße zu sehen. Kilometerweit zieht sie sich durch die Wüste von Nevada. Sie geht schnurstracks geradeaus, mal führt sie bergab, mal bergauf. Am Ende, man kann es nur noch erahnen, schlängelt sie sich durch meterhoch aufgetürmte Dünen. Der Asphalt flimmert. Es ist eine Gegend, in der man sich nicht unbedingt aufhalten möchte. Und doch zeigt das Bild am linken Rand ganz deutlich einen Läufer, der sich ganz am Anfang dieser Straße befindet. Zum Schutz vor einem Sonnenstich hat er sich ein Tuch um den Kopf gewickelt. Unten rechts auf dem Bild stand: »MOTIVATION: Der Unterschied zwischen dem Alltäglichen und dem Außerordentlichen besteht oft nur in einem bisschen mehr Einsatz.« Dieses Bild beschreibt Norbert Elgert, obwohl er gar nicht darauf zu sehen ist, sehr treffend. Er ist ein perfekter Motivator. Sie können es sich denken, dass dieses Bild mich bei allen meinen Stationen begleitet und bis heute immer einen besonderen Platz erhalten hat und ich es mir heute noch gerne anschaue.

Ich hatte damals schon das Gefühl, dass der Coach sich viel mit uns (Spielern) beschäftigt. Er hatte ein Gespür für die Situation und die passenden Worte, um uns nicht nur sportlich zu entwickeln, sondern hatte auch immer ein Augenmerk auf die Persönlichkeitsentwicklung von uns jungen Spielern.

Als angehender Trainer war ich besonders motiviert, mehr zu erfahren, und zwar direkt an seiner Seite. Im Sommer 2018 stieß ich als Hospitant zum Trainerteam der Schalker U19. Ich bemerkte einige Parallelen zu meiner Zeit als Spieler, zwischenzeitlich waren 13 Jahre vergangen, aber auch die enorme Weiterentwicklung des Trainers war zu erkennen. Vom ersten Tag an war wieder sehr deutlich zu erkennen, dass der Trainer sehr viel Wert auf die Details legt. Er überlässt nichts dem Zufall. »Mir ist wichtig, dass die Jungs ganz viel am Ball sind und schon bei der Erwärmung möglichst viele Ballkontakte haben«, sagte er mir, und dabei achtet er schon darauf, dass die jungen Männer die Übungen auch gewissenhaft durchführen. Ich habe heute noch das Gefühl, dass ihm nichts entgeht und dass er, wie damals zu meiner Zeit, eine enorme Empathie für seine Spieler besitzt. »Wenn wir eine erfolgreiche Mannschaft sein wollen, müssen wir darauf achten, dass wir auch die kleinen Dinge gut machen«, betont er immer wieder.

Was ich damals zu meinem Lebensmotto gemacht hatte, lebt der Trainer Tag für Tag. Das Streben nach ständiger Weiterentwicklung und den Wunsch, dies auf seine Spieler zu übertragen.

Noch ein besonderes Beispiel für den Umgang mit den Spielern war, als der Coach Gespräche mit den potenziellen Abgängen führte und zunächst die positiven Eigenschaften der Spieler hervorhob, und erst anschließend mit ihnen über ihre Defizite sprach. Dabei teilte er mit, dass die Chancen auf Einsatzzeiten gering sein werden und er deshalb empfiehlt, eventuell eine andere Mannschaft in Betracht zu ziehen, wo die Chancen auf Spielzeiten besser sind. Des Weiteren bekamen die Spieler zu hören, dass dies nur eine Empfehlung ist und sie auch die Möglichkeiten haben, sich der Konkurrenz zu stellen. Ich fand dies sehr beeindruckend und fair zugleich. Aus meiner aktiven Zeit kenne ich solche Gespräche oder auch aus Erzählungen von anderen Spielern, und diese Gespräche verliefen meist anders. Grob, hierarchisch und teilweise sogar abwertend den Spielern gegenüber. Die Worte, die der Trainer anschließend zu mir sagte, waren: »Wir sind alle Menschen und menschlich soll es sein.«

Die Zeit als Hospitant und meine eigene persönliche Erfahrung als Spieler zeigen mir, dass es hier nicht nur um Fußball geht, sondern auch darum, dass die jungen Menschen und Sportler auf das Leben vorbereitet werden. Dass ihnen Werte vermitteln werden, die ihnen helfen können, körperliche und mentale Hindernisse zu überwinden, um ihren eigenen Weg im Fußball und im Leben gehen zu können.

MANUEL NEUER

Als Hase Hans in der Kabine bleiben musste

Eigentlich hat man als Torwart, insbesondere in der Jugend, mit seinem Cheftrainer gar nicht sonderlich viel zu tun. Weil sich die meisten Cheftrainer um das Torwartspiel nicht groß kümmern. Eigentlich arbeitet man zu 50 Prozent mit seinem Torwarttrainer, und erst ab dem Moment, in dem Spielformen gemacht werden, steht man unter der Verantwortung des Cheftrainers. Der Torwarttrainer ist also die engste Bezugsperson für den Torhüter.

Doch auch wenn ich meinem Schalker Torwarttrainer Lothar Matuschak wirklich viel zu verdanken habe, so spielte trotz der vielen zuvor aufgezählten Einschränkungen Norbert Elgert für mich eine besondere Rolle.

Weil er oft das Gespräch mit mir gesucht hat. Weil er sich oft in mein Training eingemischt hat. Und weil er mich als Mensch besonders geprägt hat.

Als ich zu ihm kam, war ich ein durchschnittlicher Teenager, was Wachstum und das Körperliche angeht. Ich war nicht übermäßig in die Höhe geschossen, mein Stimmbruch setzte erst später ein als bei vielen anderen.

Ich habe niemanden überragt und war aufgrund dieser Voraussetzungen auch nicht der Lauteste.

Oft hat mich Norbert Elgert daher provokant gefragt, ob ich wieder eine Valium eingeworfen hätte, weil ich aus seiner Sicht zu still war für einen Torwart.

Ich hatte darauf damals keine schlagfertige Antwort. Ich habe es mir einfach nur gemerkt und verstanden, was er von mir wollte, ohne dass ich sofort eine Lösung parat hatte. Aber es hat unterbewusst dazu geführt, dass ich mir immer wieder in Erinnerung gerufen habe, lauter und klarer von hinten raus meine Mannschaft zu dirigieren.

Wobei ich in der Anfangsphase ohnehin nicht die große Spielzeit hatte. Mein Konkurrent war Tim Grothuysen, ein Jahr älter und bereits fester Bestandteil der deutschen U-Nationalmannschaft. Nicht selten verdrängte Grothuysen sogar René Adler aus dem Nationalelf-Tor des U-Teams.

Doch als Elgert merkte, dass ich »weniger Valium nahm«, also etwas lauter wurde, und als ihn überdies mein Torwartspiel überzeugte, überließ er mir nach und nach mehr Spielzeit. Es interessierte ihn nicht, dass ich nicht die Nationalmannschaftserfahrung hatte, meine Lobby vielleicht nicht so groß war wie die meines Konkurrenten Tim.

Ohnehin ließ sich Norbert Elgert nicht die Meinung von anderen diktieren, nur weil die zum Beispiel über ihm in der Vereinshierarchie standen.

Wenn er von etwas überzeugt war, zog er es durch. Ständig. Mit höchster Konsequenz.

So kam ich auf immer mehr Spielzeit. Und ich machte meinen Job offenbar so gut, dass sich eines Tages Uli Stielike ankündigte. Als DFB-Mitarbeiter sollte er mich scouten. Erstmals interessierte sich jemand vom Deutschen Fußball-Bund für mich. Stielike kam extra nach Düsseldorf gefahren, wo wir gegen die Fortuna spielten. Darüber hatte er Elgert in Kenntnis gesetzt, und auch ich wusste im Vorfeld Bescheid.

Natürlich war ich wahnsinnig aufgeregt angesichts der Chance, die sich mir da bot. Ein überzeugendes Spiel, und Stielike würde mit entsprechenden Eindrücken in die DFB-Zentrale zurückkehren. So etwas kann ein Karriere-Booster sein.

Doch dann passte eine Ampelschaltung nicht. Ich stand wirklich nur wenige Augenblicke zu lange vor dem roten Licht, und schon kam ich eine Minute zu spät zu unserem Treffpunkt.

Norbert Elgert war stocksauer. »Kennst du Ernst Happel?«, fragte er mich.

Das war so typisch für ihn. Immer diese Fragen. Fragen. Fragen. So wollte er erreichen, dass wir ihm immer aufmerksam zuhören. Norbert Elgert stellte in jeder Kabinenansprache Fragen. Auch bei jeder Trainingsbesprechung.

Das war so ein bisschen wie in der Schule, wo man Schiss davor hatte, gleich von seinem Geschichtslehrer drangenommen zu werden, obwohl man sich nicht wirklich in die Französische Revolution oder welches Thema auch immer eingelesen hat.

Norbert Elgert wollte immer die Beteiligung der ganzen Mannschaft. Er wollte eine lebendige Kabine. Kein stumpfes Zuhören, kein Schweigen, kein bloßes Nicken.

Jetzt aber, im Moment des Zuspätkommens, gab er mir gar keine Chance zu antworten. »Ernst Happel«, sagte er, »hat mal übers Zuspätkommen gesagt: ›Eine Minute ist schlimmer als eine Stunde. Für eine Stunde wirst du einen Grund haben. Eine Minute ist Schludrigkeit.‹«

Und dann sagte er mir nur noch: »Du spielst heute nicht.«

Dabei blieb es. Uli Stielike war umsonst gekommen und konnte entsprechend nichts Positives über mich vermerken. Natürlich war ich anfangs richtig sauer. Aber letztlich hatte ich meine Lektion gelernt.

Mittlerweile ist es über 15 Jahre her, seit ich unter Norbert Elgert trainiert habe. Trotzdem gibt es Erinnerungen, die einfach nicht verblassen.

Zum Beispiel hatten wir ein Spiel gegen Bielefeld, als der Trainer plötzlich mit einem Hasen in die Kabine kam. Und wieder einmal begann er seine Ansprache mit einer Frage. »Wisst ihr, wer das ist?«

Nein, natürlich wussten wir es nicht. Wir hatten das Tier noch nie zuvor gesehen. Und wir wussten auch nicht, worauf er hinauswollte.

»Das ist Hans«, sagte er nach einer langen Pause. »Hans, der Angsthase.«

Und nach einer weiteren Pause erklärte er: »Hans hat sich zuletzt bei uns irgendwie ständig mit auf den Platz geschlichen. Hans, der Angsthase, ist zuletzt immer mit aufgelaufen. Und er hat euch alle mit seiner Angst angesteckt.«

Dann blickte er uns nacheinander in die Augen.

Ich fand, das muss ich ehrlich zugeben, diese Aktion damals schon ein bisschen lustig. Für 18- oder 19-Jährige ist es natürlich irgendwie komisch, wenn da ein Mann mit einem Hasen steht, den er Hans getauft hat.

Trotzdem habe ich mich nicht getraut zu lachen oder Witze zu machen. Sondern ich habe Elgerts Botschaft verstanden.

»Ich will«, rief er dann, »dass jetzt alle auf den Platz gehen. Mutig. Stark. Selbstbewusst. Nur einer bleibt hier drin. Nämlich Hans, der Angsthase.«

Wir schlugen Bielefeld deutlich, und das nach einem mutigen, selbstbewussten Auftritt. So, wie Elgert es verlangt hatte.

Ein anderes Mal forderte er einen Spieler auf, auf einen Tisch in der Kabine zu klettern. Er selbst blieb unten stehen. »Reich mir mal deine Hand«, forderte er. Dann zog er den Spieler, von dem er Widerstand verlangt hatte, locker zu sich nach unten.

Problemlos hatte der Trainer ihn vom Tisch ziehen können. Da oben hatte er keinen festen Halt gehabt, war wacklig; der Winkel, um sich zu wehren, war schlecht.

Dann forderte er ihn erneut auf, auf den Tisch zu steigen, und verlangte dieses Mal, dass er versuchen sollte, ihn hochzuziehen.

»Es ist viel leichter, jemanden runterzuziehen«, sagte er schließlich nach dem Experiment, »als jemanden hochzuziehen, also aufzubauen. Versteht ihr das?«

Anschließend sprachen wir über Zusammenhalt, Teamgeist, Miteinander und Elgerts Wunsch, das wir uns gegenseitig aufbauen und den anderen, wenn er mal ins Straucheln gerät, nicht noch weiter runterziehen.

Die Elgert-Schule war eine ganz wertvolle Zeit. Ich habe viel mitgenommen. Unter anderem fordere ich seither auch von mir: »Sei jeden Tag der beste Manuel Neuer, den es gibt.« Und ich habe mir geschworen: »Der Manuel, der macht nicht schlapp. Egal, wie hart der Trainer auch trainieren lässt.«

Damit bin ich bisher ganz gut gefahren. Norbert Elgert sei Dank.

Epilog: Das Buffet ist eröffnet

Mein Verstand sagt mir, dass alles in Ordnung ist. Dass ich keine Angst haben muss. Dass ich mich ruhig trauen kann. Doch meine Beine widersprechen, sosehr sie nur können. Sie bleiben ganz fest am Boden stehen. Und verweigern die Geh-Befehle, die mein Hirn ihnen sendet.

Stocksteif stehe ich da, in meinem orangefarbenen Overall, in dem ich irgendwie wie einer dieser Häftlinge aus einem amerikanischen Blockbuster aussehe.

»Jetzt komm schon, Papa«, ruft meine Tochter Jenny lachend. Auch sie trägt diesen Overall. Genau wie Conny und Kevin, unser Schwiegersohn. Sie alle haben sich schon ein paar Meter von mir entfernt. Sind aus dem gesicherten Bereich, um den herum sich ein massives Stahlgeländer befindet, herausgetreten und wagen die ersten Schritte hoch über Auckland auf dem Sky Tower. Wir stehen in einer Höhe von 192 Metern oberhalb von Neuseelands größter Stadt. Eigentlich ein herrlicher Ausblick auf die »City of Sails«, die Stadt der Segelboote, wie Auckland genannt wird, da es in keiner anderen Stadt der Erde so viele Segelboote pro Einwohner gibt.

Der ungesicherte Bereich ist ein etwa einen Meter breiter Sims ohne Geländer. Der Wind pfeift heftig, schiebt einen näher Richtung Abgrund. Die einzige Sicherung, die man hat, ist ein Drahtseil, das beim 360-Grad-Spaziergang an einer Schiene über den Köpfen mitläuft.

»Angst«, sagte einmal der Passauer Schriftsteller Rupert Schützbach, sei »Mut mit Ladehemmung«.

Eine Stunde vorher hatte ich schon einmal meinen ganzen Mut zusammengenommen und war mit schlotternden Knien, aber wild entschlossen, den Fahrstuhl im Sky Tower bis auf Höhe 192 Meter hochgefahren. Ich weiß bis heute nicht, warum und weshalb, aber irgendetwas trieb mich da oben hin. Ich hatte meinen Sprung natürlich schon bezahlt und wollte mich auch vor meiner Familie nicht blamieren. Beim Sky-Sprung springst du an einem dünnen Stahlseil befestigt die 192 Meter in die Tiefe. Zu springen war eine unglaubliche Überwindung. Umso glücklicher war ich, als ich danach wieder festen Boden unter den Füßen hatte. Weil ich als Einziger schon da oben gewesen war, dachte ich natürlich, dass der anschließende Sky-Walk für mich ein Kinderspiel werden würde. Doch weit gefehlt. Ich hatte mindestens genauso viel Bammel wie Conny, Jenny und Kevin.

Bei mir war in diesem Moment, um bei dem Bild zu bleiben, der ganze Lauf verklemmt. Doch als ich in die Augen meiner Familie schaute, die auf mich wartete und mir mit ihren Blicken Mut zusprach, traute ich mich ganz langsam, Schritt für Schritt, auf den 120 Meter langen Panorama-Walk.

Jeder Schritt ist ein Kampf gegen sich selbst. Jeder Schritt kostet wahnsinnige Überwindung. Als sich meine Tochter über den Rand stellt und sich, nur gesichert an diesem dünnen Drahtseil, nach hinten kippen lässt, bleibt mir das Herz stehen. Ich kann gar nicht hinsehen. Und als Conny ihr das auch noch nachmacht, habe ich nur zwei Gedanken im Kopf. Erstens: Hoffentlich geht das gut. Und zweitens: Hoffentlich traut sich Kevin nicht. Das hätte nämlich bedeutet, dass ich mich als Einziger nicht Richtung Abgrund gelegt hätte. Gott sei Dank meinte Kevin es gut mit mir.

Ich fordere mich und meinen Mut immer mal wieder gerne heraus. Jeder Mensch hat Ängste. Ich mach so einen Blödsinn von Zeit zu Zeit, um einige dieser Ängste abzubauen.

Ich habe den Gang über die Kohle am Ende bewältigt, wenn auch nicht mit dem gewünschten Ergebnis. Ich habe mich letztlich getraut, hoch über Auckland zu spazieren, auf einer winzigen Plattform ohne Geländer.

Und ich bin sogar einmal aus einem Flugzeug gesprungen, aus 4000 Meter Höhe. Wobei das die krasseste Herausforderung meines Lebens war.

Beim Gang über die glühenden Kohlen war ich zwar unsicher, hätte aber jederzeit auch zurückgekonnt. Ich hatte selbst Einfluss. Auch in Auckland waren es letztlich meine Füße, die mir mehr oder minder gehorchten. Beim Fallschirmsprung allerdings, den ich einmal in der Nähe von Bonn gemacht habe, habe ich mich meiner größten Angst gestellt – der Machtlosigkeit. Denn bei diesem Tandemsprung, einem Geschenk von Conny – die Verrückte sprang übrigens direkt nach mir –, konnte ich rein gar nichts tun. Ich war den Fähigkeiten des Lehrers komplett ausgeliefert. Hätte er einen Fehler gemacht, dann hätte ich nicht eingreifen und uns mal eben sicher zur Erde bringen können. Ich konnte einfach nur abwarten und darauf vertrauen, dass er nach dem freien Fall die Reißleine zur richtigen Zeit zog. Und dass er genau wusste, was er tat.

Das mag für viele seltsam klingen. Aber für mich, mit meiner Vorgeschichte, war es das nicht. Ich habe Ihnen schon berichtet, wie sehr ich aufgrund meiner Kindheit und der Alkoholkrankheit meines Vaters Machtlosigkeit hasse. Dementsprechend waren die Momente an der offenen Luke des Flugzeugs, als ich schon verschnürt am Lehrer hing, wirklich hart.

Dieser Moment an der Kante, nur einen Schritt vom Abgrund entfernt, wo es 4000 Meter nach unten ging. Als meine Füße eigentlich den Rückwärtsgang antreten wollten, aber nicht konnten, weil hinter mir dieser durchtrainierte Vollprofi stand, an dem ich mit einem Geschirr festgebunden war.

An dem Tag habe ich eine wertvolle Lektion über Vertrauen

gelernt. Denn ohne das hätte ich womöglich den Fallschirmsprunglehrer kurz vorm Absprung ausgeknockt und mich in die hinterste Ecke des Fliegers verdrückt.

Um ein guter Lehrer, Coach, Fußballtrainer oder Spieler zu werden, muss man nicht über Kohlen laufen oder aus einem Flugzeug springen. Man muss kein autogenes Training machen oder Autosuggestion.

Man sollte aber verstanden haben, dass man auf dem Weg an die Spitze auch als Mensch wachsen muss. Dass man immer offen sein muss für neuen Input.

Das Leben ist eine Schule. Und jeden Tag ist erster Schultag.

Liebe Leserinnen und Leser, ich habe Ihnen ziemlich am Anfang dieses Buches einen Satz zugeworfen, der für mich ganz wichtig ist. »Man kann sich nicht nur an einem Buffet den Magen verderben. Man kann sich auch den Kopf verderben. Nämlich dann, wenn man versucht, sich alles in die Birne reinzuprügeln, was es gibt, anstatt gezielt auszuwählen, was einem persönlich helfen könnte.«

Diese Warnung möchte ich an dieser Stelle wiederholen, ehe ich Ihnen noch einmal eine geballte Übersicht meiner wichtigsten Grundpfeiler, Leitplanken und Denkanstöße komprimiert aufliste.

Nicht alles davon wird Ihnen schmecken. Nichts alles wird Sie persönlich hundertprozentig überzeugen. Nicht jeder Ansatz, der für mich gut war, ist auch etwas für Sie.

Gehen Sie nicht mit knurrendem Magen an mein Buffet, sondern mit einem gesunden Appetit. Kosten Sie mit Bedacht und holen Sie sich lieber, um im Bild zu bleiben, immer wieder kleine Nachschläge.

Ich habe am Buffet von Reinhold Messner »genascht«, von Wladimir Klitschko, von Coach »K«, John Wooden, Gustave Le Bon, Kenneth Blanchard und vielen, vielen mehr. Lou Holtz war »nahrhaft« mit seinem Buch *Winning Every Day.*

Lesen war und ist für mich immer wieder eine »kulinarische« Reise mit vielen Köstlichkeiten.

Ich hoffe, dass mein Buch das auch für Sie ist.

Dementsprechend wünsche ich Ihnen jetzt »guten Appetit« und sage: »Das Buffet ist eröffnet!«

- Seien Sie ein guter Zuhörer. Der Mensch – wir, Sie, ich – hat zwei Ohren und nur einen Mund, damit wir doppelt so viel zuhören wie reden.
- Ich muss nicht nur den Fußballer weiterbringen, sondern auch den Menschen dahinter. Wir Jugendtrainer bilden nicht nur Profis für den Fußball aus, sondern auch Profis fürs Leben. Mein Anspruch ist es, den Kopf meiner Jungs mindestens genauso intensiv zu trainieren wie ihre Füße.
- Jede Führungskraft, jeder Lehrer und jeder Trainer sollte auch ein Vorbild sein. Führen durch das Beispiel ist enorm wichtig. Wasser predigen und Schnaps trinken funktioniert nicht.
- Solange man die Einstellung hat, Geld nicht zu mögen, wird man auch nie welches besitzen. Das ist das Gesetz der Anziehung.
- Zu einem erfolgreichen Leben gehört es dazu, zumindest meistens, dass man auch viel Geld verdient. Man sollte bei allem Erfolg aber nie vergessen, dass Geld und Status einen nie über andere erheben. Das Leben eines Fußballprofis ist niemals höher einzuschätzen als das eines Arztes, eines Journalisten oder einer Reinigungsfrau. Kein Auto der Welt wertet deine Persönlichkeit auf. Du als Mensch kannst dich über kein Auto ausdrücken.
- Vom Fußballer zum Trainer ist es wie vom Pferd zum Jockey. Du kannst nicht automatisch reiten, nur weil du früher Pferd warst.
- Einmal den Gegner ausspielen reicht. Dann habt ihr ja euer Ziel erreicht.
- Kein wahrer Superstar wird von heute auf morgen gemacht.

Jeder Erfolg braucht seine Vorlaufzeit. Eine Karriere braucht, wie auch ein Haus, ein Fundament. Nur so ist es davor geschützt, Unwettern zu trotzen. Genauso gibt erst ein starkes Fundament auch einem Menschen Halt. Deshalb predige ich meinen Spielern immer und immer wieder, wohl wissend, dass es unsexy erscheinen mag: »Erst Lehrling, dann Geselle, dann Meister.«

- Worauf es einfach ankommt, ist die Sorgfalt, mit der du an deine Arbeit herangehst.
- Harte Arbeit und der absolute Wille sind die Grundlage zu allem.
- Nichts ändert sich, außer, wir ändern uns.
- Gleichbehandlung heißt für mich nicht, alle über einen Kamm zu scheren, sondern jedem das zu geben, was er braucht. Denn jeder Mensch ist einzigartig.
- Schau auf andere Menschen nur herab, wenn du ihnen aufhelfen willst.
- Vorbilder zeigen uns, wie es sein wird, wenn man am Ziel ist.
- Ein Mensch, der weiß, was er will, hat genaue Visionen von der Zukunft. Wer orientierungslos ist, tritt auf der Stelle und läuft im Kreis, geht zurück und strauchelt.
- Seine Ziele nicht zu erreichen ist weniger schlimm, als keine Ziele zu haben. Noch wichtiger aber, als seine Ziele zu erreichen, ist unsere Entwicklung auf dem Weg dorthin.
- Talent allein stellt dich nur in die Tür. Um durch die Tür zu gehen, brauchst du den richtigen Charakter, die richtige Einstellung, musst intelligent und hart arbeiten.
- Alle wollen etwas sein, aber keiner will etwas werden.
- Je schneller du in die Umlaufbahn gerätst, desto schneller fliegst du wieder raus.
- Der Schlüssel auf dem Weg nach oben ist es, geduldig ungeduldig zu sein.
- Der Erfolgswille muss täglich neu geweckt werden, um dem grauen Alltag keine Chance zu geben.

- Der Mensch, mit dem man sich am Tag am häufigsten unterhält, ist man selbst.
- Alles, was wir selber sagen, hören auch unsere Ohren. Deshalb ist es so wichtig, dass wir größtenteils positiv zu uns sprechen. Und deshalb sage ich: »Sei selbst dein bester Cheerleader.«
- Wie steht ihr morgens auf? Weil ihr müsst oder weil ihr es nicht mehr erwarten könnt?
- Erfolg hat drei Buchstaben: T U N.
- Wer nicht sensibel ist, kann auch keine Menschen führen.
- Enttäuschung oder Trauer muss ausgelebt werden. Genauso, wie man Freude ausleben muss.
- Champions stehen fünfmal so schnell auf wie durchschnittliche Menschen.
- Es kommt nicht darauf an, wie tief du fällst, sondern wie hoch du zurückfederst.
- Ein Mensch, der lesen kann und nicht liest, ist viel dümmer als einer, der nie lesen gelernt hat.
- Mach aus jedem Tag ein Meisterwerk.
- Eine Minute Zuspätkommen ist schlimmer als eine Stunde. Für eine Stunde wirst du einen Grund haben. Eine Minute ist Schludrigkeit.
- Als Trainer geht es dir oft nicht schnell genug. Früher habe ich mich dabei erwischt, wie ich nach einigen Trainingseinheiten dachte: »Wann kapierst du es endlich? Wie oft soll ich es dir denn noch zeigen?« Dabei gibt es für Lehrer, Trainer und Führungspersonen darauf nur eine richtige Antwort: »So oft, bis der Spieler es kann.« Es gibt nun einmal Schnelllerner und es gibt Langsamlerner. Jeder braucht ein anderes Tempo. Und um allen deinen Schülern gerecht zu werden, musst du ihnen die unterschiedliche Lernzeit zugestehen. Dafür musst du als Coach deine Ungeduld zähmen.
- Lehnt eine gute Idee nicht deshalb ab, weil sie von jemand anderem ist!
- Unerreichbare Ziele können zu Demotivation führen. Wenn

die Ziele allerdings zu klein sind, zwingen sie uns nicht, alles zu geben.

- Gewinner tun sehr viel an einem Tag, um Dinge zu bewegen. Verlierer tun sehr viel an einem Tag, um Dinge zu vermeiden.
- Erfolg ist eine Frage des Durchhaltens und Misserfolg eine Folge von zu frühem Aufgeben.
- Marschieren kann man befehlen, Weltrekorde nicht.
- Man hat jeden Tag die Chance zu lernen.
- Leistungszwang und Leistungsdruck lehne ich ab. Zum Leistungswillen aber stehe ich.
- In einer Verlierermannschaft wirst du nie groß glänzen können.
- If you can dream it, you can do it.
- Man kann Menschen nur Input geben, wenn man sie vorher geöffnet hat. In ein Gefäß, das du nicht öffnest, kannst du nichts reinfüllen.
- Ein Mensch, der an seiner Stimme arbeitet, arbeitet am Kern seiner Persönlichkeit.
- Wenn ihr nicht reden wollt, dann geht zu den Fischen ins Aquarium. Da könnt ihr die Schnauze halten. Wenn ihr nicht sprecht, obwohl ihr Dinge kommen seht, ist das unterlassene Hilfeleistung.
- Immer mehr neigen dazu, ihre Individualität durch ihr Aussehen und optisches Erscheinungsbild zu definieren anstatt über Leistung und Charakter.
- Schreien ist keine Lösung. Anschreien kann sogar verletzender sein als ein Tritt vors Schienbein.
- Angst ist der falsche Motivator. Angst ist hemmend und bremst dich. Angst kann sich ganz schnell zu einem Flächenbrand entwickeln, der sich ausbreitet und letztlich eine ganze Mannschaft daran hindert, ihre Grenzen zu überwinden.
- Als Trainer kann man nie eine gesamte Mannschaft erreichen. Eine hundertprozentige Zustimmung gibt es nicht.
- Erst Stärken stärken. Dann Schwächen schwächen. Wenn du

Spieler ständig auf ihre Schwächen ansprichst, verstärkst du die noch. Beachtung bringt Verstärkung. Nicht-Beachtung bringt Befreiung.

- Ein Mensch, der über einen längeren Zeitraum nicht gelobt wird, geht ein wie eine Blume ohne Wasser.
- Du bist kein Held, nur weil du als Teenager Autogramme schreiben darfst.
- Genie ist Fleiß.
- Jedes Talent entfaltet sich nur durch Betätigung.
- Wen die Götter zerstören wollen, den erklären sie zum Jahrhunderttalent.
- Mitfühlen ja, mitleiden nein.
- Die Bank ist für Trainer, Ärzte, Physiotherapeuten und Ersatzspieler. Sonst aber hat auf ihr niemand Platz zu nehmen. Ein Sportdirektor hat dort keine Funktion. Es gibt dort auch nichts mit ihm zu besprechen.
- Als Trainer neigt man dazu, besondere Spiele zu überhöhen. Man läuft immer Gefahr, im Finale zu viel zu wollen.
- Du brauchst auch ein Talent dafür, Schwierigkeiten und Hindernisse zu überwinden.
- Sei jeden Tag der Beste, der du sein kannst, um der Beste zu werden, der du werden kannst.

Von Herzen Danke

Im Buch *Der kleine Prinz* von Saint-Exupéry heißt es:

»Man sieht nur mit dem Herzen gut. Das Wesentliche ist für die Augen unsichtbar.«

So möchte ich von ganzem Herzen vielen großartigen und wertvollen Menschen danken, die Kai Psotta und mich beim Schreiben dieses Buches unterstützt und inspiriert haben.

Keiner kommt im Leben alleine zum Ziel. Wir werden nur gemeinsam mit anderen und durch andere erfolgreich. So ist auch dieses Buch durch Zusammenarbeit und Teamwork entstanden.

DANKE an meine bessere Hälfte und Seelengefährtin Conny, die am 25.12.2017 die Idee zu unserem Buch hatte. Danke Conny für deine Geduld und die unzähligen Stunden, die du gemeinsam mit mir beim Schreiben vor dem Laptop verbracht hast. Ohne dich wäre ich ein ganz armer Hund ohne Halsband.

DANKE an unsere bezaubernde und inspirierende Tochter Jenny, unseren großartigen Schwiegersohn Kevin und unsere wunderbaren Enkelkinder Emilia und Lennard.

DANKE an Kai Psotta, mit dem ich dieses Buch zusammen geschrieben habe. Unsere Zusammenarbeit hat unglaublich viel Spaß gemacht. Ohne Kais Erfahrung und Expertise würde es dieses Buch so nicht geben.

DANKE an unsere Freundin und spirituelle Begleiterin Konstanze Trutzenberg. Danke, dass du immer für uns da bist, und schön, dass es dich gibt.

DANKE an meine Vorbilder und Mentoren Nikolaus B. Enkelmann, Dr. Robert H. Schuller und John Wooden.

DANKE an das Institut Dr. Enkelmann in Königstein für eure Unterstützung und eure Weltklasse- Seminare.

DANKE an meinen geschätzten Berater Marcus Peter.

DANKE an alle meine ehemaligen und jetzigen Spieler, Trainerkollegen und Mitarbeiter. Alles war und ist nur möglich mit und durch euch.

DANKE an alle, die durch ihre Gastbeiträge dieses Buch bereichert haben.

DANKE an Michaela Ruis, Susanne Fink und Ulrike Strerath-Bolz vom Ariston Verlag. Ihr seid wirklich absolute Spitze.

DANKE an unseren Literaturagenten Lars Schultze-Kossack. Du warst bei der Entstehung des Buches der ruhende Pol und der Fels in der Brandung.

Quellennachweis

1 **John Wooden:** TED Talks, »John Wooden über den Unterschied zwischen Gewinnen und Erfolg haben«, https://www.ted.com/talks/john_wooden_on_the_difference_between_winning_and_success?language=de, zuletzt abgerufen am 17.02.2019

2 Ebd.

3 **Jörg Schallenberg:** »Bayern-Aufstand Putsch mit Paul«, *Der Spiegel,* März 2009

4 »Trainer, für die nur Platz eins zählt«, https://www.sueddeutsche.de/sport/fc-bayern-trainer-fuer-die-nur-platz-eins-zaehlt-1.1575122-4, *Süddeutsche Zeitung,* Dezember 2015, zuletzt abgerufen am 17.02.2019

5 **Patrick Strasser und Günter Klein:** »Hoeneß: Die Biografie«, Riva, März 2014

6 **Nikolaus B. Enkelmann:** »Die besten Zitate von Nikolaus B. Enkelmann«, GABAL, Januar 2006

7 Ebd.

8 Ebd.

9 **Sebastian Dehnhardt:** »Klitschko – Der Film«, Broadview TV GmbH, 2011

10 **Hans-Joachim Leyenberg:** »Klitschkos Blick in den Abgrund«, *FAZ,* April 2004

11 **John Wooden:** »They Call Me Coach«, McGraw-Hill Education, September 2003

12 **Thomas Lötz:** »Peter Neururer: Aus dem Leben eines Bundesligatrainers«, Delius Klasing, Oktober 2012

13 **Fußballtrainer Peter Neururer im Interview:** »Oft habe ich selbst gekündigt«, https://www.hna.de/sport/oft-habe-selbst-gekuendigt-8450385.html, *HNA,* Juli 2017, zuletzt abgerufen am 17.02.2019

14 **John Wooden:** »They Call Me Coach«, McGraw-Hill Education, September 2003

15 **Michael Moritz und Alex Ferguson:** »Leading«, books4success, März 2016
16 **John Wooden:** »Coach Wooden's Pyramid of Success«, Regal, Februar 2005
17 **Ralph Krueger und Georges Winter:** »Teamlife. Über Niederlagen zum Erfolg«, Ueberreuter Wirtschaft, Februar 2002
18 Ebd.
19 **Reinhold Messner:** »Berge versetzen: Risiko-Management in Perfektion«, BLV Buchverlag GmbH & Co., März 2018
20 **Reinhold Messner:** »Everest. Expedition zum Endpunkt«, BLV Buchverlag GmbH & Co., August 2000
21 **Reinhold Messner:** »Berge versetzen: Risiko-Management in Perfektion«, BLV Buchverlag GmbH & Co., März 2018
22 Ebd.
23 Ebd.
24 **Hanna Drimalla:** https://www.dasgehirn.info/handeln/motorik/vom-sofa-aus-trainieren, November 2011, zuletzt abgerufen am 17. 02. 2019
25 **Reinhold Messner:** »Everest. Expedition zum Endpunkt«, BLV Buchverlag GmbH & Co., August 2000
26 **Martin Klotz:** »Der perfekte Coach«, http://www.spox.com/de/sport/ussport/nba/1409/Artikel/mike-krzyzewski-im-portrait-der-perfekte-coach-k-team-usa-fiba-wm-basketball-duke.html, Spox, September 2014, zuletzt abgerufen am 17. 02. 2019
27 **Julia Klassen:** »Ex-VfB-Spieler Sead Kolašinac, Hier verschmäht, auf Schalke geliebt«, https://www.stuttgarter-nachrichten.de/inhalt.ex-vfb-spieler-sead-kola-inac-hier-verschmaeht-auf-schalke-geliebt.e95577da-fe65-4f95-93ad-d451a99f7f76.html, *Stuttgarter Nachrichten,* April 2014, zuletzt abgerufen am 17. 02. 2019
28 **Lars Wallrodt:** »Härter als Felix Magath ist nur noch die Armee«, https://www.welt.de/debatte/kolumnen/auszeit/article13635645/Haerter-als-Felix-Magath-ist-nur-noch-die-Armee.html, *Die Welt,* September 2011, zuletzt abgerufen am 17. 02. 2019
29 **Stefan Willeke:** »Felix im Unglück«, https://www.zeit.de/2010/49/DOS-Magath, *Die Zeit,* Dezember 2010, zuletzt abgerufen am 17. 02. 2019
30 **Don Schubert:** »Rudi Assauer - Macher. Mensch. Legende.«, Studio: mindjazz pictures, Mai 2018
31 **Frank Hellmann:** »Reparatur unter Tränen«, https://www.faz.net/aktuell/sport/der-dfb-pokal-reparatur-unter-traenen-180898.html, *FAZ,* Dezember 2002, zuletzt abgerufen am 17. 02. 2019
32 **Christoph Cöln:** »Dieser Mann wird Schalkes größter Verlust«, https://www.welt.de/sport/fussball/bundesliga/fc-schalke-04/article153293808/Dieser-Mann-wird-Schalkes-groesster-Verlust.html, *Die Welt,* März 2016, zuletzt abgerufen am 17. 02. 2019